Chip Conley
36 Formeln,
die Ihr Leben vereinfachen

CHIP CONLEY

36

Formeln, die Ihr Leben vereinfachen

Wie Sie Ihre Emotionen erfolgreich nutzen

Aus dem Amerikanischen von
Stephan Gebauer
und
Barbara Kunz

Econ

Die Originalausgabe erscheint 2012 unter dem Titel
Emotional Equations. Simple Truth for creating Happiness + Success
bei Free Press, Simon & Schuster Inc., New York

Econ ist ein Verlag
der Ullstein Buchverlage GmbH

ISBN: 978-3-430-20117-9

Gesetzt aus der Sabon
Satz: LVD GmbH, Berlin
Druck und Bindearbeiten: CPI – Clausen & Bosse, Leck
Printed in Germany

Inhalt

TEIL 1

Emotionale Formeln

Kapitel 1

Emotionen = Leben

Am 19. August 2008 blieb mein Herz stehen. Null-Linie. Ich wurde bewusstlos, weshalb meine Erinnerung an diesen Tag unklar ist, aber ich habe immer noch das Bild vor Augen, das mir durch den Kopf schoss, als ich in der Notaufnahme zu mir kam: Dickes, süß duftendes Öl lief langsam über Treppenstufen hinab. Diese Version der »Reise ins Licht« war ein Weckruf. Die Ärzte hatten keine medizinische Erklärung für meinen Herzstillstand.

In den vorangegangenen Jahren hatte ich eine Reihe von Weckrufen gehört. Diese Erlebnisse rollten wie eine Sturmflut über mich hinweg und erschütterten meine Vorstellung davon, wer ich eigentlich war: Ich war an ein Unternehmen gekettet, das ich selbst aufgebaut hatte und das jetzt kurz vor dem Zusammenbruch stand. Ein Mitglied meiner Familie war für ein Verbrechen, das er nicht begangen hatte, zu einer Haftstrafe in San Quentin verurteilt worden. Eine langjährige Beziehung hatte ein quälendes Ende gefunden. Fünf Freunde und Kollegen hatten Selbstmord begangen.

Ich weiß, dass ich nicht der einzige Mensch bin, der solche Tragödien erlebt. Viele Menschen kennen das Gefühl, die Kontrolle über ihr Leben zu verlieren oder emotional an einen toten Punkt gelangt zu sein. Manchmal scheinen unsere Emotionen vollkommen klar und wir haben das Gefühl, uns instinktiv in die richtige Richtung zu bewegen – wir wissen, was wir empfinden und wie wir darauf zu reagieren haben. Aber manchmal haben wir das Gefühl, atemlos in einem

Hamsterrad zu laufen. Dann wenden sich unsere Emotionen gegen uns, anstatt uns Kraft zu geben.

Ich bemühte mich so gut ich konnte, gute Miene zum bösen Spiel zu machen. Viele Menschen verließen sich auf mich. Nicht umsonst heißt mein Unternehmen *Joie de Vivre* (Lebensfreude); Trübsinn passte nicht zu unserer Philosophie. Ich hatte das Unternehmen 1987 gegründet. Inzwischen ist es die größte Gruppe unabhängiger Boutique-Hotels in Kalifornien und beschäftigt 3 000 Mitarbeiter.

Unternehmensleiter sind stets bemüht, unerschütterliche Stärke zu demonstrieren, und es war mir gelungen, bei *Joie de Vivre* für eine gesunde »psychische Hygiene« zu sorgen. Ich hatte das Buch *PEAK: How Great Companies Get Their Mojo from Maslow* geschrieben, in dem es um die Frage ging, wie man die von dem Psychologen Abraham Maslow entwickelte Motivationstheorie in der Arbeitswelt anwenden konnte. Während der ersten Rezession des Jahrzehnts war es *Joie de Vivre* mit dieser Mischung aus Psychologie und Geschäft gelungen, dem allgemeinen wirtschaftlichen Abschwung zu trotzen und fast um das Dreifache zu wachsen. Ich hatte aus aller Welt Einladungen erhalten, um Vorträge über die Selbstverwirklichung in der Arbeitswelt zu halten und Antworten auf die folgende Frage zu geben: Wie können wir uns am Arbeitsplatz vollkommen verwirklichen und alles herausholen, was in uns steckt?

Als im Jahr 2008 die zweite Wirtschaftskrise des neuen Jahrtausends begann, zog ich mich in mein Haus zurück. Früher einmal war es mein Allerheiligstes gewesen, aber nun war es ein Ort voll schöner Dinge und hässlicher Gefühle. Dort legte ich das zuversichtliche Gesicht ab, das ich für die Welt aufgesetzt hatte, ließ meinen düsteren Gedanken freien Lauf und suhlte mich in meinem Unglück. Ich ahnte durchaus, was in meinem Inneren vorging, aber mir fehlten die Mittel, um diese Regungen zu verstehen, geschweige denn, dass es mir gelungen wäre, meinem Unglück einen Sinn abzugewinnen. Ich hockte orientierungslos im psychischen Nebel.

Ich wartete noch auf eine Offenbarung, als sich einer meiner besten Freunde das Leben nahm. Chip Handkins war seit mehr als einem Jahrzehnt mein Versicherungsmakler gewesen – er war eine Naturgewalt, die ich bewunderte und gelegentlich nachzuahmen versuchte. Wir hatten mehr gemeinsam als den Vornamen: Beide waren wir in Gesellschaft extrovertiert, hatten jedoch auch eine introvertierte, melancholische Seite. Beide übten wir uns über lange Zeiträume in Enthaltsamkeit, obwohl wir beide eine Bar besaßen. Und wir waren beide spirituell »Suchende« und hatten Spaß an der Vorstellung, einmal eine wirklich alberne Party zu schmeißen: eine »Chip-Party«, zu der wir Namensvettern aus aller Welt einladen wollten, um Geschichten über »Chip und wie er die Welt sieht« auszutauschen.

Nun nahm ich an der Begräbnisfeier für Chip teil und hörte mir an, was die Trauergäste über den Toten zu erzählen hatten. Es war surreal. Mir wurde klar, dass ich den »Neustartschalter« drücken und einige grundlegende Dinge in meinem Leben ändern musste. Ich war erfüllt von Schrecken und Verzweiflung, empfand jedoch auch so etwas wie Dankbarkeit, denn angesichts dieses furchtbaren Verlusts stieg das Gefühl in mir auf, dass ich meinem Dasein in dieser Welt eine neue Richtung geben konnte.

Weitere Freunde entschlossen sich, ihrem Leben ein Ende zu setzen. Ich lernte einiges über die Natur der Depression und über die Neigung zum Selbstmord. In den Vereinigten Staaten versuchen jedes Jahr fast eine Million Menschen, sich das Leben zu nehmen, und etwa 5 Prozent von ihnen gelingt es. Bei Männern ist die Suizidrate viermal so hoch wie bei Frauen, und in wirtschaftlichen Krisenzeiten steigt die Zahl der Selbstmordversuche unter Männern mittleren Alters deutlich. (Die fünf Freunde, die sich umbrachten, waren allesamt Männer im fünften Lebensjahrzehnt.)

Mit diesen erschreckenden Statistiken vor Augen begab ich mich auf die Suche nach einem gesunden Weg, um meinen Emotionen einen Sinn abzugewinnen.

Auf der Suche nach einer emotionalen Antwort

Ich griff erneut zu einem Buch, das ich vor Jahren gelesen hatte, Viktor Frankls *Der Mensch auf der Suche nach Sinn*. Das Buch war ein spirituelles Labsal für mich. Wenn es diesem Mann gelungen war, das Grauen in einem Konzentrationslager zu überstehen, musste ich doch in der Lage sein, meine ganz gewöhnliche Lebenskrise zu überwinden. Mir war vollkommen klar, dass ich neue Lösungen für die Probleme meines Unternehmens finden musste, aber das Wichtigste für mich war, meinem eigenen Leben wieder eine Richtung zu geben. Dann würde die Rettung des Unternehmens vielleicht von allein folgen.

Ich verbreitete die Botschaft von *Der Mensch auf der Suche nach Sinn* unter meinen Freunden und Kollegen, doch die meisten von ihnen konnten nicht nachvollziehen, warum mich dieses Buch derart faszinierte. Unbeirrt von ihren verständnislosen Blicken setzte ich die Lektüre fort und versuchte, Frankls Grundaussage auf den Punkt zu bringen. Das Ergebnis war eine einfache Gleichung:

Verzweiflung = Leiden – Sinn

Anders ausgedrückt: Wenn das Leiden sinnlos ist, verzweifeln wir. In einer wirtschaftlichen Krisensituation (in Frankls Fall in einer Gefangenschaft) ist das Leiden eine Konstante. Die beste Reaktion auf eine solche Situation besteht also darin, sich auf die Suche nach einem Sinn des Leidens zu machen, um das Gefühl der Verzweiflung zu verringern.

Diese kleine mentale Faustregel – man könnte sie auch als Mantra bezeichnen – wurde zu meinem Leuchtturm in finsterer Nacht. Wann immer ich unter besonders großem Druck stand, rief ich mir diese Formel in Erinnerung, um nicht zum Gefangenen des Leidens zu werden, sondern mich auf das zu konzentrieren, was ich herausfinden musste. Ich suchte nach Sinn und begann, weitere emotionale Formeln aufzustellen, die von Enttäuschung und Angst bis zu Freude und Weisheit alles beinhalteten.

Die Hotelbranche wurde von der Wirtschaftskrise besonders hart getroffen. Die Geschäftsführer der in *Joie de Vivre* (JdV) zusammengeschlossenen Hotels führten ein Leben »in stiller Verzweiflung«, wobei diese Verzweiflung in einigen Fällen nicht ganz so still war. In einem Seminar für die Spitzenmanager entschloss ich mich, mit meinen Führungskräften über meine Verwundbarkeit zu sprechen. Ich wusste, dass sie unter großem Druck standen. Ich legte der Gruppe meine Formel zur Verzweiflung vor. Und die Manager reagierten: Sie begannen, die Formel per SMS und Tweet an ihre Mitarbeiter zu schicken, und ehe ich mich versah, hatte ich mich bereit erklärt, einen ganzen Kurs über emotionale Formeln abzuhalten. Seitdem leite ich regelmäßig Kurse für JdV-Mitarbeiter und erkläre ihnen, wie sie emotionale Formeln einsetzen können, um glücklicher und erfolgreicher zu werden.

Die wenigsten Leute sind in Zwangslagern eingesperrt oder leiten krisengeschüttelte Unternehmen, aber viele Menschen sind in ihrer eigenen Seele gefangen. Diesen Menschen stelle ich folgende Frage: »In welchem Gefängnis sitzen Sie?« Mit Hilfe von Frankls »Sinnformel« konnte ich mich von meiner gewohnt furchterfüllten Denkweise lösen.

Winston Churchill erklärte im Zweiten Weltkrieg: »Wenn man durch die Hölle geht, sollte man nicht stehen bleiben.«

Wir müssen uns klarmachen, dass wir, indem wir in einer dunklen Lebensphase unseren Weg fortsetzen, neue Kraft finden können, von deren Existenz wir nichts ahnten. Wir alle werden mit Situationen konfrontiert, in denen wir über uns hinauswachsen müssen. Um mehr aus uns herausholen zu können als je zuvor in unserem Leben, müssen wir uns zunächst unserer Emotionen bewusst werden. Der Dichter Khalil Gibran sagte: »Das Leid bricht die Schale auf, die das Verständnis einschließt.« Als ich nach einem Weg durch meine Leidenszeit suchte, begriff ich, dass sich aus der Sinnformel eine weitere Frage ergab: »Was wird in meinem Leben ›aufgebrochen‹, um etwas Neues für mich und die Menschen in meiner Umgebung zutage zu fördern?«

Die Parallelen zwischen der Mathematik und dem Leben

Bei allen emotionalen Formeln, die ich in diesem Buch aufstelle, bediene ich mich der Grundlagen der Mathematik – Addition, Subtraktion, Multiplikation und Division –, um das Wechselspiel der Emotionen zu veranschaulichen. Ich möchte jedoch darauf hinweisen, dass die Funktionen als Mathematik der Veränderung bezeichnet werden. Nachdem Isaac Newton die Infinitesimalrechnung erfunden hatte, entwickelte er auch eine Methode zur mathematischen Beschreibung der Bewegungsgesetze, die in die berühmte Formel Schwerkraft = Masse × Beschleunigung mündete.

Wir alle wissen, dass die Schwerkraft eine universelle Kraft ist, die sich auf die physikalische Welt auswirkt. Weniger klar dürfte sein, wie sie das menschliche Dasein beeinflusst – und zwar nicht nur, indem sie uns auf der Erde hält. Die Schwerkraft gibt unserem Körper seine Form: Mit wachsendem Alter nähern wir uns dem Boden und entwickeln schwerere, größere Organe. Und die Schwerkraft kann auch unser emotionales Dasein prägen. So sind emotionale Belastungen eine Form der Schwerkraft: Sie drücken uns nieder. Je größer die emotionale Schwerkraft ist, gegen die wir ankämpfen müssen, desto mehr Kraft brauchen wir, um voranzukommen. Und es entsteht beträchtliche Reibung, wenn wir versuchen, die Schwerkraft zu überwinden. Ein reibungsloses Leben zu führen bedeutet, wie ein Ruderer über das Wasser zu gleiten. Abraham Maslow nannte das »Selbstverwirklichung«, Mihaly Csikszentmihalyi nennt es den »Flow«.

Als ich die schwierigste Phase in meinem Leben analysierte, musste ich feststellen, dass ich nicht über den Fluss glitt. Es war, als hätten sich geheimnisvolle Naturkräfte gegen mich verschworen. Ein Freund sagte zu mir: »Deine innere Mathematik ist durcheinander geraten.« So kann es sich anfühlen, wenn man nicht mit der Welt im Einklang ist.

Um meine Probleme zu lösen, verwandelte ich mich in einen emotionalen Mathematiker. Als ich am Tiefpunkt angelangt war, gab mir die »Sinnformel« die Gewissheit, dass es mir gelingen würde, die Verzweiflung zurückzudrängen, wenn ich mich weniger auf das Leiden und mehr auf die Bedeutung dieser bunten Mischung schmerzhafter Erlebnisse konzentrierte. In den Wochen der größten Seelenpein war diese Formel mein Handbuch zur Entschärfung der emotionalen Sprengsätze. Ich musste kein mathematisches Genie sein, um die emotionale Wahrheit zu begreifen, die in der »Sinnformel« steckte. Ich musste diese Formel nur zu meinem täglichen Mantra und meiner Landkarte machen, und würde einen Weg aus dem tiefen Jammertal finden, in das ich mich verirrt hatte.

Selbstverständlich gibt es keine ideale Formel für die Lösung des Rätsels des Lebens. Henry David Thoreau schrieb: »Verrät euch all die Wissenschaft, wie und wann das Licht in die Seele strömt?« Die Geheimnisse unseres Daseins können nicht auf eine Tabellenkalkulation reduziert werden, aber in der Welt und in unserem emotionalen Leben wimmelt es von sinnvollen Formeln. Und von diesen handelt mein Buch.

Wir wachsen, indem wir Widrigkeiten bewältigen

Die Seele und die Geldbörse sind untrennbar miteinander verbunden. Es ist kein Zufall, dass jenes Wort, mit dem wir die schlimmsten Wirtschaftskrisen bezeichnen, auch zur Beschreibung einer schweren psychischen Störung verwendet wird: Depression. Eine Wirtschaftskrise erleichtert unsere Brieftasche und lastet schwer auf unserem Gemüt. Fünf der zehn Lebenserfahrungen, die uns am meisten belasten, hängen mit dem Verlust des Arbeitsplatzes und mit der Unzufriedenheit mit der Arbeit zusammen. Die Arbeit wirkt sich nicht nur auf unser Selbstwertgefühl aus: Sie bestimmt unseren Tagesablauf, bringt uns in Kontakt mit anderen Menschen und kann unserem Leben einen Sinn geben.

Seit der Weltwirtschaftskrise in den 30er-Jahren des 20. Jahrhunderts haben wir keine derart perverse Wechselwirkung zwischen unserer Arbeit und unserer Psyche mehr beobachtet. Wir sind mit jener Art von Rezession vertraut, die wie ein heftiges Unwetter hereinbricht, aber schnell vorüberzieht, und mit solchen Krisen können wir umgehen, weil wir wissen, dass sie nicht allzu lange dauern. Aber was, wenn die gegenwärtige wirtschaftliche Durststrecke zehn Jahre anhält? Woher werden wir die innere Kraft nehmen, um mit einer derart niederschmetternden Situation umzugehen?

Einige der bedeutendsten Werke der amerikanischen Literatur, darunter *Früchte des Zorns* und *Von Mäusen und Menschen,* entstanden in der »Great Depression«. Sie schildern die traumatischen Auswirkungen jener Wirtschaftskrise auf die seelische Verfassung und die Denkweise der Menschen. Im selben Jahrzehnt schrieb Napoleon Hill den Bestseller *Think and Grow Rich* (1937) und forderte seine Leser auf, sich eine positive Einstellung anzueignen und ihre geistige Kraft zu bündeln, um ihr Los zu verbessern. Und im Jahr 1934 schrieb der protestantische Theologe Reinhold Niebuhr das »Gelassenheitsgebet«, um den Menschen zu zeigen, dass man vor allem in schwierigen Zeiten die Konstanten des Lebens akzeptieren und sich den Variablen anpassen müsse, um sein inneres Gleichgewicht zu finden.

Warum entmutigen Rückschläge den einen Menschen, während sie den anderen anspornen, sein Potenzial besser zu nutzen? Welche wertvollen Bewältigungsstrategien, die in angenehmeren Lebensphasen nicht erforderlich waren, kann man in schwierigen Zeiten verfolgen? Wie können wir unseren Geist schulen, um weniger Zeit und Energie für die Auseinandersetzung mit Emotionen und Spannungen zu vergeuden, die keinen Nutzen für uns haben?

Für mich sind dies sehr persönliche Fragen. Sie bewegten mich dazu, meine erste emotionale Formel aufzustellen. Dann entwickelte ich weitere Formeln für meine Mitarbeiter, und jetzt schreibe ich dieses Buch für alle, die von diesen Gleichungen profitieren könnten. Ich bat Psychologen und Mathematiker um Rat, die meinen Bemühungen mehrheitlich offen gegenüberstanden.

Psychologen haben bereits Methoden entwickelt, um die Emotionen zu messen und die positiven Gefühle zu verstärken. Zwei führende Köpfe auf dem Gebiet der positiven Psychologie, Martin Seligman und Sonja Lyubomirsky, haben gemeinsam eine Glücksformel aufgestellt, aus der hervorgeht, dass 50 Prozent unseres seelischen Wohlbefindens angeboren sind: Es ist genetisch angelegt wie die Prädisposition für ein bestimmtes Größenwachstum. Weitere 10 Prozent unseres Glücks hängen von den Umständen ab, und 40 Prozent können gezielt beeinflusst werden. Damit erhalten wir eine

Gleichung, die komplizierter ist als die meisten in diesem Buch beschriebenen:

Glück = 50 % angeborene Merkmale + 10 % Umstände + 40 % bewusste Eingriffe

Auch Barbara Fredrickson verwendet in ihrer Arbeit über das positive Denken, mit der ich mich in Kapitel 17 beschäftigen werde, eine mathematische Kennzahl, um zu zeigen, wie man positive Energie erzeugen und sich konstruktive Erfahrungen verschaffen kann.

In den folgenden Kapiteln werde ich wissenschaftliche Erkenntnisse beschreiben und Geschichten erzählen, die Ihnen zeigen werden, dass es tatsächlich möglich ist, die eigenen Emotionen zu korrigieren. Ich will Ihnen dabei helfen, die Dinge sowohl in guten als auch in schlechten Zeiten klarer zu sehen und Ihr Leben in den Griff zu bekommen. Ich möchte Ihnen eine Lernkarte zur Verfügung stellen, die Sie bei Bedarf hervorholen können, um sich in Erinnerung zu rufen, dass Ihre Emotionen miteinander verbunden sind und dass Sie sich einen emotionalen Zaubertrank mischen können, der Ihren Bedürfnissen entspricht. Man kann sich die emotionalen Formeln auch als »Fingermalen für Erwachsene« vorstellen. Mischt man die Primärfarben Rot und Blau, so erhält man die Sekundärfarbe Lila. Die Psychologen haben herausgefunden, dass wir auch unsere primären Emotionen mischen, um sekundäre oder tertiäre Emotionen zu erhalten.

Manche emotionale Formeln werden nützlicher für Sie sein als andere. Und manche Abschnitte des Buches dürften größere Relevanz für Ihre gegenwärtige Lebenssituation haben als andere. Sie müssen die Kapitel nicht der Reihe nach lesen – ich empfehle Ihnen sogar, sich immer nur ein Kapitel zu Gemüte zu führen und eine Weile zu verdauen, damit die seelische Algebra in Ihrem Unterbewusstsein Wurzeln schlagen kann. Sie können sich auch jeweils eine Woche mit einer bestimmten Formel auseinandersetzen und den Abschnitt »Anwendung der Formel« in Ihr Alltagsleben integrieren.

Das letzte Kapitel des Buchs enthält eine praktische Anleitung dazu, wie Sie Ihre eigenen Emotionen sortieren und sich nützliche emotionale Formeln zusammenbauen können. Sie sind eingeladen, sich am Gedankenaustausch der wachsenden Gemeinde von Emotionskundigen auf der Website *www.emotionalequations.com* zu beteiligen.

Der emotionale Hausmeister

Was würden Sie tun, wenn Ihnen jemand sagte, dass es eine Tablette gäbe, die ohne schädliche Nebenwirkungen Ihre Herzarterien reinigen könne? Würden Sie diese Tablette schlucken? Jeder Mensch möchte ein funktionstüchtiges Herz haben. Warum sollten wir uns nicht auch emotionale Gesundheit wünschen? Bei den emotionalen Formeln handelt es sich um eine solche Tablette. Aber diese Pille darf nicht geschluckt, sondern muss gekaut werden, denn ihr Wirkstoff muss gut verdaut werden, wenn diese Medizin wirklich helfen soll.

Ich bin kein Therapeut, aber ich kann Ihnen helfen, sich in Ihren Emotionen zurechtzufinden. Ich persönlich war dank dieser emotionalen Formeln auch in der Zeit des größten Leidensdrucks in der Lage, mein Unternehmen zu führen und seine Ergebnisse zu verbessern. Tatsächlich wurde *Joie de Vivre* im Jahr 2010 für den besten Service ausgezeichnet, wobei wir uns gegen Konkurrenten wie Marriott, Hilton, Hyatt, Westin, Kimpton und Peninsula Hotels durchsetzten. Ich glaube, dass die besten CEOs* tatsächlich Chief Emo-

* CEO: Chief Executive Officer

tions Officers sind, denn großartige Unternehmen haben eine großartige Kultur, und eine großartige Kultur ist ohne emotionale Gesundheit nicht denkbar. Vielleicht würden Sie nicht sagen, dass Sie eine Führungskraft sind, aber auch Sie führen Tag für Tag sich selbst und möglicherweise auch andere Menschen.

Sie können mich einfach als Ihren emotionalen Hausmeister betrachten. Oder als Ihren »Seelenklempner um die Ecke«. Wir verwenden das Wort Seelenklempner, um einen emotionalen Ratgeber zu bezeichnen, aber ich glaube nicht, dass es auf dem Gebiet der Psychologie darum gehen sollte, etwas zu reparieren. Stattdessen sollte es darum gehen, unsere Möglichkeiten zu erweitern, und ich hoffe, dass Ihnen die emotionalen Formeln dabei helfen werden, Ihre eigenen Emotionen besser zu verstehen, damit Sie selbst und die Menschen in Ihrer Umgebung ein glücklicheres Leben führen können. Lernen Sie die emotionalen Formeln anzuwenden, und Sie werden feststellen, dass Sie kein Spielball Ihrer Emotionen mehr sind. Stattdessen werden Ihre Emotionen das Potenzial zutage fördern, das in Ihnen steckt.

Als ich jünger war, maß ich meine Fortschritte an äußeren Maßstäben: an meinem Kontostand, am Titel auf meiner Visitenkarte, an der Größe meines Hauses, an der Zahl der Worte, die in der Lokalzeitung über mich gedruckt wurden. Ich strebte nach äußerer Bestätigung, hatte jedoch oft keine Ahnung, was in meinem Inneren vorging. Man konnte mein Mantra so beschreiben: »Ich fühle, deshalb verdränge ich.« Ich schob meine Emotionen so weit wie möglich von mir fort. Ich beschäftigte mich erst mit ihnen, wenn alle anderen Aufgaben erledigt waren. Ich verstand meine Emotionen nicht, geschweige denn, dass ich mit ihnen hätte umgehen können. Als ich mein Wirtschaftsstudium abgeschlossen hatte, dachte ich, ich müsse ein Übermensch werden, um eines Tages erfolgreich ein Unternehmen führen zu können. Aber nachdem ich fast zwei Dutzend Jahre an der Spitze eines Unternehmens gestanden habe, weiß ich, dass die besten Führungspersönlichkeiten keine Übermenschen sind.

Mit den in diesem Buch beschriebenen Formeln für das Verständnis der eigenen Gefühlswelt können Sie sich in einen ausgeglichenen Menschen verwandeln. Wenden Sie die emotionale Alchemie an und finden Sie heraus, warum Sie in der Vergangenheit über ein bestimmtes emotionales Hindernis gestolpert sind. Anschließend können Sie anhand der Formeln entscheiden, welchen Kurs Sie in Zukunft einschlagen wollen. Denken Sie daran, dass die Mathematik Spaß machen soll: Lassen Sie sich nicht von der eigentlichen Botschaft der Formeln ablenken.

Hier ist mein Handbuch für die Verwandlung in einen ausgeglichenen Menschen. Ich hoffe, es wird nützlich für Sie sein.

Kapitel 2

Emotionen: Das Benutzerhandbuch

Ich stand fast zwei Dutzend Jahre lang an der Spitze meines Unternehmens. In dieser Zeit lernte ich, eine Bilanz richtig zu lesen, ein überzeugendes Hotelprojekt zu gestalten und zu vermarkten und eine Atmosphäre der Begeisterung zu erzeugen. Aber vor allem lernte ich in diesen Jahren mit dem »Index des Lächelns« umzugehen.

Wenn ich eines unserer fast 40 Hotels oder das Haus eines Konkurrenten besuchte, konnte ich rasch beurteilen, wie gut dieses Hotel funktionierte, indem ich beobachtete, wie oft die Mitarbeiter lächelten – und welche Qualität ihr Lächeln hatte. Meine emotionalen Antennen registrierten, ob das Lächeln aufrichtig oder aufgesetzt war. Und wenn ich ein Bewerbungsgespräch führte, kannte ich nach zehn Minuten die emotionale Befindlichkeit des Bewerbers und wusste, ob der angebotene Arbeitsplatz die geeignete Umgebung für diese Person sein würde.

Viele der erfolgreichsten Unternehmensleiter sind Experten für Emotionen. Der Psychologe Daniel Goleman hat bewiesen, dass der Erfolg eines Managers zu zwei Dritteln von seinem Emotionalen Intelligenzquotienten (EQ) abhängt, während die intellektuelle Leistungsfähigkeit (IQ) und die berufliche Erfahrung zusammen nur ein Drittel des Erfolgs ausmachen. Matthew Lieberman hat nachgewiesen, dass wir zwischen 10 und 15 Prozent unserer Intelligenz einbüßen, wenn wir Entscheidungen in einem defensiven emotionalen Zustand fällen. Und er hat Folgendes festgestellt: Wenn es uns gelingt, uns unserer Emotionen bewusst zu werden (beispielsweise anhand einer emotionalen Formel), verringern wir die Intensität dieser Emotionen, was dem für die Vernunft zuständigen Teil unseres Gehirns – den Präfrontalkortex – Vorrang vor den für die Triebreaktionen verantwortlichen Hirnregionen gibt, das heißt vor der Amygdala und dem Limbischen System.

Andere Forscher haben herausgefunden, dass unsere Emotionen ansteckend sind, insbesondere dort, wo sich die Menschen intensiv miteinander beschäftigen, etwa in der Familie oder am Arbeitsplatz. In einer Arbeitsgruppe wirkt sich der emotionale Zustand des Leiters erheblich auf die Stimmung in der Gruppe aus – von diesem Zustand hängen zwischen 50 und 70 Prozent der Befindlichkeit der übrigen Mitglieder ab. Man kann eine Führungskraft also als »emotionalen Thermostaten« der von ihr geleiteten Gruppe bezeichnen. Dasselbe gilt auch für die Familie und jede Gruppe von eng verbundenen Personen, die regelmäßig zusammen sind.

In diesem Buch erfahren Sie, wie Sie Ihre Emotionen »erlernen« und mit ihnen umgehen können. Ich möchte in diesem Zusammenhang von »emotionaler Bildung« sprechen. Ein emotional gebildeter Mensch ist in der Lage, die Kraft der Emotionen zu verstehen, zu übersetzen und wirksam einzusetzen, um ein gesundes und produktives Leben zu führen. Die meisten von uns verstehen von der Bedienung eines Autos oder Computers jedoch mehr als vom Einsatz der eigenen Emotionen im Berufs- oder Privatleben. Deshalb begrüße ich Sie hiermit in der emotionalen Fahrschule. Schnallen Sie sich bitte an.

Die Emotionen sind die gemeinsame Währung der Menschheit. Sie ermöglichen es Menschen, eine Beziehung zueinander herzustellen, auch wenn sie sonst wenig gemein haben. Ob man Farsi oder Isländisch spricht, männlich oder weiblich, acht oder 80 Jahre alt ist: Emotionen sind universell verständlich. Wenn wir mit jemandem darüber sprechen, wie wir uns fühlen, nehmen wir wahrscheinlich auf Teile unseres Körpers Bezug, um unseren Gemütszustand zu beschreiben. Beispielsweise sagen wir: »Es bricht mir das Herz«, »Ich hatte einen Kloß im Hals«, »Ich habe ein schlechtes Gefühl im Bauch«. Meine Großmutter sagte einmal zu mir: »Wo auch immer in der Welt du dich aufhältst, du kannst immer Zugang zu den Menschen finden, indem du offen über deine Emotionen sprichst und sagst, ob du traurig, fröhlich, wütend oder bedrückt bist.«

Woher die Emotionen kommen

Mein Freund Tony Hsieh, der Geschäftsführer von Zappos, hat vor nicht allzu langer Zeit ein wunderbares Buch mit dem Titel *Delivering Happiness* veröffentlicht. Es gibt Zeiten, da wünsche ich mir, ich könnte im Internet ein wenig Glück und Freude bestellen, so wie man ein Paar Schuhe bestellt. Aber die emotionalen Formeln sind noch besser, denn sie wirken noch schneller als eine Online-Bestellung: Anhand dieser Gleichungen können wir unsere Emotionen rasch aufarbeiten, um sie zu verändern und zu steuern. Und mit diesen Formeln können wir herausfinden, woher unsere Gefühle kommen.

Unsere Emotionen sind älter als unsere Fähigkeit, sie in Worte zu fassen. Das Emotionszentrum im menschlichen Gehirn entstand vor dem Neokortex, der für das Denken zuständig ist. Wissenschaftler von Charles Darwin und Paul Ekman bis zu Frans de Waal und Jane Goodall haben herausgefunden, dass alle Tiere einschließlich des Menschen Emotionen haben. Ob es sich nun um eine instinktive »Kampf-oder-Flucht«-Reaktion, die Teil unseres Selbsterhaltungstriebs ist, oder um die Mechanismen handelt, die in

Gang gesetzt werden, wenn wir uns verlieben und um einen potenziellen Partner werben: Emotionen dienen dazu, unser Leben zu schützen und unsere Entwicklung voranzutreiben.

Man könnte William James als den ersten Psychologen bezeichnen, der eine emotionale Formel aufstellte. James erklärte im 19. Jahrhundert, das Selbstwertgefühl entspreche dem Erfolg geteilt durch die Ansprüche. Selbstverständlich hängt die Lösung dieser Gleichung davon ab, wie man Erfolg und Ansprüche definiert. Wenn die tatsächlichen Resultate (unsere Leistungen und Erfolge) in unserer Wahrnehmung die potenziellen Ergebnisse (unsere Ansprüche) übersteigen, werden wir uns dieser Theorie zufolge sehr wohl in unserer Haut fühlen.

Im Jahr 1884 schrieb James eine bahnbrechende Arbeit mit dem Titel »Was ist eine Emotion?« und löste eine Debatte aus, die bis zum heutigen Tag andauert. Seit damals streiten die Psychologen über die Frage, ob das Ei oder das Huhn zuerst da war: Gehen die Emotionen den physischen Wirkungen voraus oder umgekehrt? Löst ein Reiz die Emotion der Wut aus, was zur Folge hat, dass sich der Körper anspannt, oder zieht die körperliche Reaktion auf den Reiz die emotionale Antwort nach sich, wie James glaubte? Die Experten sind der Meinung, dass wir Gefahr laufen, die Kontrolle über unsere Emotionen zu verlieren, weil uns diese Reaktionen zumeist nicht bewusst sind. Eine einfache Wahrheit über das Leben und unsere Emotionen lautet, dass der Einfluss des Unbewussten auf unser Leben größer wird, wenn wir es ignorieren.

Die bis vor kurzem vorherrschende wissenschaftliche Theorie besagte, Vernunft und Emotion hätten nichts miteinander zu tun. Doch mittlerweile haben Forscher wie Antonio Damasio, Candace Pert, Joseph LeDoux und andere gezeigt, dass Denken und Fühlen beide innerhalb eines komplexen physisch-psychischen Ökosystems funktionieren.

Aber was bedeutet all das für Sie? Die lateinische Wurzel des Worts Emotion bedeutet »Bewegung«. E-motion = Energie + Motion. Die Emotionen sind Vehikel, die dazu dienen, das Leben zu verwandeln und voranzutreiben. Sie sind keine gleichbleibenden oder stagnierenden Zustände. Das Wetter ist eine geeignete Metapher dafür: weder Sonnenschein noch Hagelsturm sind von Dauer. Sie kommen und gehen. Die Witterung hängt von einer Vielzahl von Faktoren ab, darunter Windgeschwindigkeit, Luftfeuchtigkeit, Temperatur und Höhe. Diese Zutaten vermengen sich zu dem Wetter, das wir in einem gegebenen Augenblick erleben.

Dasselbe gilt auch für die Emotionen. Beispielsweise kann die Enttäuschung eine Kombination von Überraschung und Betrübnis sein, und die Freude eine bittersüße Empfindung.

Wenn eine Emotion nicht durch uns wandert, sondern sich festsetzt, erleben wir Zustände wie zum Beispiel die Depression, die oft als nicht ausgedrückte Wut beschrieben wird. Die Unterdrückung einer Emotion kann zu einer Explosion führen. Daher ist es sehr gesund für uns selbst und für andere, wenn wir lernen, das emotionale Wetter durch uns hindurchziehen zu lassen.

Die Analogie des Wetters eignet sich sehr gut, um zu verdeutlichen, wie unsere Emotionen funktionieren, denn das Wetter ist ein typisches Thema im Smalltalk. Denken Sie einmal darüber nach: Verwenden Sie vielleicht das äußere Wetter, um sich von Ihrem inneren Wetter abzulenken? Indem ich mich in einen guten inneren Meteorologen verwandelte, lernte ich zu erkennen, welche Stürme sich während meiner seelischen Achterbahnfahrt in meinem Inneren zusammenbrauten. Und ich machte die tröstliche Erfahrung, dass schon kurze Zeit nach einem erschreckenden emotionalen Gewittersturm wieder die Sonne scheinen kann.

Wie viele Emotionen gibt es?

Auf dieser Frage könnte man ein vergnügliches Gesellschaftsspiel aufbauen. Seit mehr als 2000 Jahren suchen die Philosophen nach einer Antwort auf diese Frage. Die meisten Gelehrten sind sich darin einig, dass es einige grundlegende menschliche Emotionen gibt, deren Zahl jedoch unterschiedlich hoch angesetzt wird und je nach Autor zwischen vier und zehn schwankt. Zu den allgemein anerkannten Emotionen zählen Furcht, Wut, Schwermut, Ärger, Überraschung und Freude. Ich persönlich gehöre zu denen, die in der Liebe die wichtigste universelle Emotion sehen.

Ich habe Listen gesehen, die zwischen 558 und mehr als 800 Emotionen umfassen. Faszinierend ist, dass in praktisch allen Studien fast zwei Drittel der Emotionen mit Worten beschrieben werden, die eine negative Konnotation haben. Auf eine »Freude« kommen eine »Betrübnis« und eine »Gier«.

Angesichts derart vieler Emotionen kann es schwierig sein, unsere eigenen richtig zu deuten. Wenn wir uns in einem inneren Konflikt befinden, können wir »gemischte Gefühle« haben. Aber in den letzten Jahrzehnten haben die Psychologen die wichtigsten Kombinationen der grundlegenden Emotionen beschrieben und herausgefunden, wie diese zu komplexeren oder sekundären Emotionen führen können.

Inspiriert von Galen, dem Leibarzt des römischen Kaisers Marc Aurel, entwickelte der Psychologe Robert Plutchik eine überzeugende Theorie zur Funktionsweise unserer Emotionen. In Anlehnung an den Farbenkreis entwarf er einen *Emotionenkreis,* der acht Primäremotionen enthielt: Freude, Erwartung, Wut, Missfallen, Traurigkeit, Überraschung, Furcht und Akzeptanz. Diese Grundemotionen ergänzte er durch zahlreiche Abwandlungen.

Furcht und Traurigkeit sind primäre Emotionen, so wie Grün und Blau Primärfarben sind. Und Freude und Traurigkeit sind Komplementäremotionen, so wie Orange und Violett Komplementärfarben sind. Neben und zwischen den Primäremotionen finden wir weitere Abstufungen der Gemütszustände.

Legt man Erwachsenen Fotos von Gesichtern vor, die verschiedene Emotionen ausdrücken, so gelingt es ihnen sehr gut, die Gesichtsausdrücke den entsprechenden primären Gefühlen zuzuordnen. Dasselbe kann man beobachten, wenn man Versuchspersonen auffordert, zwischen den Primärfarben zu unterscheiden. Aber was passiert, wenn ein Farbenblinder zwischen verschiedenen Farbtönen unterscheiden oder Farben in einem Spektrum erkennen muss? (Ich selbst bin farbenblind, obwohl ich es vorziehe, mich als »Farbendummkopf« zu bezeichnen.) Und nicht nur den Farbenblinden fällt es schwer, zwischen verschiedenen Tönen zu unterscheiden: Viele Leute, die beruflich nicht mit Farben zu tun haben, dürften Schwierigkeiten haben, zwischen lila und lavendelblau zu unterscheiden. Dasselbe Problem kann auftreten, wenn wir jemandem gegenüberstehen, der gemischte Gefühle zeigt. Wenn es uns schwer fällt, die Botschaft zu entziffern, die uns jemand übermittelt, haben wir vielleicht das Gefühl, ein wenig »emotionenblind« zu sein.

Bei Kindern sieht man eher selten gemischte Emotionen, sie zeigen zumeist Primäremotionen. Im Allgemeinen ist leicht zu erkennen, ob ein Kind traurig, überrascht, ärgerlich oder fröhlich ist. Kinder sind einfach noch nicht so gut darin, ihre Gemütszustände in zahlreichen komplexen Schattierungen zum Ausdruck zu bringen – was für Erwachsene abhängig von der Situation erfrischend oder mühsam sein kann.

Die richtige Deutung all dieser Emotionen

Da die Emotionen so zahlreich sind, stellt sich die Frage: Wie gewinnt unser Verstand all dem einen Sinn ab? Viele Leute unterscheiden nicht zwischen einem Geschehen und ihrer Reaktion darauf. Aber die Emotionen hängen nicht vom Ereignis ab, sondern *unsere Vorstellungen rufen unsere Reaktion hervor*. Wenn wir eine Reaktion mehrfach zeigen – wir weisen unser Kind zurecht, wir empfinden Angst im Umgang mit einem Vorgesetzten oder Kunden, wir regen uns über einen anderen Autofahrer auf, der uns die Vorfahrt nimmt –, entwickeln wir eine gewohnheitsmäßige, automatische Reaktion, eine gewohnheitsmäßige Antwort. Mit anderen Worten:

»ERE«: Ereignis + Reaktion = Ergebnis

Diese Beschreibung einer spontanen Reaktion zeigt uns, dass es durchaus möglich ist, unsere Emotionen bis zu einem gewissen Grad zu beherrschen. Viktor Frankl schrieb: »Zwischen Reiz und Reaktion gibt es einen Raum. In diesem Raum sind wir in der Lage, die geeignete Reaktion zu wählen. In unserer Reaktion liegen unser Wachstumspotenzial und unsere Freiheit.« Sie können also selbst über Ihre Reaktionen entscheiden. Sie sind das Produkt Ihrer Entscheidungen, nicht Ihrer Bedingungen. Wenn Sie lernen, Ihre Emotionen zu identifizieren und zu übersetzen, wird sich Ihr Selbstbild grundlegend wandeln, und dasselbe gilt für das Bild, das sich Ihre Umgebung von Ihnen macht.

Um sich von Ihren gewohnten Reaktionen lösen zu können, müssen Sie feststellen, was Ihnen eine Emotion verrät. Denken Sie sich Ihre Emotionen einfach als Botschaften, die Sie nicht zu einer Reaktion verpflichten, sondern Ihnen die Freiheit geben, eine Antwort zu wählen. Die Furcht schützt uns. Das Bedauern lehrt uns etwas. Die Traurigkeit ist ein Ventil. Die Freude richtet uns auf. Die Empathie verbindet uns mit anderen.

Ihre Emotionen können Ihnen die Tür zu einem besseren Leben öffnen. Sie können als emotionales Navigationssystem dienen, das Ihnen in Krisen und in Zeiten des Glücks die Orientierung erleichtert.

Gestalten Sie Ihre Beziehung zu den Emotionen neu

Unsere Emotionen widerfahren uns nicht. Niemand ist ein wehrloses Opfer seiner Gefühle. Wir können unsere Emotionen wie Ton zum Kunstwerk unseres Lebens formen. Wir können uns von unseren kleinlichen Klagen und von unseren emotionalen Ärgernissen lösen. Die biologische Lebensdauer einer Emotion ist auf etwa 90 Sekunden beschränkt. Es sind die Nachwirkungen der Emotionen, die wir mit uns herumschleppen und die wir immer wieder aufleben lassen.

Eine Emotion auszuleben, ist gesund. Aber es ist nicht gesund zuzulassen, dass die Emotion Besitz von uns ergreift. Um zu verhindern, dass sie sich festsetzt, müssen wir lernen, uns die Emotion bewusst zu machen und sie zu überwachen. Ein Beispiel aus meinem Berufsleben: Ich weiß, dass stets Besorgnis in mir aufsteigt, wenn für unser Unternehmen, das unvermeidliche saisonale Schwankungen bewältigen muss, die schwächere Wintersaison mit geringeren Einnahmen beginnt. Damit ein Cashflow-Engpass nicht zu einem Gefühl der Beklemmung in der Brust und zu Anspannung führt, muss ich mir die ersten Hinweise auf negative Emotionen bewusst machen. Ich muss feststellen, wo in meinem Körper eine Emotion entsteht und welche »Farbtöne« aus dem Emotionenkreis neben der Primäremotion zu sehen sind.

Die emotionalen Formeln erleichtern diese Aufgabe. In den letzten Jahren, als ich von schwer kontrollierbaren Emotionen überwältigt wurde, lernte ich, mich an einen ruhigen Ort zurückzuziehen, einige Male tief durchzuatmen und anschließend die physischen Empfindungen und die Gefühle niederzuschreiben, die mich in diesem Augenblick durchströmten. Diese Liste ging ich durch, um herauszufinden, wie die verschiedenen Regungen und Gefühle zusammenpassten. Schließlich stellte ich fest, dass diese Übung Ähnlichkeit mit der Lösung eines mathematischen Problems hatte: Addierte ich ein wenig von einer Emotion zu einer anderen, so erhielt ich die Summe der Emotionen, die von mir Besitz ergriffen hatten. Indem ich sie zerlegte, bestimmte und richtig einordnete, gelang es mir, einen Zusammenbruch zu vermeiden.

Ich hoffe, diese Methode zur Ordnung der Emotionen wird auch Ihnen in schwierigen Zeiten helfen. Ich habe gelernt, dass ich meine Emotionen kanalisieren und in meinen Dienst stellen kann. Wut kann sich in Mut verwandeln, Neid kann die Belastbarkeit erhöhen. Emotionen müssen nicht irrational und lähmend sein, sondern können vernünftiges und zweckmäßiges Handeln begünstigen. Wenn Ihre Emotionen widersprüchlich und chaotisch sind, werden Sie es ebenfalls sein.

Nun sollten wir unsere Mathematikkenntnisse ein wenig auffrischen, um die emotionalen Formeln in diesem Buch besser verstehen zu können.

Mathematik: Es hängt von den Beziehungen ab

In meiner Jugend quälte ich mich durch die Algebra. Ich schien immer die falsche Lösung zu finden. Viele Menschen haben das Gefühl, immer die falschen Antworten auf die Herausforderungen in ihrem Leben zu geben. Indem wir mit Hilfe der Mathematik Klarheit über unsere Emotionen gewinnen, unternehmen wir einen konstruktiven Versuch, möglichst viel über unsere Gefühle herauszufinden. Ich betrachte Gebete, Mantras und philosophische Grundsätze als

»spirituelle Algebra«, die uns das Verständnis der Konstanten und Variablen in unserem Leben erleichtert. Die emotionalen Formeln sind ein weiterer Bestandteil dieser Algebra, die uns die Bewältigung des Lebens erleichtert.

Eine Formel dient dazu, die Beziehung zwischen zwei oder mehr Faktoren – oder zwei oder mehr Kräften – auszudrücken. So wie andere Gleichungen stellen die emotionalen Formeln Beziehungen dar, in diesem Fall die Beziehungen zwischen verschiedenen Emotionen. Sie zeigen uns, wie Emotionen in einer bestimmten Kombination weitere Emotionen ergeben.

Frischen wir die Mathematik auf

Sieht man einmal von zwei Kapiteln im hinteren Teil des Buchs (von den Kapiteln 13 und 19) ab, so bestehen die in diesem Buch erläuterten emotionalen Formeln auf einfachen Additionen, Subtraktionen, Multiplikationen und Divisionen. Beginnen wir mit den einfachsten Rechenarten: Plus und Minus.

Addition und Subtraktion

Addiert man zu einer Menge eine zweite, so erhält man eine größere – und möglicherweise komplexere – Menge. Umgekehrt schrumpft eine Menge, von der man eine andere Menge abzieht. Diese Veränderung der Mengen können wir auch auf die Emotionen anwenden. Wir haben bereits über Robert Plutchik und seinen Emotionenkreis gesprochen. Plutchik erklärte, die Addition der primären Emotionen *Erwartung* und *Freude* ergebe die sekundäre Emotion *Zuversicht*. Doch was geschieht, wenn man von der *Zuversicht* die *Freude* abzieht? Wenn die Mathematik hier funktioniert, sollten wir damit (ängstliche) *Erwartung* erhalten. Das Ergebnis leuchtet ein.

Versuchen wir es mit einer Rechenübung. Nehmen wir

Folgendes an: *Bedauern = Enttäuschung + Verantwortung*. Was geschieht nun, wenn wir das *Bedauern* nehmen und die *Verantwortung* abziehen? Es bleibt nur Enttäuschung übrig, eine grundlegende, das heißt Primäremotion. Das bedeutet: *Bedauern – Verantwortung = Enttäuschung*. (Hier ist eine Warnung angebracht: Nicht alle unsere Gleichungen können auf diese Art gemischt und angepasst werden. Zum Beispiel kann meine Lieblingsformel *Verzweiflung = Leiden – Sinn* nicht in *Verzweiflung + Sinn = Leiden* umgewandelt werden. Daher ist es ratsam, jede Gleichung für sich zu betrachten. Letzten Endes geht es in diesem Buch ja nicht um Mathematik, sondern um Emotionen.)

Im letzten Kapitel werden Sie Gelegenheit haben, eigene Formeln aufzustellen oder Ihre Emotionen »zu berechnen«. Die übrigen emotionalen Formeln werde ich lediglich erläutern – ich werde die Emotionen nicht sezieren wie im vorigen Absatz. Wenn Sie im Zweifel sind, haben Sie jedoch immer die Möglichkeit, tatsächlich anhand von Zahlen »die Gleichungen zu prüfen« oder die Beziehungen zwischen den verschiedenen Bestandteilen einer Gleichung zu untersuchen.

Multiplikation

Wenn wir zu Multiplikationen und Divisionen gelangen, wird es ein wenig komplizierter. Durch die Addition von 3 und 5 erhalten wir die einstellige Zahl 8, aber wenn wir diese beiden Zahlen miteinander multiplizieren, ist das Resultat die zweistellige Zahl 15. Wenn wir die Zahlen also nicht anhand der Addition, sondern anhand der Multiplikation in Beziehung zueinander setzen, erhalten wir ein energiereicheres Gemisch: Die Beziehung zwischen den beiden Elementen ist explosiver.

In Kapitel 7 werden wir uns mit der emotionalen Formel Angst = Ungewissheit × Machtlosigkeit befassen. Warum habe ich mich entschlossen, diese beiden emotionalen Zustände (oder Merkmale) miteinander zu multiplizieren, anstatt sie zu addieren? Nun, ich bin zu dem Schluss gelangt, dass das, was man nicht weiß (Ungewissheit), gemeinsam mit dem, was man nicht beherrschen kann (Machtlosigkeit), den emotionalen Zustand der Angst hervorbringt, und dieses Produkt ist größer als die Summe der beiden Faktoren. Forscher haben herausgefunden, dass es nicht einfach die Geheimnisse sind, die uns die größte Angst einflößen. Diese Erfahrung dürften Sie selbst auch schon gemacht haben. Wir ängstigen uns am meisten, wenn das Ungewisse mit einer großen Menge an Furcht einhergeht, die wir nicht beherrschen können. Aber wir können das Ausmaß der Angst beträchtlich verringern, indem wir den Wert der Ungewissheit oder jenen der Machtlosigkeit gegen Null senken.

Division

Befreundete Mathematiker haben mir erklärt, dass diese Gleichungen in den Naturwissenschaften und der Algebra vorherrschen. Der Grund dafür ist, dass eine Division aufgrund ihrer Dynamik größere Auswirkungen auf die Faktoren hat als Addition oder Subtraktion.

In der Arbeit mit Divisionen müssen wir auf zwei weitere mathematische Konzepte zurückgreifen, nämlich auf Zähler und Nenner. In der Gleichung 12 = 24 : 2, die wir auch als 12 = 24/2 schreiben können, ist 24 der Zähler über dem Bruchstrich und 2 der Nenner darunter. Wir müssen den Nenner nur ein wenig vergrößern – beispielsweise können wir die 2 durch eine 4 ersetzen –, um das Resultat erheblich zu verändern. In diesem Fall halbieren wir den Wert, indem wir unter dem Strich 2 addieren: 24/4 = 6. Der Nenner hat also beträchtliche Auswirkungen auf die Gleichung.

Eine meiner bevorzugten emotionalen Formeln präsentierte ich im Jahr 2010 auf der TED-Konferenz: *Glück = Sich wünschen, was man hat/Haben, was man sich wünscht*. Das mag ein wenig wie eine Denksportaufgabe aussehen, aber wir können auch einfach sagen, dass *Wollen, was man hat* gleichbedeutend mit praktizierter Dankbarkeit ist. Es bedeutet, dass man zu schätzen weiß, was einem das Leben gewährt. *Zu haben, was man sich wünscht,* bedeutet für mich, dass man etwas anstrebt, von dem man sich Befriedigung verspricht – und damit verleugnet man potenziell, was man bereits hat. Mit anderen Worten: *Glück = Dankbarkeit/Befriedigung.*

Der Widerspruch zwischen Dankbarkeit und Befriedigung steht im Mittelpunkt des modernen Lebens. Obwohl uns zahlreiche Wege zur Zufriedenheit offenstehen, wird unser Glück instabil bleiben, solange das Streben nach Befriedigung unserer Wünsche vorherrscht: Wir werden immer ein weiteres Ziel oder eine zusätzliche Erfahrung davon entfernt sein.

Diese Gleichung öffnete mir die Augen dafür, dass das »Streben nach Glück« für die meisten von uns ein Hamsterrad ist. Die Formel hat vielen mir bekannten Menschen geholfen, den Unterschied zwischen dem Streben nach Glück und der Praxis des Glücks zu erkennen. Wenn mein Glück trügerisch wirkt, frage ich mich: »Wofür bin ich nicht dankbar, und welches Streben hält mich davon ab, zufrieden zu sein?« In den Kapiteln, in denen wir uns mit Divisionen befassen, geht es mir darum, entweder den Zähler (den Wert über dem Bruchstrich) oder den Nenner (den Wert unter dem Strich) »aufzulösen«. Damit meine ich, dass wir diesem Teil der Gleichung besondere Aufmerksamkeit schenken sollten, da er weitreichende Auswirkungen auf unseren emotionalen Zustand haben kann. Die Mathematik kann unsere Verbündete sein!

TEIL II

Wie man schwierige Zeiten bewältigt

»Wir sollten uns nicht für unsere Schwierigkeiten schämen, sondern nur für unsere Unfähigkeit, daraus etwas Schönes zu machen.«
Alain de Botton

Kapitel 3

Verzweiflung = Leiden – Sinn

Anfang der 40er-Jahre des vergangenen Jahrhunderts arbeitete in Wien ein junger Psychologe mit einer großen Zukunft. Viktor Frankl war seit kurzem verheiratet, er genoss den Zusammenhalt seiner großen Familie, und seine neue Therapiemethode fand wachsende Anerkennung bei den europäischen Psychologen. Frankl war davon überzeugt, dass es die wichtigste Antriebskraft des Menschen sei, dem Leben einen Sinn abzugewinnen. Mit dieser Annahme entfernte er sich von Freud und Adler, welche die wichtigste Motivation im Streben nach Vergnügen und Macht gesehen hatten. Frankl zitierte oft Nietzsche, der geschrieben hatte: »Wer ein *Warum* hat, dem ist kein *Wie* zu schwer.« Frankl ahnte nicht, dass bald ein Krieg ihn selbst und sein Streben nach Sinn auf eine harte Probe stellen würde.

Am 24. September 1942 wurden Frankl, seine Frau und seine Eltern voneinander getrennt und in verschiedene Konzentrationslager verschleppt. Die folgenden drei Jahre verbrachte er in der Hölle. Die nationalsozialistischen Schergen nahmen ihm alles, was er liebte. Sämtliche Mitglieder seiner weitläufigen Familie wurden ermordet.

Was Frankl und viele Mitgefangene in seiner Umgebung, mit denen er seine Gedanken teilte, am Leben erhielt, war die Vorstellung, dass man auch den furchtbarsten Umständen einen Sinn abgewinnen konnte, sofern man über geeignete emotionale Werkzeuge verfügte. Frankl beobachtete, dass nicht unbedingt jene Häftlinge starben, die bei der Ankunft im Lager bereits in schlechter gesundheitlicher Verfassung gewesen waren. Vielmehr waren unter den Opfern besonders viele Menschen, die sich auf das Leiden konzentrierten. Jene, die selbst in einer so grauenhaften Umgebung nach einem Sinn suchten oder etwas aus der Erfahrung zu lernen versuchten, blieben eher am Leben.

In seinem Buch über die KZ-Erfahrung schrieb Frankl: »Ein Häftling, der den Glauben verloren hatte, war verloren.« Er erzählte die Geschichte eines Freundes, der geträumt hatte, das Lager werde am 30. März 1944 befreit werden. Dieser Traum half ihm, das Leiden zu bewältigen. Doch als der ersehnte Tag näher rückte, ohne dass ein Hinweis auf eine Befreiungsarmee zu sehen war, verzagte der Mann zusehends. Am 30. März gab er die Hoffnung auf, sein Lebenswille war gebrochen. Am folgenden Tag starb er.

Selbstverständlich wirkten sich die Bedingungen im Konzentrationslager auf die Einstellung der Häftlinge aus, aber ihr Überleben hing von ihrer seelischen und körperlichen Gesundheit und von ihrer psychischen Reaktion auf die äußeren Umstände ab.

Frankl beschreibt die Menschen als Wesen, »deren größte Sorge darin besteht, nicht bloß ihre Triebe und Instinkte zu befriedigen, sondern einen Sinn zu finden«. Ein KZ-Häftling, der in seinem Leiden einen Sinn fand, konnte diese schreckliche Erfahrung nach der Befreiung als Katalysator zur Veränderung seines Lebens nutzen oder sich vorstellen, dass seine Lagerhaft von Gott gewollt sei. Viktor Frankl verbrachte nach der Befreiung aus dem Lager sein restliches Leben damit, anderen Menschen zu zeigen, dass die Suche nach einem Sinn selbst angesichts unablässigen Leidens die Verzweiflung verhindert.

In seiner Tätigkeit als Psychologe hatte Frankl oft mit Patienten zu tun, die in einer geistigen Spirale gefangen waren, sei es aufgrund einer unglücklichen Ehe, eines körperlichen

Gebrechens oder beruflicher Widrigkeiten. Er prägte den Begriff der »Arbeitslosigkeitsneurose« zur Beschreibung von Personen, die den Verlust des Arbeitsplatzes mit Nutzlosigkeit gleichsetzen. Da ein Mensch, der sich für nutzlos hält, zumeist auch das Gefühl hat, ein sinnloses Leben zu führen, riet Frankl solchen Patienten, sich freiwillig in den Dienst einer guten Sache zu stellen, die ihnen sinnvoll erschien. Das war nicht nur eine wertvolle Disziplin, sondern kam auch der Sehnsucht nach einem Lebenssinn entgegen und half vielen Patienten, sehr viel rascher wieder eine Erwerbsbeschäftigung zu finden.

Die meisten von uns werden nie erfahren, wie das Leben in einem Gefängnis aussieht, aber wir alle wissen, was Leiden ist – sei es, dass wir quälenden äußeren Umständen ausgesetzt sind oder innere Kämpfe ausfechten müssen. Haben Sie sich selbst ein Gefängnis errichtet? Wenn ja, so können Sie die Erläuterungen in diesem Kapitel als Anleitung zur Befreiung aus diesem Gefängnis betrachten.

Leiden = Schmerz × Widerstand

Diese Formel kann auf die spanische Mystikerin Teresa von Ávila, die im 16. Jahrhundert lebte, oder sogar bis zu Buddha zurückverfolgt werden. Schmerz und Leiden können Synonyme sein, aber erst der Widerstand verstärkt diese Kombination. (Oder, wie Buddha sagte: Unser Festhalten an dem, was war, oder an dem, was unserer Meinung nach sein sollte, bringt das Leiden hervor.) Der Widerstand ist eine Reaktion aus freiem Willen, die das Leiden entweder vergrößert oder beseitigt. Wir entscheiden. Bei mathematischer Betrachtung könnte man auch das Leiden als freiwillig betrachten, denn wenn man den Widerstand gegen Null senkt, geschieht dasselbe mit dem Leiden.

Der Autor Dan Millman ist der Meinung, der Schmerz sei relativ objektiv und körperlich, während das Leiden »unser psychologischer Widerstand gegen das ist, was geschieht. Die Geschehnisse können körperlichen Schmerz verursachen, aber sie rufen an sich kein Leiden hervor. Erst der Widerstand gegen die Geschehnisse erzeugt Leiden. Wir beginnen zu leiden, wenn unser Verstand das, was ist, ablehnt.«

Wer gerade mit tragischen Ereignissen konfrontiert ist, empfindet solche Äußerungen möglicherweise als Hohn. Aber wie wir in Kapitel 2 gesehen haben, sind nicht die Umstände, sondern unsere Reaktionen auf diese Umstände die wichtigsten Gründe für unser Unglück. Sollen wir uns zur Wehr setzen oder die Gegebenheiten akzeptieren? Dies ist eine der wichtigsten Fragen, die wir in unserem Leben zu beantworten haben – und sie ist nicht leicht zu beantworten. Wie sollen wir auf Schwierigkeiten oder auf Umstände reagieren, die sich unserer Kontrolle entziehen? Ich selbst bin ein Mensch, der den Großteil seines Lebens versucht hat, im Streben nach Erfolg Widerstände zu überwinden. Daher ist es mir stets ausgesprochen schwer gefallen, mich mit meinem Schicksal abzufinden.

Manchmal ist der Widerstand selbst angesichts des Schmerzes die richtige Antwort. Das erfuhr ich in den mehr als vier schmerzhaften Jahren, in denen ich einem Familienmitglied in seinem Kampf gegen falsche Vorwürfe wegen eines angeblichen Verbrechens zur Seite stand. Dieser Verwandte wurde zu einer Haftstrafe im berüchtigten Gefängnis von San Quentin verurteilt, und es fiel uns beiden schwer, der Situation einen Sinn abzugewinnen. Doch schließlich machte sich unser schmerzhafter Widerstand bezahlt, als ein Bundesrichter Gerechtigkeit übte und das Urteil aufhob.

Entscheidend ist, dass man sich nicht auf sein Leid konzentriert. Buddha lehrte die Vier Edlen Wahrheiten. Die erste dieser Wahrheiten lautet, dass das Leiden allgegenwärtig ist.

Es existiert nicht nur in Konzentrationslagern, Gefängnissen oder Weltwirtschaftskrisen. Das Leiden ist die Konstante in unserem algebraischen Leben. Es kann auch einem wertvollen Zweck dienen, sobald man sich nicht mehr darauf konzentriert, dass es eine Konstante ist und ständig versucht, den Schmerz zu lindern, sondern sich auf die Suche nach dem Sinn macht, der einer leidvollen Erfahrung entspringen kann. Hat man einmal seine Erwartungen angepasst und begriffen, dass das Leiden ebenso allgegenwärtig ist wie Sauerstoff und Elektrizität, so erwartet man es – aber wenn man sich nicht darauf fixiert, kann man seine Aufmerksamkeit den anderen Dingen zuwenden, die das Leben zu bieten hat.

Menschen sind Erzeuger von Sinn

Die Verfechter der positiven Psychologie glauben, dass es ein Grundbedürfnis des Menschen ist, einen Sinn zu finden: Wir sehnen uns nach dem Sinn des Lebens, und in einer zunehmend komplexen Welt wird dieses Bedürfnis noch stärker. Je komplizierter unser Leben wird, desto wichtiger ist es, die Frage nach dem Sinn zu beantworten. Eine Welt ohne Sinn ist ein Ort, an dem Verzweiflung gleich Leiden ist. In einer solchen Welt müssen wir versuchen, unseren Schmerz mit Ablenkungen – mit dem Fernsehen, dem Internet, mit Alkohol – zu betäuben.

Jonathan Haidt, der Autor von *Die Glückshypothese*, erklärt, der Schlüssel zur persönlichen Weiterentwicklung sei »nicht die Zuversicht an sich, sondern die Sinnsuche«. Er stützt sich auf James Pennebakers Forschungsarbeit zur Beziehung zwischen traumatischen Erfahrungen und späteren Gesundheitsproblemen. Pennebaker hat herausgefunden, dass es praktisch irrelevant ist, welcher Art ein erlittenes Trauma ist – es kann sexueller Missbrauch oder der Verlust eines Angehörigen durch Selbstmord sein (im Gegensatz zu Krankheit oder Unfall). Entscheidend ist, wie sich die Betroffenen anschließend verhalten: Den Menschen, die das Gespräch mit Freunden suchen oder sich einer Selbsthilfegruppe anschließen, bleiben gesundheitliche Probleme aufgrund des Traumas weitgehend erspart. Pennebaker hat herausgefunden, dass auch das Schreiben ein wirksames Gegenmittel ist. Doch nur jene Betroffenen, die einer schrecklichen Erfahrung einen Sinn abgewinnen können, erzielen wirklich positive Ergebnisse.

Ein Trauma reißt eine Wunde auf. Wird eine Wunde gereinigt und richtig versorgt, so wird sie gut verheilen und keine allzu große Narbe hinterlassen. Wir alle tragen Narben. Die Verzweiflung ist eine natürliche menschliche Emotion. Aber die eigentlichen Wunden haben geringeren Einfluss auf unsere Gesundheit als die Art und Weise, wie wir diese Wunden zu heilen versuchen. Es gibt ein altes äthiopisches Sprichwort: »Wer seine Krankheit verbirgt, darf nicht auf Heilung hoffen.« Nicht behandelte Verletzungen können chronische Krankheiten zur Folge haben. Wenn wir unsere Wunden heilen, können wir unser Leben fortsetzen.

Mein Leben als Sinnfinder

Es heißt, der Zweck des Lebens bestehe darin, dem Leben einen Zweck zu geben. Dasselbe ließe sich über den Sinn sagen: Der Sinn des Lebens besteht darin, ihm einen Sinn zu geben. Zwischen meinem 45. und 50. Geburtstag hatte ich den Eindruck, als ginge alles schief, was schief gehen konnte.

Rückblickend ist mir klar, dass ich eine Verwandlung meiner Emotionen und meiner Identität durchlebte – wie eine Raupe, die sich in einen Schmetterling verwandelt. Das Problem war, dass meine Metamorphose in einem für alle Welt einsichtigen Kokon stattfand.

Während dieser Transformation verspürte ich das Bedürfnis, meiner überladenen Welt einen Sinn abzugewinnen, indem ich ein Tagebuch führte. Das Tagebuchschreiben macht mir eigentlich keinen Spaß, aber in dieser Zeit erlegte ich mir eine gewisse Disziplin auf. Ich landete immer wieder bei der »Sinn-Formel«: *Verzweiflung = Leiden – Sinn.* Ich fragte mich: »Welcher Sinn verbirgt sich hinter all diesen verschiedenartigen, schwierigen Erfahrungen?«

In den Trümmern wurde ein Lebenszweck erkennbar. Dem ersten Hotel, das ich im Alter von 26 Jahren in Betrieb genommen hatte, hatte ich den Namen »The Phoenix« gegeben, in Anlehnung an den Vogel, der sich aus seiner eigenen Asche erhebt. Dies war ein passender Name für ein Haus, das eine bei Prostituierten beliebte Absteige gewesen war, bevor wir es in ein erfolgreiches (und berüchtigtes) Rock'n'Roll-Hotel verwandelten, unter dessen Gästen David Bowie und Linda Ronstadt waren. Nun erstand ich persönlich im mittleren Lebensabschnitt neu aus meiner Asche. Als mir das klar wurde, stellte ich fest, dass ich nicht der einzige war, dem Schlimmes widerfuhr.

Um ein wenig Ballast abzuwerfen, verkaufte ich einen Mehrheitsanteil an meinem Unternehmen an einen Mann mit einer großen Seele, und mittlerweile wächst das Unternehmen wieder. Ich habe mich meiner zweiten Berufung zugewandt und arbeite viel als Autor und Redner, Aktivitäten, die mit der anspruchsvollen Tätigkeit eines Unternehmensleiters nicht vereinbar waren. Ich habe mich damit abgefunden, allein zu leben, nachdem ich fast 20 Jahre in zwei Partnerschaften verbracht habe. Ich habe die Beziehungen zu meinen Freunden und Angehörigen vertieft und mich selbst besser kennengelernt. Zum 50. Geburtstag schenkte ich mir ein kleines Buch mit dem Titel *Flatline on the Faultline,* das ich nur mit meiner Familie und meinen engsten Freunden teilte – in diesen Memoiren arbeitete ich auf, wie ich einen Sinn in meinem Leben fand. Diese Wiedergeburt heilte meine Wunden und half mir, mein Leben fortzusetzen. Meine Narben trage ich seitdem fast wie Auszeichnungen.

Wenden wir die Formel an

Überdenken Sie Ihre Annahmen und verknüpfen Sie sie mit Ihrem »Warum«.

Das Leiden findet oft an der Schnittstelle zwischen altem und neuem Denken statt. Wir leiden, wenn wir an Vorstellungen festhalten, die uns nicht länger nützen und uns daran hindern, einen neuen Lebensweg einzuschlagen. Suchen Sie nach Annahmen, die die Wurzel Ihres Leids sein können, und stellen Sie sich die Frage, ob diese Annahmen weiterhin gültig sind. Können Sie sich vorstellen, dass Sie anders über Ihr Leben denken könnten? Nehmen wir beispielsweise Bethany Hamilton, die junge Surferin, die bei einer Haiattacke einen Arm verlor. Sie erlitt ein schweres körperliches Trauma, und die meisten Leute nahmen an, sie werde sich nie wieder ins Meer wagen. Doch nicht einmal einen Monat nach dem Unglück stand sie wieder auf dem Brett und lernte, mit nur einem Arm die Balance zu halten. Mittlerweile gewinnt sie wieder Wettkämpfe. Stellen Sie die Beziehung zu Ihrem Ziel her und finden Sie heraus, wie Sie eine schmerzhafte Erfahrung nutzen können, um Sie diesem Ziel näher zu bringen.

Finden Sie einen Weg, sich auszudrücken.

Manche (vernunftgesteuerte) Leute betrachten es als reinigende Erfahrung, sich mitzuteilen, da sie auf diese Art ihren Emotionen freien Lauf lassen können. Für andere (eher von der Intuition gesteuerte) Leute stellt die Kommunikation über eine schwierige Erfahrung einen Weg dar, einen Grund für das Geschehene zu finden. In jedem Fall können Sie sich von Ihrem Leiden lösen und seinen Sinn aufspüren, indem Sie eine Geschichte erzählen, die Ihnen vor Augen führt, wie diese Erfahrung langfristig zu Ihrem Lebensweg passt. Sie können Ihre Erfahrung in einem Tagebuch zum Ausdruck bringen, Sie können sich einer Selbsthilfegruppe, einer religiösen oder spirituellen Gemeinschaft anschließen oder Sie können Bilder und Gegenstände sammeln, die Ihre Empfindungen ausdrücken. Aber achten Sie darauf, diese Ausdrucksformen nicht zu nutzen, um in Ihrem Leid zu schwelgen. Sie müssen offen für den Sinn sein, der sich Ihnen erschließen wird.

Werden Sie nicht so abstrakt, dass Sie das Konkrete aus den Augen verlieren.

Frankl beschrieb, was er anderen KZ-Häftlingen zu vermitteln versuchte: »Wichtig war nicht, was wir vom Leben erwarteten, sondern was das Leben von uns erwartete. Wir mussten aufhören, nach dem Sinn des Lebens zu fragen, und stattdessen erkennen, dass wir diejenigen waren, die vom Leben in Frage gestellt wurden – an jedem Tag und zu jeder Stunde. Unsere Antwort musste nicht in Gesprächen und Meditation bestehen, sondern im richtigen Handeln und im richtigen Verhalten.«

Viele Menschen lassen sich von der Suche nach dem Licht am Ende des Tunnels ablenken, anstatt sich darauf zu konzentrieren, richtig zu sehen, was genau vor ihren liegt. Eine abstrakte Vorstellung vom Lebenssinn kann sich ebenfalls in eine Ablenkung verwandeln. Was verlangt das Leben in diesem Augenblick von Ihnen? Können Sie eine Kerze entzünden, um diesen Augenblick zu beleuchten, damit Sie und die Menschen in Ihrer Umgebung heute etwas bewirken können?

Als ich innerhalb eines Jahrzehnts mit zwei Rückschlägen von der Art konfrontiert wurde, die wir angeblich »einmal im Leben« hinnehmen müssen, begab ich mich auf die Suche nach Möglichkeiten, um die alltägliche seelische Gesundheit der Menschen in meiner Umgebung zu verbessern. Das Leben schien mir folgende Frage zu stellen: »Wie wird die Kultur deines Unternehmens aussehen, wenn das hier vorüber ist, und was kannst du *in diesem Augenblick* tun, um dieser Kultur Leben einzuhauchen?« Dieselbe Frage können Sie sich in Bezug auf Ihre Familie stellen: »Wie kann ich ein Rollenvorbild sein, wenn ich *heute Abend* heimkehre?« Was können Sie tun, um sich von der Beschäftigung mit den schlechten Nachrichten (Leiden) zu lösen und sich stattdessen auf die Dinge zu konzentrieren, die Sie beeinflussen können (Sinn)?

Beschreiben Sie ihr »neues Ich«.
Denken Sie darüber nach, wie Sie sich in der Auseinandersetzung mit den Herausforderungen weiterentwickelt haben. Stellen Sie eine Liste von fünf Adjektiven auf – beispielsweise »kreativ, geduldig, mitfühlend, weise, beharrlich« –, die beschreiben, wie das, was Sie durchgemacht haben, Sie verändert hat. Sodann stellen Sie sich vor, wie dieses »neue Ich« etwas in der Welt verändern kann und Ihnen helfen wird, sich in ein Rollenvorbild für andere zu verwandeln. Keine Angst: Ich verlange nicht von Ihnen, sich in einen neuen Gandhi zu verwandeln. Sie sollen lediglich die in dieser schwierigen Zeit erworbenen Gewohnheiten oder Verhaltensweisen definieren, die Ihre Persönlichkeit für Ihren weiteren Lebensweg festigen.

Ich empfehle Ihnen auch, eines von Viktor Frankls Lieblingsbüchern zu lesen, *Der Tod des Iwan Iljitsch* von Leo Trotzki. Es ist die Geschichte eines Mannes, der aus heiterem Himmel erfährt, dass er bald sterben wird, und sich der Erkenntnis stellen muss, dass er sein Leben vergeudet hat. Diese Erkenntnis ist eine große Inspiration für ihn und bewegt ihn dazu, ein »neuer Mensch« zu werden, obwohl er nur noch wenige Tage zu leben hat.

Wenn wir keinen Sinn im Leben sehen, wenden wir uns oft äußeren Reizen oder Ablenkungen zu. Das ist nicht das Ende der Welt, aber warten Sie nicht, bis Ihnen nur noch wenige Tage bleiben, um ein sinnerfülltes Leben zu beginnen. Diese Formel ist wichtig für Sie, auch wenn Sie Dolly Parton interessanter finden als den Dalai Lama oder sich von Las Vegas eher angezogen fühlen als von einem buddhistischen Tempel. Auf den Sinn des Lebens können Sie überall stoßen: bei einem Besuch auf dem Spielplatz mit Ihren Kindern oder auch während eines Mittagessens mit einem Kollegen. Sie müssen nur offen dafür sein.

Um einen Spruch Nietzsches abzuwandeln: Der Wert eines Menschen liegt darin, wie er Schmerz oder Leiden in etwas Wertvolles oder Sinnvolles verwandelt.

Kapitel 4

Enttäuschung = Erwartungen – Realität

Als Abraham Lincoln sieben Jahre alt war, verloren seine Eltern ihr Haus, und der Junge musste arbeiten gehen, um zum Unterhalt der Familie beizutragen. Er war neun Jahre alt, als seine Mutter starb. Er wurde von einem ausschlagenden Pferd am Kopf verletzt und wäre einmal beinahe ertrunken. Im Lauf seines Lebens litt er zweimal unter Malaria, steckte sich mit der Syphilis an und erkrankte an Pocken. Im Alter von 21 Jahren ging sein Geschäft bankrott. Ein Jahr später kandidierte er ohne Erfolg für das Parlament, verlor seine Arbeit und wurde von der Universität abgelehnt, an der er Rechtswissenschaften hatte studieren wollen. Mit 23 Jahren rief er mit geliehenem Geld ein weiteres Unternehmen ins Leben, das jedoch nach einem Jahr ebenfalls pleite ging. Mit 25 Jahren verlobte er sich, aber seine Verlobte starb wenig später. Kurz danach starb seine einzige Schwester bei der Geburt ihres Kindes.

Lincoln war 26 Jahre alt, als er in eine seelische Krise geriet. Er lag sechs Monate lang im Bett. Im Lauf seines Lebens schrieb er zahlreiche düstere Gedichte, in denen er sich unter anderem mit dem Selbstmord beschäftigte. Im Alter von 33 Jahren kandidierte er für den Kongress, scheiterte jedoch. Fünf Jahre später wagte er einen weiteren Anlauf, wurde jedoch erneut nicht gewählt. Mit 44 Jahren bewarb er sich um einen Sitz im US-Senat, unterlag jedoch bei der Wahl. Mit 46 Jahren bewarb er sich in seiner Partei um die Nominierung für das Amt des Vizepräsidenten, scheiterte jedoch. Mit

48 Jahren kandidierte er ein weiteres Mal vergeblich für einen Sitz im US-Senat. Doch zwei Jahre später wurde Abraham Lincoln zum 16. Präsidenten der Vereinigten Staaten gewählt.

Er schrieb: »Ich bin zu sehr an Enttäuschungen gewöhnt, um mich allzu sehr darüber zu grämen.« Mit anderen Worten, Lincoln hatte eine realistische Einstellung zum Leben. Er wusste, dass er große und kleine Tragödien und Enttäuschungen erleiden würde. Trotzdem würde er sich immer wieder aufrappeln und seinen Weg fortsetzen. Das Anspruchsdenken war ihm fremd. Seine bescheidene Herkunft und sein realistisches Selbstbild hielten seine Erwartungen im Zaum. Ein Experte hat einmal erklärt, Lincoln habe seine emotionale Widerstandskraft seiner unablässigen »Suche nach einem Sinn« zu verdanken.

Lincolns Zeitgenossen beschrieben ihn als melancholischen Menschen. Manche Historiker glauben, er habe unter Depressionen gelitten. Tatsächlich kommen in seinen Schriften Schmerz, Zweifel und ein Gefühl der Minderwertigkeit zum Ausdruck. Doch diese Merkmale bildeten gemeinsam mit seiner Melancholie die Grundlage für seine späteren Erfolge. Die Enttäuschungen lehrten ihn anscheinend Pflichtbewusstsein und Disziplin. Seine Geschichte ist »keine Geschichte der Verwandlung, sondern der Anpassung. Lincoln vollbrachte keine großen Leistungen, weil er seine Melancholie überwand. Vielmehr fachte seine Melancholie das Feuer seiner Leistungsfähigkeiten noch weiter an.« Lincolns Anpassungsfähigkeit und Beharrlichkeit verdeutlichen, wie sehr die Enttäuschung einen Menschen in der Mitte des Lebens stärken kann.

Mitte der 90er-Jahre führten die Psychologen Ed Diener und Ulrich Schimmack in den Vereinigten Staaten und Deutschland eine groß angelegte Studie zur Häufigkeit und Intensität von Emotionen durch. Unter 13 unangenehmen Emotionen, zu denen Schuld, Einsamkeit, Scham und Traurigkeit zählten, wurde die Enttäuschung am intensivsten erlebt (und nach Angst und Wut am häufigsten empfunden). Andere Studien haben gezeigt, dass die Enttäuschung in der Lebensmitte ihren Höhepunkt erreicht, denn an diesem Punkt wird uns bewusst, dass die Realität unseren Erwartungen nicht entspricht.

Der Lincoln-Experte Herman Belz erklärt, Abraham Lincoln habe »eine Midlife-Crisis auf sehr konstruktive und positive Art bewältigt«. Nachdem ich zahlreiche Bücher über diesen Präsidenten gelesen habe, bin ich zu dem Schluss gelangt, dass die verwirrende und düstere Erfahrung enttäuschter Erwartungen seine Einstellung zu dem veränderte, was C. G. Jung als »Niederlage des Ego« bezeichnete. »Jede Erfahrung des Selbst«, so Jung, »wird vom Ego als Niederlage erfahren.« Eine solche Erfahrung kann unser Bewusstsein erweitern und uns die Augen für das Mögliche öffnen und uns so über die Beschränkungen des Ego hinaus führen. Wie der britische Satiriker und Dichter Alexander Pope erklärte: »Gesegnet ist, wer nichts erwartet, denn er wird nie enttäuscht werden.«

Man kann Popes Aussage leicht als Ausrede für Drückebergertum missverstehen. Doch Abraham Lincoln ist ein gutes Beispiel für einen Menschen, der lernt, seine Erwartungen zurückzuschrauben, ohne seine Bestrebungen und Hoffnungen auf ein sinnerfülltes Leben aufzugeben. Sehen wir uns an, was mit Enttäuschung, Erwartungen und Realität gemeint ist.

Fluch und Segen der Erwartungen

Die Enttäuschung ist im selben Gebäude angesiedelt wie Bedauern und Reue, nur finden wir sie ein Stockwerk tiefer. Bedauern und Reue (über die wir im nächsten Kapitel mehr erfahren werden) wiegen schwerer, da sie Entscheidungen betreffen, die zu unbefriedigenden Ergebnissen führten – sie sind das Ergebnis unserer persönlichen Verantwortung für ein Problem, einen Verlust, eine Tragödie. Enttäuscht zu sein bedeutet, dass man nicht bekommen hat, was man sich erwartete. Hingegen empfinden wir Frustration (Verdrossenheit), wenn wir das Gefühl haben, weiterhin Einfluss auf ein Ergebnis nehmen zu können – auch wenn das Zwischenergebnis nicht wie erhofft ausfiel.

Gibt es gegenwärtig etwas in Ihrem Leben, das nicht so funktioniert, wie Sie erwartet hatten? Wenn Sie die Erfahrung als enttäuschend oder frustrierend beschreiben sollten, welches Adjektiv würden Sie vorziehen? Wenn wir enttäuscht sind, haben wir uns damit abgefunden, dass etwas unabänderlich ist. Deshalb geht dieses Gefühl oft mit dem der Leere oder der Niedergeschlagenheit einher.

In dem Augenblick, in dem wir morgens aufstehen, werden wir zu wandelnden Erwartungsmaschinen, sei es, dass wir etwas so Gewöhnliches wie gutes Wetter oder etwas so Wichtiges wie eine Beförderung in der Firma erwarten. Vielleicht empfinden wir die Reue des Konsumenten, der vor einer Woche das heiß ersehnte Auto gekauft hat, oder einen Anflug von Melancholie am Ende der Flitterwochen. Doch der Psychologe Barry Schwartz erklärt in *The Paradox of Choice:* »Wenn es uns gelingt, unsere Erwartungen zu beherrschen, können wir unsere Lebensqualität vermutlich mehr erhöhen als durch jede andere Maßnahme.« Es liegt auf der Hand, welche mathematischen Gesetze für diese Gleichung gelten: Je höher die Erwartungen, desto größer die Wahrscheinlichkeit von Enttäuschungen.

Ausgehend von dieser Formel haben wir zwei Möglichkeiten, die Wahrscheinlichkeit von Enttäuschungen zu verringern: Wir können unsere Erwartungen senken, und wir können die Realität beeinflussen – oder zumindest unsere Einschätzung der Realität.

Wenn Sie glauben, dass Sie Ihren Erfolg der Tatsache verdanken, dass Sie hohe Erwartungen an sich selbst richten, dürfte es Ihnen schwer fallen, die erste Option zu wählen. Tatsächlich dürften amerikanische Schüler asiatischer Herkunft bei Standardtests zum Teil deshalb überdurchschnittliche Ergebnisse erzielen, weil ihre Eltern höhere Erwartungen an sie richten. Ich weiß, dass ich, wenn ich nicht erreiche, was ich mir vorgenommen habe, lange Zeit auf der Insel der Frustration hocke, bevor ich aufs Festland der Enttäuschung übersetze.

Einige Forscher beschreiben einen »Enttäuschungseffekt« und erklären, Personen mit hohen Erwartungen besäßen kein »emotionales Polster«, um Enttäuschungen abzufedern, weshalb es ihnen schwerer falle, mit ernüchternden Erfahrungen umzugehen. Diejenigen, die immer mit dem Schlimmsten rechnen, wissen, dass bei hohen Erwartungen Enttäuschungen drohen, weshalb sie sich eher niedrige Ziele setzen. Andere halten es nicht für ratsam, sich wertvolle Erfahrungen vorzuenthalten, nur um Enttäuschungen aus dem Weg zu gehen. Es liegt auf der Hand, dass uns diese einfache Formel auf unsicheres Terrain führt, wenn wir festzustellen versuchen, wie hoch wir unsere Erwartungen ansetzen sollen. Wie sieht es bei Ihnen aus: Treiben Ihre Erwartungen Sie an oder zehren sie an Ihnen?

Das führt uns zur Definition der Realität, die eine Schlüsselrolle in dieser Gleichung spielt, obwohl ihre Bedeutung selten erkannt wird. Die Realität ist, was man daraus macht, und sie kann eine entscheidende Variable in der Enttäuschungsformel sein. Sportler, die bei Olympischen Spielen eine Silbermedaille gewinnen, leiden im Allgemeinen unter größerer Enttäuschung als jene, die sich mit einer Bronzemedaille begnügen müssen. Woran liegt das? Der Grund ist, dass ein größerer Teil der Silbermedaillengewinner erwartete, eine Goldmedaille zu gewinnen (oder die silberne Medaille mit dem knapp verpassten Sieg vergleicht), während die Bronzemedaillengewinner mehrheitlich nicht fest mit einer Medaille rechneten (oder den Medaillengewinn mit dem undankbaren Schicksal der Viert- und Fünftplazierten vergleichen). Auch hier wirken sich die Erwartungen auf das Glücksempfinden aus.

Was wäre, wenn diese Sportler ihre emotionale Reaktion auf ihre Ergebnisse anders einordnen würden? Sehen wir uns an, wie wir die Realität definieren, denn dies dürfte der beste Weg zum Verständnis dieser Formel sein.

Verschiebungen sind unvermeidlich

Der Sozialwissenschaftler Alex Michalos hat untersucht, wie Menschen die Qualität von Erfahrungen wahrnehmen, das heißt, wie sie die Realität der Geschehnisse einschätzen. Michalos hat festgestellt, dass die Menschen für sich ein Maß an Zufriedenheit festlegen, wobei sie sich auf die Beurteilung von drei *Lücken* stützen: Was habe ich gemessen an dem, was ich wollte? (»Ich will einen schönen grünen Rasen.«) Was habe ich gemessen an dem, was jemand anderes meiner Meinung nach hat? (»Der Rasen auf der anderen Seite des Zauns ist grüner.«) Was habe ich gemessen an meiner besten derartigen Erfahrung in der Vergangenheit? (»Ich mag keinen Kunstrasen, ich vermisse das gute alte Gras.«) Ich würde eine vierte Lücke hinzufügen, nämlich jene zwischen dem, was man hat, und dem, was man zu verdienen glaubt. (»Ich habe hart gearbeitet, um mir diesen Rasen leisten zu können.«)

Diese Zufriedenheitslücken sind unter anderem deshalb problematisch, weil die moderne Gesellschaft zum Leben in einer »hedonistischen Tretmühle« neigt. Wir passen uns dem Vergnügen und unserer Situation an – wir gewöhnen uns daran – und erwarten mehr und mehr vom Leben. Ich möchte dies als Schwerkrafteffekt bezeichnen. Das, was uns zunächst abheben lässt – sei es unser bevorzugtes Urlaubshotel oder der herrliche Blick über die Bucht aus dem Büro – nutzt sich im Laufe der Zeit ab. Dieser Anstieg der Erwartungen, der mit einer schwindenden Wertschätzung für das, was wir haben, einhergeht, führt oft dazu, dass die von Michalos beschriebenen Zufriedenheitslücken größer werden.

Dasselbe gilt für die Definition unserer Realität gemessen an der Situation anderer Personen. H. L. Mencken sagte einmal: »Wohlstand ist jedes Einkommen, das mindestens 100 Dollar über dem Einkommen des Schwagers liegt.« Das unterschreibe ich. Ich wappne mich stets, bevor ich zu den Jahrestreffen meiner Klasse der Stanford Business School aufbreche, denn ich komme mir im Vergleich mit meinen reichen Studienkollegen, die sich bereits aus ihren Jobs als Investmentbanker und Wagniskapitalgeber zurückgezogen haben, ein wenig vor wie ein Minderleister. Ich weiß, dass die Treffen ein Gefühl der Mangelhaftigkeit bei mir wecken werden, und deshalb bereite ich mich mit einem »Realitätscheck« vor: Ich nehme meine gegenwärtige Definition des »Reichtums« ein wenig genauer unter die Lupe. Wie definiert man Reichtum? Ist er gleichbedeutend mit dem jährlichen Einkommen oder dem Betrag auf dem Bankkonto? Oder ist es der Reichtum an Zeit? Oder die Liebe der Familie? Oder die Freiheit?

Was, wenn man zu dem Schluss gelangt, dass man in den vergangenen Jahren eine »Realitätsinflation« erlebt hat? Was, wenn man aufgehört hat, über den Zaun zu blicken? Ich mag die Redensart »Vergleiche dein Inneres nie mit dem Äußeren eines anderen«, denn wir können nie wirklich wissen, in welcher Situation sich die Müllers nebenan befinden. Wir können lediglich Vermutungen anstellen – und diese führen oft dazu, dass wir uns »kleiner« fühlen als diejenigen, mit denen wir uns vergleichen.

Was die vierte Lücke anbelangt, so stellt sich die Frage, ob es nicht ratsam wäre, ein wenig von unserem Anspruchsdenken aufzugeben. Ich glaube, die Antwort liegt in der Erkenntnis, dass wir nicht unbedingt unsere Erwartungen zurückschrauben müssen, sondern eher das Gefühl, einen Anspruch auf bestimmte Dinge zu haben, denn dieser Anspruch hat bittere Enttäuschung zur Folge, wenn die Dinge nicht wie erwartet laufen. Es wird zu einer Verschiebung kommen, wenn wir uns bereitfinden, diese Anpassung vorzunehmen und die Realität zu akzeptieren. Wenn wir aufhören, mit dem Kopf gegen die Wand zu laufen, weil wir glauben, dass unser Leben so oder so aussehen muss. Wie haben Sie Ihre Erwartungen an das Leben infolge der Wirtschaftskrise angepasst? Und wie wissen Sie, dass diese Verschiebung – sofern Sie sich damit abgefunden haben – etwas ist, das Ihnen auf Dauer angenehm sein wird?

In einem einschlägigen Experiment haben Forscher untersucht, ob Menschen ihre Erwartungen senken, wenn der Augenblick naht, in dem sie das Resultat ihrer Bemühungen erfahren werden. Im konkreten Fall handelte es sich um Psychologiestudenten, die auf die Ergebnisse ihrer Prüfungen warteten. Es stellte sich heraus, dass die Studenten die Bewältigungsstrategie, die eigenen Erwartungen zu senken, nur anwendeten, wenn Ihnen das Ergebnis wichtig ist. Sie schraubten ihre Erwartungen umso weiter herunter, je näher die Notenübergabe rückte. Eine Strategie zur Bewältigung von Enttäuschungen besteht darin, in der Phase, da man das Ergebnis noch zu beeinflussen hofft, optimistisch zu sein, sich dann jedoch für ein negatives Resultat zu rüsten, indem man seine Erwartungen senkt, sobald man keinen Einfluss mehr auf das Ergebnis nehmen kann. Ich bin ziemlich sicher, dass auch Sie das tun, wenn Sie auf eine Einladung zu einem zweiten Bewerbungsgespräch bei einem potenziellen Arbeitgeber oder auf einen Anruf einer Bekanntschaft warten, mit der Sie sich gerne ein zweites Mal verabreden möchten. Dieses Verhalten ist durchaus gesund, solange Sie Ihre Erwartungen nicht so weit senken, dass Sie den in Aussicht stehenden Job oder die Person, an der Sie interessiert sind, schließlich mit Geringschätzung betrachten. Manche Leute, die der Meinung sind, man könne ein Ergebnis tatsächlich ändern, indem man es immer wieder im Geist durchspielt, werden ihre Gewohnheiten ändern müssen.

Ein weiterer Bewältigungsmechanismus besteht darin, die Bedeutung der Realität zu relativieren. Manchmal muss man sich lediglich fragen, wie wichtig das Ergebnis eigentlich ist. Manche Enttäuschung wird nur ein Mückenstich sein, den man nach 20 Minuten wieder vergessen hat. Hingegen dürfte es schlimmer als ein Wespenstich schmerzen, wenn man im olympischen 100-Meter-Lauf die Goldmedaille nur um eine Hundertstelsekunde verpasst. Man hatte den ersten Platz erwartet. Die Realität ist der zweite Platz. Und man hat keine Zeit gehabt, seine Erwartungen zurückzuschrauben.

Ist eine Silbermedaille wirklich so schlecht? Je mehr man sich um etwas bemüht hat, desto eher wird man davon überzeugt sein, einen Anspruch auf den Erfolg zu haben. Hier kann es sehr nützlich sein, das Ergebnis neu einzuordnen. Dabei können Ihnen Freunde und Verwandte zur Seite stehen und Ihnen helfen, Ihre Situation und die Geschehnisse richtig einzuordnen.

Fällt Ihnen der Realitätscheck schwer?

Im Jahr 1999 eröffnete mein Unternehmen einen Luxus-Campingplatz namens Costanoa am malerischen Highway 1 in Kalifornien. Die knapp 100 Hektar große Anlage inmitten einer unberührten Küstenlandschaft (auch die in sich widersprüchliche Bezeichnung »Luxus-Campingplatz« deutete darauf hin, dass dies ein einzigartiger Ort war) war ein Experiment. Wir mussten fast vier Jahre arbeiten, bevor wir Costanoa in Betrieb nehmen konnten, und ein regelrechtes Hindernisrennen bewältigen, in dessen Verlauf wir ein strenges Genehmigungsverfahren, eine komplexe Planung in Zusammenarbeit mit der kalifornischen Küstenschutzbehörde, langwierige Bauarbeiten in einem von intensivem Regen und Wind geprägten Winter und schwierige Finanzierungsverhandlungen für dieses ausgefallene Projekt hinter uns bringen mussten.

Ich fühlte mich Costanoa sehr verbunden und ließ mich während der Bauarbeiten für ein halbes Jahr in einem nahe gelegenen Leuchtturm nieder. Als ehemaliger Pfadfinder hatte ich gelernt, auf dem Boden zu schlafen, aber rasch gewöhnte ich mich an das in Costanoa angebotene gemütliche Camping. Wer könnte etwas dagegen haben, in einem kleinen Safarizelt mit beheizter Matratze, Daunendecke und Lavendelzweigen auf den Kissen zu wohnen und für den Gang zu den Duschen mit Fußbodenheizung und knisterndem Kaminfeuer einen flauschigen Bademantel vorzufinden? Wenige Monate nach der Eröffnung beschrieb die Zeitung *USA Today* unsere Ferienanlage als die Zukunft des Campings. Journalisten und Gäste strömten nach Costanoa – zumindest anfangs.

Leider entwickelte sich das Geschäft nicht so gut, wie wir nach der erfolgreichen Eröffnung erwartet hatten. Dafür gab es mehrere Gründe, darunter betriebliche Probleme, inkompatible Geschäftspartner und die Tatsache, dass wir unseren Gästen aufgrund der Baubeschränkungen nicht all den Service anbieten konnten, den wir uns gewünscht hätten. Und dann platzte die Dotcom-Blase in der Bay Area, was zur Folge hatte, dass plötzlich sehr viel weniger Firmen Wochenendausflüge nach Costanoa buchten. Der Mehrheitseigentümer verlangte, die Ferienanlage zu einem Bruchteil der Errichtungskosten abzustoßen. Da mein Unternehmen nicht in der Lage war, Costanoa zu kaufen, wurde es von einem Immobilieninvestor übernommen, und wir wurden hinausgedrängt.

Der Abschied von der Belegschaft fiel mir sehr schwer. Es dauerte mehrere Monate, bevor ich mich wieder aufraffte, Führungsverantwortung zu übernehmen. Ich war sehr enttäuscht, denn nachdem ich so viel Blut, Schweiß und Tränen in das Projekt investiert hatte, war ich davon überzeugt, einen Anspruch auf Teilhabe an seinem Erfolg zu haben. Meine Freunde und meine Familie wussten, dass sie nicht viel tun konnten, um den Erwartungsfaktor in dieser Gleichung zu ändern. Also versuchten sie mir dabei zu helfen, stattdessen meine Einschätzung der Realität zu ändern. Einer meiner Mitarbeiter, der an der Entwicklung von Costanoa beteiligt gewesen war, schickte mir drei Gläser unterschiedlicher Größe samt einer kurzen Mitteilung, in der es hieß, die meisten Leute betrachteten ihr Glas entweder als halbvoll oder halbleer; ich hingegen würde aufgrund meines Optimismus und meines Ehrgeizes folgende Frage stellen: »Warum kann ich kein größeres Glas haben?«

Nach einem Familienausflug nach Costanoa schrieb mir ein weiterer Freund: »Ich weiß, dass der Verlust von Costanoa für dich wie der Verlust eines Angehörigen ist. Aber du solltest wissen, dass es in der Bay Area viele Familien gibt, die froh darüber sind, dass du diese Vision gehabt und diesen wundervollen Ort aufgebaut hast. Vergiss das nie.« Diese Neubewertung der Realität half mir, mich von der Vorstellung zu lösen, Costanoa sei ein finanzieller und beruflicher Fehlschlag gewesen. Stattdessen begann ich, darin ein innovatives Experiment zu sehen, das für viele Menschen eine schöne Familientradition ins Leben gerufen hatte. Im Lauf der Zeit trat an die Stelle der Enttäuschung ein Gefühl des Stolzes darauf, dass ich diese gewagte Idee in die Tat umgesetzt hatte.

Wenn Sie also in Enttäuschung schwelgen und nicht mehr

in der Lage sind, Ihre Erwartungen zu beeinflussen, sollten Sie sich die Frage stellen, ob Ihnen Ihre Definition der Realität wirklich nützt oder ob Sie Hilfe brauchen, um Ihre Einschätzung der Wirklichkeit zu verändern und die Gewichte in dieser Gleichung zu verschieben.

Wenden wir die Formel an

Stellen Sie sich folgende Frage: »Bin ich frustriert oder enttäuscht?« Sie können den Unterschied zwischen diesen beiden Emotionen daran erkennen, ob Sie weiterhin glauben, das Ergebnis beeinflussen zu können, oder ob Sie es für unabänderlich halten. Wenn Sie frustriert sind, sollten Sie diese Energie nutzen und in Entschlossenheit umwandeln. Frustration kann als behelfsmäßige Brücke dienen, über die man ein besseres Ergebnis erreichen kann. Um diese Brücke zu nutzen, sollte man beispielsweise mehr für die Abschlussprüfung lernen, nachdem man in einer Zwischenprüfung nicht allzu gut abgeschnitten hat. Man darf nicht vorzeitig in einen Zustand der Enttäuschung verfallen. Steht das Ergebnis jedoch fest, so ist es an der Zeit, die Frustration in Enttäuschung umzuwandeln, denn diese Emotion löst sich rascher auf. Wenn Sie enttäuscht sind, können Sie Ihre Wunden lecken und Ihren Weg fortsetzen. Bedenken Sie nur, dass der Wert einer Emotion viel mit dem Ergebnis zu tun hat, dem diese Emotion dienen soll. Frustration treibt uns an. Enttäuschung bewegt uns zum Rückzug.

Schrauben Sie Ihre Erwartungen angesichts eines nahen Ergebnisses zurück.
Wenn die Studien zur Enttäuschung eine klare Botschaft enthalten, so ist es die, dass Erwartung und Enttäuschung umgekehrt proportional sind: Je mehr man erwartet, desto grö-

ßer die potenzielle Enttäuschung. Entscheidend ist, dass man weiß, wann man seine Erwartungen senken muss: Tun Sie es nicht verfrüht, da sonst die Gefahr einer »sich selbst erfüllenden Prophezeiung« droht – es kann so weit kommen, dass Sie sich selbst demoralisieren und Ihre Leistung negativ beeinflussen, womit Sie genau die enttäuschenden Resultate erzielen, die Sie erwartet haben. Es geht darum, sich von dem zu lösen, was man nicht beherrschen kann, und richtig einzuschätzen, wann man keine Möglichkeit mehr hat, das Ergebnis zu beeinflussen.

Lernen Sie etwas von der Börse.
Diesen Grundsatz predige ich all meinen Mitarbeitern. »Enttäuschung ist das natürliche Ergebnis schlecht gesteuerter Erwartungen.« Wenn Sie eine schlechte Nachricht überbringen müssen, sollten Sie das möglichst frühzeitig tun. Die börsennotierten Unternehmen haben diese Lektion schmerzhaft gelernt, denn wenn die Aktienanalysten nicht wissen, dass die kommenden Quartalsergebnisse enttäuschend ausfallen werden, wird die negative Überraschung bei der Veröffentlichung der Resultate größer, was zur Folge hat, dass der Aktienkurs des betroffenen Unternehmens übertrieben leidet. Stürzt Ihr »Börsenwert« in den Augen Ihres Vorgesetzten oder Ihres Ehepartners ab, wenn Sie nicht ausreichend vor einer bevorstehenden Enttäuschung warnen? Sie müssen die Erwartungen aktiv steuern.

Stellen Sie sich folgende Frage: »Welche Bedeutung hat dieses enttäuschende Resultat für mein Leben und was kann ich daraus lernen?«
Im ersten Augenblick kann sich eine Enttäuschung wie eine große, schwere Decke anfühlen, die über Sie geworfen wurde und Sie zu ersticken droht. Aber erinnern Sie sich an das, was wir in Kapitel 2 gelernt haben: Emotionen sind flüchtige Er-

scheinungen. Sie selbst entscheiden, ob Sie sich Ihrer Traurigkeit ergeben wollen. Abraham Lincoln musste im Lauf seines Lebens alle möglichen Enttäuschungen hinnehmen, von denen viele durchaus geeignet waren, ein Leben oder eine berufliche Laufbahn in eine andere Richtung zu lenken. Aber er lernte aus diesen Erfahrungen. Sie machten ihn zu einem besseren Staatsmann und einer empathischeren Person.

Der Physiker Stephen Hawking hat erlebt, wie sein Körper im Lauf der Jahre von einer Nervenkrankheit verkrüppelt wurde, die ihn schließlich fast vollkommen lähmte. Aber das hat ihn nicht daran gehindert, sich in den meistgelesenen Wissenschaftsautor der Welt zu verwandeln und sich bedeutende Auszeichnungen zu verdienen. Aus dem, was er zu seiner furchtbaren Diagnose zu sagen hat, können wir alle etwas über die Relativität der Erwartungen lernen: »Meine Erwartungen schrumpften auf Null, als ich 21 Jahre alt war. Alles, was ich seit damals erlebt habe, ist eine Zugabe.« Wie können Sie eine solche Verschiebung des Denkens bewerkstelligen, damit Ihr Glas nicht halbleer, sondern halbvoll ist? Wie wäre es damit, sich einfach darüber zu freuen, dass Sie ein Glas haben?

Kapitel 5

Bedauern = Enttäuschung + Verantwortung

»Mrs. Dalloway sagte, sie werde die Blumen selber kaufen.« Dies ist der berühmte erste Satz in Virginia Woolfs gefeiertem Roman *Mrs. Dalloway*, der Geschichte einer Dame der Gesellschaft, die nach dem Ersten Weltkrieg in London spielt. Der Hauptfigur fällt es schwer, ihr komplexes Leben emotional zu bewältigen. Um ihre Hausangestellten zu entlasten, will es Clarissa Dalloway selbst in die Hand nehmen, die Blumen für eine Abendgesellschaft zu beschaffen, aber aus ihrer Ankündigung hört man eine unterschwellige Spannung heraus.

Das Bedauern ist der wehmütige, sehnsüchtige, ältere Bruder der Enttäuschung. Es ist eine reifere Emotion, die darauf hindeutet, dass die Unzufriedenheit mit einem Ergebnis ihren Ursprung in falschen persönlichen Entscheidungen hat. Um es zu überzeichnen, können wir das Bedauern als mit der Lupe betrachtete Verantwortung bezeichnen: ein schmerzhafter Genuss, dem wir uns hingeben, weil wir so daran gewöhnt sind, uns selbst zu beschuldigen.

Virginia Woolf selbst führte ein intensives Selbstgespräch, aber sie litt auch unter einer psychischen Störung (Sie beging Selbstmord, indem sie die Taschen eines viel zu großen Regenmantels mit Steinen füllte und in einen Fluss sprang). Aber ihre Fähigkeit, emotionale Nuancen zu beschreiben, machte sie zu einer der größten Romanciers des 20. Jahrhunderts.

Michael Cunningham wurde für seinen Roman *The Hours (Die Stunden)*, eine Adaptation von *Mrs. Dalloway*, mit dem

Pulitzerpreis ausgezeichnet. Insbesondere ein Satz in diesem wunderbaren Buch bringt die Modernität des Bedauerns zum Ausdruck: »Es gibt nur einen Trost: eine Stunde hier und da, in der unser Leben wider alle Wahrscheinlichkeit und Erwartung aufbricht und uns alles gibt, was wir uns je ausgemalt haben … und dennoch lieben wir die Stadt, den Morgen; mehr als alles andere hoffen wir auf mehr.«

Wie oft hoffen Sie auf mehr? Virginia Woolf hatte wie ihre Figur Mrs. Dalloway viele Möglichkeiten, aber sie hoffte auf mehr. Mrs. Dalloway erhält einen überraschenden Besuch von Peter Walsh, einem rätselhaften Mann, dessen Heiratsantrag sie vor Jahren abgelehnt hat; gleichzeitig hegt sie tiefe Gefühle für ihre enge Freundin Sally Seton. Sie hat sich für Richard Dalloway entschieden, einen zuverlässigen und sicheren Ehemann, aber in ihren Mußestunden scheint die gut situierte Frau ihre Entscheidungen und den Verzicht auf Leidenschaft und Abenteuer zu bedauern.

Robert Frosts Gedicht »The Road Not Taken«, dessen Thema die zahlreichen Weggabelungen im Leben sind, endet mit folgender Strophe:

I shall be telling this with a sigh
Somewhere ages and ages hence:
Two roads diverged in a wood, and I –
I took the one less traveld by,
And that has made all the difference.*

Jeder Mensch, der die Verantwortung kennt, kann Bedauern empfinden, eine Emotion, die klar oder bittersüß sein, aber auch ein Leben lang wie eine Wolke über unserem Leben

* Mit einem Seufzen erzähle ich: Vor Zeiten trennten sich in einem Wald zwei Straßen. Ich nahm die weniger befahrene, und das war alles entscheidend.

hängen kann. Wenn man seine Handlungen mehr bedauert als seine Entscheidungen, kann sich das Bedauern in Reue verwandeln. *Reue = Bedauern + Schuld.* Die Reue kann quälender sein als das Bedauern, aber dieses wird von Enttäuschung begleitet, denn es gab einen anderen Weg, den man hätte wählen »können, sollen, müssen«. Sonst würde man diese traurige Emotion jetzt nicht empfinden.

»Hätte ich doch nur …«

Diese Worte beschreiben sehr schön die Traurigkeit, die mit dem Bedauern einhergeht. Diese Emotion bringt vieles mit sich, aber sie ist nicht nur negativ. Das Bedauern kann uns anspornen, unsere Fehler zu korrigieren und daraus für die Zukunft zu lernen. Wir bedauern nicht nur, was wir getan haben, sondern auch Dinge, die wir unterließen, nachträglich jedoch gern getan hätten. Das Bedauern funktioniert anders als viele andere Emotionen, da ihm die Unmittelbarkeit fehlt: Es reift eher im Lauf der Zeit, wenn wir über die Geschehnisse nachdenken.

Ich möchte das Bedauern als »Erste-Welt-Emotion« bezeichnen, allerdings nicht, weil es den Menschen in Entwicklungsländern fremd ist (obwohl es Studien gibt, die dies belegen), sondern vielmehr, weil es ein Ergebnis des modernen Lebens ist, in dem wir die freie Wahl haben. Je mehr Optionen wir haben, desto größer ist die Wahrscheinlichkeit, dass wir bedauern werden, einen Teil dieser Möglichkeiten nicht wahrgenommen zu haben. In der westlichen Welt neigen wir dazu, einen Überfluss an Möglichkeiten zu begrüßen. Dabei übersehen wir, dass dieses große Angebot auch Seelenqualen verursacht. Der sowjetische Dissident Alexander Solschenizyn, der beschrieb, wie wenig Möglichkeiten das kommunistische Regime seinen Bürgern bot, soll einmal gesagt haben: »In

Amerika gibt es zahlreiche Möglichkeiten, die leider alle profan sind.« Die Möglichkeiten müssen sinnvoll sein.

Sheena Iyengar, Autorin von *The Art of Choosing*, richtete für ein Experiment in einem gehobenen Supermarkt zwei Stände ein, an denen die Kunden Marmeladen verkosten konnten. An einem Stand wurden 24 verschiedene Geschmacksrichtungen angeboten, am anderen nur 6. Der Stand mit den 24 Geschmacksrichtungen lockte fast 60 Prozent der vorbeigehenden Kunden an, während es bei dem Stand mit dem beschränkten Angebot nur 40 Prozent waren. Aber nur 3 Prozent der Kunden, die die zahlreichen Optionen am Stand mit den 24 Marmeladesorten probierten, entschlossen sich tatsächlich zum Kauf, während es an dem Stand, an dem nur 6 Sorten angeboten wurden, 30 Prozent waren. Zahlreiche Wahlmöglichkeiten können eine angenehme Ablenkung sein, aber ein Übermaß an Optionen lähmt uns und kann Stress auslösen. Stehen Sie angesichts der vielen Möglichkeiten in Ihrem Leben unter Druck? Können Sie die Zahl der »Marmeladen«, die Sie probieren müssen, verringern, um sich die Entscheidungen zu erleichtern?

Die Wahl einer Marmelade ist eine geringfügige Entscheidung, aber jede Wahlmöglichkeit enthält das Potenzial für Bedauern. Beispielsweise gehört es zu den Annehmlichkeiten des modernen Lebens, dass man sich aussuchen kann, wo man leben und arbeiten will, ein Privileg, das in den Entwicklungsländern nur wenige Menschen genießen. Die meisten Leute sind der Meinung, dass man das Leben mehr genießen kann, wenn man als Erwachsener nicht mehr in unmittelbarer Nachbarschaft seiner Eltern leben und familiäre Pflichten erfüllen muss. Die freie Wahl kann befreiend sein. Aber die Entscheidung kann auch belastend sein, und die verborgenen psychischen Kosten können später zu Bedauern führen.

Eine typische Entscheidung von Angehörigen der amerikanischen Mittelschicht besteht darin, einen Arbeitsplatz im

Stadtzentrum anzunehmen, weil die Gehälter dort attraktiv sind, gleichzeitig jedoch in einem Vorort zu wohnen, weil man dort mehr Platz und Ruhe hat und bessere Schulen findet. Der Psychologe Daniel Kahneman hat herausgefunden, dass das Pendeln der mit Abstand unangenehmste Teil des Alltags des Durchschnittsbürgers ist, und täglich zusätzliche 20 Minuten im Verkehr zu stecken, ist ein Fünftel so abträglich für das Wohlbefinden wie der Verlust des Arbeitsplatzes. Hinter dem Schleier der freien Wahl kann sich das Bedauern verbergen.

Entscheidungsfreiheit kann ein Segen und ein Fluch sein. Sie kann die Last der Informationssammlung sowie die Wahrscheinlichkeit erhöhen, dass man aufgrund der »Analyseparalyse« nicht zu einer Entscheidung gelangt. Sie kann die Erwartungen bezüglich des Nutzens der gewählten Option hinaufschrauben und dazu führen, dass wir Bedauern und Schuld empfinden, weil wir die »falsche« Wahl getroffen haben.

Viele Sorten von Bedauern

Es gibt unterschiedliche Varianten der Emotion »Bedauern«. Einige davon zu kennen, wird Ihnen dabei helfen, mit Ihrem Bedauern umzugehen. Das Bedauern entsteht zum Beispiel dadurch, dass wir uns gegen Verluste absichern. Wenn wir über Alternativen entscheiden, die Risiken bergen, geben wir einem kleineren, sicheren Gewinn möglicherweise den Vorzug vor einem größeren, aber ungewissen Ertrag. Mag sein, dass Mrs. Dalloway so dachte, als sie sich für ihren Ehemann entschied. Ein Verlust kann eine doppelt so große psychische Wirkung auf uns haben wie ein vergleichbarer Gewinn. Wir neigen dazu, den zufriedenstellenden Mittelweg hohen Gewinnen oder Verlusten vorzuziehen.

In *The Paradox of Choice (Anleitung zur Unzufriedenheit)* beschreibt Barry Schwartz zwei Arten von Bedauern: das vorweggenommene Bedauern und das vollzogene Bedauern. Die zweite Variante ist uns vertrauter: Es tut uns leid, eine Entscheidung gefällt zu haben. Aber das vorweggenommene Bedauern kann schlimmer sein, da es länger anhält und früher einsetzt. Schwartz erklärt, dass beide Arten von Bedauern das emotionale Risiko einer Entscheidung erhöhen. Das vorweggenommene Bedauern, so Schwartz, wird die Entscheidungen erschweren, und das vollzogene Bedauern erschwert uns zu genießen, was wir gewählt haben.

Die meisten von uns geben der Vermeidung von Verlusten in zwei von drei Fällen den Vorzug. Diese Neigung wird stärker, wenn wir das Bedauern vorwegnehmen – und versuchen, uns davor zu schützen. Wenn Versuchspersonen die Wahl zwischen garantierten 100 Dollar und der Möglichkeit haben, 200 Dollar zu gewinnen, wenn sie das Ergebnis eines Münzwurfs richtig voraussagen, werden die meisten die 100 Dollar nehmen, da sie nicht riskieren wollen, später den Verzicht auf den sicheren Ertrag bedauern zu müssen. Aber wenn die Versuchspersonen, nachdem sie die 100 Dollar gewählt haben, das Ergebnis des Münzwurfs voraussagen und sich ansehen müssen, ob sie die 200 Dollar gewonnen hätten, ist ein anderes emotionales Phänomen zu beobachten: Nun besteht das Potenzial für sehr viel größeres Bedauern nach der Entscheidung, und Studien haben gezeigt, dass sich die Menschen in einer solchen Situation eher für die riskante Option entscheiden (dieses emotionale Dilemma ist Gegenstand der Fernsehspielshow »Deal or no deal«).

Hätte Mrs. Dalloway gewusst, dass ihr früherer Verehrer Peter Walsh für den Rest ihres Lebens nicht in einem anderen Land, sondern nur eine halbe Meile von ihr entfernt leben würde, so wäre sie möglicherweise in der Entscheidung für Mr. Dalloway bestätigt worden. Sobald wir eine Entscheidung gefällt haben, neigen wir dazu, unseren Kopf in den Sand zu stecken, um unsere Abneigung gegen das Bedauern zu zähmen. Das dürfte erklären, warum eine alte Flamme nicht mit Ihnen in Kontakt bleiben will, nachdem sie jemand anderen geheiratet hat.

Mark Twain nahm nicht an psychologischen Selbsthilfegruppen teil, aber er wusste einiges über die menschliche Natur: »In 20 Jahren wird Deine Enttäuschung über die Dinge, die Du nicht getan hast, größer sein als die Enttäuschung über das, was Du getan hast. Also Leinen los. Stich in See und verlasse den sicheren Hafen. Lass dich von den Passatwinden vorantreiben. Lerne die Welt kennen. Träume. Entdecke.«

In einer Reihe von Studien hat sich gezeigt, dass die Zeit eine wichtige Variable in der Gleichung des Bedauerns ist. Die Forscher stellten den Studienteilnehmern folgende Frage: »Wenn Sie auf Ihre Lebenserfahrungen zurückblicken und an Ihre Fehler und Versäumnisse denken, was bedauern Sie mehr: die Dinge, die Sie taten, jedoch lieber nicht getan hätten, oder die Dinge, die Sie nicht taten, jedoch lieber getan hätten?«

Es stellte sich heraus, dass die Zahl der »bedauerlichen unterlassenen Dinge« jene der »bedauerlichen Handlungen« um das Doppelte überstieg. Dieses Verhältnis war bei beiden Geschlechtern zu beobachten. Besonders überraschend war, dass ältere Leute nur geringfügig größeres Bedauern als junge Leute über die Dinge empfanden, die sie versäumt hatten. Am häufigsten bedauern die Menschen, dass sie nicht gewagt haben, ein weniger ängstliches Leben zu führen. Denken Sie über Ihr Leben nach: Welches sind die zwei oder drei Fälle, in denen Sie nicht handelten und dieses Versäumnis seitdem bedauern? Ist es zu spät, etwas daran zu ändern, oder können Sie jetzt noch handeln, damit dieses Bedauern Sie nicht für Ihr restliches Leben begleitet?

Forscher haben festgestellt, dass die Geschichte der *bedau-*

erlichen Handlungen zumeist ein Ende hat: Man tut etwas, man spürt eine Weile den Schmerz des Bedauerns, dann setzt man seinen Weg fort. Hingegen hat die Geschichte der *unterlassenen* Handlungen ein offenes Ende. Sie spielt unter einer großen Wolke des »Hätte ich nur«, sie ist unbestimmbar und gibt vermutlich den Anstoß zu weiteren Hypothesen darüber, wie das Ergebnis ausgesehen hätte, hätte man etwas getan. Daher ist die von Mark Twain empfohlene Strategie, den Augenblick zu nutzen, das beste Gegenmittel gegen die Tatsache, dass wir uns so sehr vom unmittelbaren Leiden an bedauernswerten Handlungen beeinflussen lassen, dass wir die Untätigkeit dem Handeln vorziehen, ohne zu bedenken, welchen Preis wir langfristig für diese Wahl bezahlen müssen.

Modernes Bedauern

Das Bedauern ist ein emotionaler Eintopf. Die Zutaten sind Entscheidungsfreiheit und Verantwortungssinn. Je mehr Wahlfreiheit eine Kultur ihren Angehörigen zugesteht und je besser der Zugang zur Information ist, desto mehr werden die Menschen schlechte Ergebnisse bedauern. Das ist der Grund dafür, dass die finanzielle Kernschmelze im Jahr 2008 so großes Bedauern auslöste. Viele Menschen wünschten sich, wir wären ein wenig klüger gewesen und hätten bessere Entscheidungen gefällt. Aber fehlerfreie Entscheidungen sind selten.

Viele der Amerikaner, die in den letzten Jahren ein Haus kauften oder refinanzierten, nahmen an, der zweistellige Wertzuwachs der Immobilien werde sich ewig fortsetzen. Doch genau das Gegenteil geschah, und die Freude wich der Betrübnis. Einige der Entscheidungen in unserem Leben fällen wir eher leidenschaftslos, während andere tiefe emotionale Wurzeln haben: wen wir als Lebensgefährten wählen, ob wir Kinder in die Welt setzen, wo wir leben und was für ein Haus wir haben wollen. Derartige Entscheidungen ziehen sehr viel größere Vor- und Nachteile nach sich, da sie ein wichtiger Bestandteil unseres Lebens sind.

In den Vereinigten Staaten haben Millionen Menschen in der Finanzkrise ihr Haus verloren. Meine beste Freundin Vanda machte eine lehrreiche Erfahrung, als sie ihre Wohnung in London verlor. Obwohl dies ihr einziger Vermögenswert war, war dieses Appartement glücklicherweise nicht mehr ihr erster Wohnsitz, da sie nach Kalifornien umgezogen war. Die Krise war für sie also nicht so schlimm wie für viele Personen und Familien, die das Dach über dem Kopf verloren. Dennoch empfand sie tiefes Bedauern und Scham über den Verlust. Heute wünscht sie, sie hätte ein Ritual entwickelt, um die Erfahrung zu messen und daraus zu lernen, anstatt zuzulassen, dass diese Krise ihr Selbstbild auf Jahre negativ beeinflusste.

Doch irgendwann wurde ihr klar, dass die Wohnung in Wahrheit ihr Leben belastete. Einige Jahre nach dem Verlust konnte sie sich zwar kein so schickes Domizil mehr leisten, aber sie hatte genug Geld für ein kleines Hausboot, das in der San Francisco Bay vor Anker lag. Das neue Heim gab ihr einen ähnlichen emotionalen Rückhalt wie das Appartement in London. Sie beschrieb ihre Gefühle so: »Gelegentlich spüre ich ein wenig Bedauern, aber das Gefühl des Verlusts ist verflogen. Der Verlust ist der nostalgischen Erinnerung gewichen, und er bereitet mich auf den Zeitpunkt vor, da ich auch dieses Haus unvermeidlich aufgeben muss. Ich glaube, jeder Verlust trägt auch sein Heilmittel in sich, damit wir vorbereitet sind, wenn der Tod uns zwingt, alles aufzugeben.«

Einmal wurde ich in einem Management-Workshop aufgefordert, eine Liste jener fünf Dinge in meiner beruflichen Laufbahn aufzustellen, die ich am meisten bedauerte. Auf meiner Liste standen das Versäumnis, in den frühen Tagen von *Joie de Vivre* nicht mehr Kapital beschafft zu haben, und die Entscheidung, auf den Kauf eines Appartementgebäudes am Sunset Strip in Los Angeles, in dem später ein sehr erfolgreiches kleines Hotel entstand, zu verzichten. Der Leiter des Workshops bat uns, nach Gemeinsamkeiten zwischen diesen bedauerlichen Entscheidungen zu suchen. Ich stellte fest, dass ich in vier Fällen lieber untätig geblieben war, als einen Fehler zu riskieren. Mein Gefühl hatte mir in all diesen Fällen gesagt, ich solle handeln, aber meine Vernunft (und von anderen Personen an mich herangetragene Einschätzungen) lenkten mich in eine andere Richtung. Schließlich forderte uns der Leiter des Workshops auf, jede der fünf bedauerlichen Entscheidungen auf ein eigenes Blatt zu schreiben und jeweils mit einem Satz zu erklären, welche Lehre wir daraus ziehen konnten. Dann gingen wir hinaus und zündeten unsere fünf bedauerlichen Entscheidungen an, um sie in einen prasselnden Kamin zu werfen.

Wie können die Entscheidungen, die Sie bedauern, Sie dazu bewegen, in Zukunft bessere Entscheidungen zu fällen?

Wenden wir die Formel an

Beschäftigen Sie sich mit Ihrem Verantwortungsgefühl.
Es liegt auf der Hand: Der Unterschied zwischen Enttäuschung und Bedauern besteht im Gefühl der Verantwortung. Aber ich habe gelegentlich festgestellt, dass ich den schmerzhafteren Stich des Bedauerns aus Gründen spürte, die nicht unbedingt überzeugend waren. Vielleicht überschätzte ich mein Gefühl der Kontrolle oder Verantwortung in einer Situation, oder ich sah mich als einen Perfektionisten, der sich nicht irren durfte. Wenn das Bedauern über eine bestimmte Entscheidung ein wenig fehl am Platz scheint, sollten Sie mit einer Person, die die Situation und Ihre Verantwortung kennt,

darüber sprechen. So können Sie objektiv feststellen, ob Sie Ihre Verantwortung in dieser Gleichung übertreiben.

Messen Sie dem kurzfristigen Schmerz weniger Bedeutung bei als der langfristigen Angst.
Natürlich ist das leichter gesagt als getan. Sie sollten sich zwei einfache Fragen stellen, um herauszufinden, ob Sie handeln müssen: Können Sie es zu einem späteren Zeitpunkt noch einmal versuchen? Können Sie es korrigieren, wenn etwas schief geht? Wenn ein zweiter Anlauf zu einem späteren Zeitpunkt unmöglich ist, müssen Sie handeln. Wenn ein Fehlschlag nicht wieder gutzumachen wäre, sollten Sie sich davor hüten zu handeln.

Im ersten Studienjahr erhielt ich Gelegenheit, im britischen Stanford zu studieren, an einer Universität, die zu jener Zeit außerhalb von London in einem riesigen Herrenhaus inmitten eines 160 Hektar großen Parks an der Themse untergebracht war. Ich hatte Zweifel, denn das Frühlingsquartal dort würde sich bis in den Sommer ziehen, weshalb ich keinen Ferienjob vorweisen könnte, wenn ich mich im nächsten Studienjahr nach einer Vollzeitarbeit umsehen würde. Zum Glück hatte ich an der Universität einen klugen Ratgeber, der mir Folgendes sagte: »Im Lauf Ihres Lebens werden Sie viele Jobs haben, aber Sie werden nie wieder eine Gelegenheit bekommen, im Ausland zu studieren und umherzureisen. Sie werden es später bedauern, wenn Sie jetzt nicht nach England gehen.« Die fünf Monate in einem Schloss und die unbeschwerten Reisen mit Freunden gehören zu meinen schönsten Erinnerungen aus der Studienzeit. Hängen Sie sich Mark Twains Rat im Badezimmer an den Spiegel.

Lernen Sie etwas aus dem Bedauern.
Je tiefer das Bedauern, desto mehr werden Sie daraus lernen. Sie können das Bedauern in ein Ritual verwandeln, das Sie

anspornen wird. Erstens sollten Sie die Erfahrung nutzen, um in Zukunft bessere Entscheidungen zu fällen. Zweitens sollten Sie, sofern Sie dazu in der Lage sind, die Geschichte Ihres Fehlers mit anderen teilen. Anderen von bedauerlichen Entscheidungen und den daraus gezogenen Lehren zu erzählen, kann eine heilsame Erfahrung sein. (Das ist auch einer der Gründe dafür, dass ich Bücher schreibe). Drittens sollten Sie, sofern Korrekturen erforderlich sind, nicht zögern, nur weil das schmerzhaft ist. Wenn Sie eine Entscheidung bedauern, die andere Menschen enttäuscht hat, sollten Sie offen dafür sein, Ihre Gefühle auszudrücken – manchmal kann dies eine reinigende Wirkung haben, da es beweist, wie wichtig Ihnen die Sache ist. Das Bedauern kann eine vorübergehende Emotion sein, die zeigt, dass Sie einfach den Sinn der Erfahrung noch nicht entdeckt haben.

Versuchen Sie, »zufriedenzustellen«, anstatt zu »maximieren«. Manche Leute ringen mit ihren Entscheidungen, um das Maximum aus ihren Optionen herausholen zu können und die beste Wahl zu treffen. Anderen ist es lieber, zufriedenstellende Ergebnisse zu erzielen. Sie gehen davon aus, dass ein hoher Aufwand an Zeit, Geld und Stress nicht der Mühe wert ist und dass geringere Erwartungen zu geringerem Bedauern führen werden. Barry Schwartz schlägt uns vor, anhand eines Tests festzustellen, welche dieser beiden Vorgehensweisen besser zu uns passt. Das moderne Leben, in dem wir zwischen derart vielen Möglichkeiten wählen können, ist das Schlechteste, was einem Maximierer passieren kann, denn er muss mehr in die Entscheidungen investieren, weshalb ihm größeres Bedauern droht. Daher sollten wir uns mit dem anfreunden, was »gut genug« ist.

Was sollen wir also von einem Menschen halten, der erklärt, in seinem Leben gäbe es nichts, was er bedauert? Ist das überhaupt möglich? Es ist zumindest unwahrscheinlich.

Ich würde sagen, dass es drei mögliche Erklärungen für eine solche Haltung gibt: 1. Entweder dieser Mensch hinterfragt sein Leben nicht und behauptet, nichts zu bedauern, um selbstsicherer zu wirken und sich wohl zu fühlen. 2. Er geht von geringen Erwartungen aus oder hat die Fähigkeit, die Realität laufend neu zu bewerten, so dass er keine Enttäuschungen erlebt. 3. Er übernimmt, wie aus der Gleichung hervorgeht, keine Verantwortung für seine Entscheidungen.

Das Leben konfrontiert uns mit einer Vielzahl von Entscheidungen, und es eröffnet uns zahlreiche Wege, mit dem Bedauern umzugehen. Oscar Wilde erklärte: »Seine Erfahrungen bedauern heißt seine Entwicklung aufhalten.« Doch diese Worte stammen von dem Mann, der nach dem Grundsatz lebte, dass man Versuchungen am raschesten überwinde, indem man ihnen nachgebe.

Benjamin Franklin, den man als Vater der modernen Selbsthilfebewegung bezeichnen könnte, schlug einen ernsthafteren und logischeren Umgang mit Entscheidungen vor, um späteres Bedauern zu vermeiden. Er empfahl etwas, was viele von uns irgendwann in ihrem Leben getan haben: Man nehme ein Blatt Papier und teile die Seite mit einem Strich in zwei Spalten, die man mit den Überschriften »Pro« und »Contra« versieht. Franklin erklärte: »In einem Zeitraum von drei oder vier Tagen schreibe ich unter diese Überschriften kurze Hinweise auf verschiedene Argumente für oder gegen eine Vorgehensweise, die mir zu verschiedenen Zeiten in den Sinn kommen. Wenn ich ein Gesamtbild habe, mache ich mich daran, das Gewicht jedes Arguments zu schätzen, und wenn ich zwei gegensätzliche finde, die gleichwertig scheinen, streiche ich beide aus. Finde ich ein Argument für die Vorgehensweise, das zwei Gegenargumenten entspricht, so streiche ich alle drei aus. Gelange ich zu dem Schluss, dass zwei Argumente dagegen genauso viel wert sind wie drei Argumente dafür, so streiche ich die fünf aus, und auf diese Art kann ich schließlich Bilanz ziehen. Ich denke, dass ich zu einem besseren Urteil gelangen kann und keinen übereilten Schritt tun werde, und tatsächlich habe ich sehr von derartigen Gleichungen profitiert, die man als moralische oder vorausschauende Algebra bezeichnen könnte.«

Seit Jahrhunderten wenden kluge Leute Formeln an, um die Probleme in ihrem Leben zu lösen.

Kapitel 6

Eifersucht = Misstrauen/Selbstwertgefühl – Neid = (Stolz + Eitelkeit)/Güte

Im Jahr 1969 verfolgte Lisa im Kindergarten vor dem Fernsehgerät Neil Armstrongs Spaziergang auf dem Mond und war hingerissen. Als Jugendliche empfand sie derart große Bewunderung für die erste Frau, die ins Weltraumprogramm der NASA aufgenommen wurde, dass sie beschloss, diesen Weg ebenfalls einzuschlagen. Sie erwarb ein Diplom in Luft- und Raumfahrttechnik an der amerikanischen Marineakademie, besuchte die Pilotenschule der Marine, heiratete einen Studienkollegen, machte einen Master, brachte drei Kinder zur Welt und schrieb sich mit einem neun Monate alten Baby im Arm in ein Testpilotenprogramm ein. Sie war Superwoman.

Captain Lisa Marie Nowak absolvierte im Lauf ihrer Karriere als Marinepilotin mehr als 1 500 Flugstunden in 30 verschiedenen Flugzeugtypen. Die intelligente, ehrgeizige Frau bereitete sich zehn Jahre lang im Astronautenkorps der NASA auf die Verwirklichung ihres Lebenstraums vor: Sie wollte einmal zur Internationalen Raumstation fliegen. Während ihrer 13 Tage im Weltraum steuerte Lisa den Roboterarm des Spaceshuttles. Sie kehrte als Heldin zur Erde zurück, denn nun gehörte sie zu den wenigen Frauen in der Welt, die schon einmal ins All geflogen waren. Aber obwohl sie das Zeug dazu hatte, den Weltraum zu erobern, geriet ihr Leben aus der Bahn, weil es ihr nicht gelang, eine böse Emotion zu beherrschen, gegen die kein Mensch gefeit ist: die Eifersucht.

Zu der Zeit, als sie ins All flog, war Lisa verheiratet. Und sie hatte eine Affäre mit einem geschiedenen Astronauten.

Sechs Monate nach ihrem Weltraumausflug trennte sich Lisa von ihrem Mann – anscheinend in der Hoffnung, ein neues Leben an der Seite ihres Geliebten zu beginnen. Was sie nicht wusste war, dass dieser Mann auch eine Affäre mit Captain Colleen Shipman begonnen hatte.

Als sie von ihrer Nebenbuhlerin erfuhr, wurde Lisa von der Eifersucht überwältigt. Getrieben von ihren Emotionen, brach sie zu einer gefährlichen und lebensbedrohlichen Mission auf. Sie bewaffnete sich mit einem Messer und einer Pistole, packte schwarze Gummihandschuhe, einen Fäustel, einen Schlauch und Müllsäcke ein und schlüpfte in eine Astronautenwindel der NASA, um die 1600 Kilometer von Houston nach Orlando ohne Zwischenstopp fahren zu können und ihre Nebenbuhlerin zu stellen. Mit einem Regenmantel und einer schwarzen Perücke verkleidet, lauerte sie Colleen Shipman im Parkhaus des Flughafens Orlando auf, griff sie mit Pfefferspray an und versuchte sie zu entführen. Doch Colleen gelang die Flucht. Innerhalb einer Stunde wurde Lisa Marie Nowak verhaftet. Dieses moderne Eifersuchtsdrama war ein gefundenes Fressen für die Medien.

Vor 2500 Jahren erzählte man in Griechenland die Geschichte von Medea, der eifersüchtigen Ehefrau, die ihre zwei Söhne tötet, um sich an ihrem Mann Jason zu rächen, der sie für eine jüngere Frau verlassen hatte. Der Ausdruck »grün vor Neid« geht auf die Vorstellung der antiken Griechen zurück, Eifersucht und Neid führten zu einer Überproduktion von Galle, die ihrer Meinung nach die Haut grünlich färbte. Eifersucht und Neid werden oft miteinander verwechselt, aber zwischen diesen beiden Emotionen gibt es einen wesentlichen Unterschied.

Eifersucht ist die Angst, etwas oder jemanden an eine andere Person zu verlieren. Neid ist die Frustration darüber, dass jemand etwas hat, was man selbst will. An der Entstehung der amourösen Eifersucht sind drei Personen beteiligt:

man selbst, die geliebte Person und ein Rivale oder eine Rivalin, der ebenfalls um die Gunst dieser Person buhlt. Der Neid betrifft im Normalfall nur die eigene Person und jenen Menschen, der hat, was man selbst haben will. Sowohl die Furcht vor einem Verlust (Eifersucht) als auch der Wunsch nach einem Gewinn (Neid) sind in geringer Dosierung ungefährlich und beherrschbar. Aber wenn Eifersucht oder Neid wie in Lisa Marie Nowaks Fall eskalieren, können sie furchtbare Folgen haben. Kennen Sie eher die Eifersucht oder den Neid? Was können Sie tun, um die Raserei dieser heißblütigen emotionalen Vettern im Zaum zu halten? Sehen wir uns zunächst die Eifersucht an.

Ein Autowrack namens Eifersucht

Ich fahre auf der Autobahn und werde Zeuge einer Kollision. Ich drossle die Geschwindigkeit – aus Vorsicht, aber auch, um einen verschämten Blick auf die Wracks zu werfen und zu sehen, wie sich der Aufprall auf die am Unfall beteiligten Personen ausgewirkt hat. Eine ähnliche Faszination übt die Eifersucht aus. Das ist der Grund dafür, dass die Regenbogenpresse dieser Emotion so viele Schlagzeilen widmet: »Schlechtes« Verhalten verkauft sich gut. Die meisten von uns kennen die vielschichtige Emotion der Eifersucht. Und wenn sie uns heimsucht, löst sie eine Vielzahl weiterer Emotionen aus, von der Wut über die Demütigung und das Gefühl, verraten worden zu sein, bis zur Trauer. Die Eifersucht ist das wichtigste Motiv für Morde in Ehen. Dennoch sind ihre Ursprünge und Ausdrucksformen sehr viel weniger erforscht als bei anderen bekannten Emotionen.

Einen Teil ihres Reizes zieht die Eifersucht daraus, dass sie sich als Liebe verkleiden kann. Die feine Trennlinie zwischen hingebungsvoller Liebe und zwanghafter Eifersucht hat so manchen Dichter nächtelang wach gehalten. Der britische Psychologe Havelock Ellis beschreibt den paradoxen Charakter dieser Emotion: »Die Eifersucht ist ein Drache, der die Liebe unter dem Vorwand, sie am Leben zu erhalten, zerfleischt.«

Die Forschung hat ein sonderbares Paradox zutage gefördert: Die meisten Menschen wünschen sich ein wenig Eifersucht bei ihrem Partner. Wie der französische Dichter André Gide erklärte: »Geliebt zu werden bedeutet mir nichts. Ich will bevorzugt werden.« Ich war einmal eine Zeitlang mit einem Mann zusammen, dem Eifersucht völlig fremd zu sein schien. Das verletzte mich und öffnete mir die Augen für meine eigene Eifersucht. Diese Emotion kann uns einen Hinweis darauf geben, was im Herzen unseres Partners vor sich geht – sofern dort etwas vor sich geht –, und die Eifersucht kann (so unbegründet sie auch sein mag) wie ein Indikator dafür wirken, wie sehr die Beziehung dem Partner am Herzen liegt. Manche sehen in der Eifersucht einen Test, der uns erlaubt festzustellen, ob wir emotional mehr in einen Partner investieren können – obwohl dies nicht der gesündeste Maßstab für die Sicherheit in einer Beziehung ist.

Faszinierend ist, dass sich das männliche und weibliche Gehirn während eines Eifersuchtsanfalls sehr unterschiedlich verhalten. Die Eifersucht aktiviert im männlichen Gehirn Regionen, die zahlreiche am Sexualverhalten und an der Aggression beteiligte Testosteronrezeptoren enthalten. Bei Frauen hingegen wird eine Region aktiviert, die dafür zuständig ist, die Absichten und die Vertrauenswürdigkeit einer anderen Person zu beurteilen. Vielleicht ist das ein Grund dafür, dass in Studien 40 Prozent der Frauen zugeben, gezielt ein wenig Eifersucht bei ihrem Partner zu wecken, um Aufschluss über die Stabilität der Beziehung zu gewinnen. Männer und Frauen mögen unterschiedlich konstruiert sein, aber beide Geschlechter erliegen dem dunklen Zauber jener Besitzgier, die wir als Eifersucht kennen.

Die wichtigsten Zutaten der Eifersucht

Es ist Ihnen gewiss aufgefallen, dass in diesem Kapitel erstmals Formeln vorgestellt werden, die Divisionen enthalten. Was geht in Ihnen vor, wenn Sie eifersüchtig sind? In einer Division hat der Nenner (der Wert unter dem Strich) großes Gewicht, denn er hat beträchtlichen Einfluss auf das Endergebnis. Sie werden der Lösung des emotionalen Puzzles sehr viel näher kommen, wenn es Ihnen gelingt, den Nenner einer emotionalen Formel zu finden. Ich glaube, dass die Eifersucht von zwei Schlüsselvariablen abhängt: vom Maß des Misstrauens und vom Selbstwertgefühl. Ich werde mich zunächst dem Nenner zuwenden, dem Selbstwertgefühl, denn es hat den größten Einfluss auf das Ergebnis.

In einer Umfrage der Zeitschrift *Psychology Today* stellte sich heraus, dass Personen, deren Antworten auf eine sehr eifersüchtige Persönlichkeit hindeuteten, zumeist eines von drei Merkmalen aufwiesen: Sie hatten eine geringe Meinung von sich selbst, sahen eine große Diskrepanz zwischen ihrem tatsächlichen Wesen und der Person, die sie gern sein wollten oder maßen sichtbaren Vorzügen wie Wohlstand, Bekanntheit, Beliebtheit und vor allem körperlicher Attraktivität großen Wert bei. Weniger eifersüchtige Personen hatten ein größeres Selbstwertgefühl und fühlten sich wohl in ihrer Haut. Und sie hatten geringeres Interesse an den äußeren Anzeichen des Erfolgs.

Die Grundlage der Selbstachtung ist also im Gefühl des eigenen Werts zu suchen. Haben Sie das Gefühl, wertvoll zu sein, so wie Sie sind? Wenn Sie das Gefühl haben, wenig wert zu sein, sind Sie anfällig für den Eifersuchtsvirus.

Da die Eifersucht eine Emotion ist, die auf einer Erwartung beruht, versucht ein Mensch, der sich mit sich selbst nicht allzu wohl fühlt, möglicherweise, dem mit dem Verlust einhergehenden Leiden zuvorzukommen, indem er sich das

Schlimmste ausmalt. Menschen stellen sich das Schlimmste vor, um einen möglichen Schlag abzuschwächen. Eine Person mit geringem Selbstwertgefühl kann angesichts einer erwarteten Enttäuschung die Bewältigungsstrategie wählen, sich vorzustellen, dass sich der Partner zu einer anderen Person hingezogen fühlt. Und genau dieses schädliche zirkuläre Denken kann dazu führen, dass sich die Prophezeiung selbst erfüllt und die Beziehung scheitert.

Und wenn die Eifersucht lediglich ein Signal dafür wäre, dass nicht beim Partner, sondern bei uns selbst etwas im Argen liegt? Ich weiß, wie leicht es ist, dem Partner die Schuld zu geben – oder, was noch besser ist, der Person, die uns den Partner abspenstig machen will. Aber bevor Sie Ihre innere Lisa Nowak von der Leine lassen, sollten Sie sich folgende Frage stellen: »Welches Bild habe ich von mir selbst?« Wenn ich eifersüchtig auf einen anderen Menschen bin, so liegt das oft daran, dass diese Person etwas hat, das ich bei mir selbst vermisse. Viele Leute halten die Eifersucht für eine Emotion, die dem Selbstschutz dient, aber stellen wir uns stattdessen vor, dass sie eine Einladung wäre, uns zu öffnen, ein erfüllteres Leben anzustreben und unser Selbstwertgefühl zu heben.

Eine weitere Schlüsselvariable ist das Maß des Vertrauens in die Beziehung und den Partner. Passen Sie gut zu Ihrem Partner oder haben Sie das Gefühl, mit einer Julia Roberts oder einem George Clooney zusammen zu sein – mit einer Person, die unter zahllosen anderen potenziellen Partnern wählen könnte? Die Wahl Ihres Partners und die Frage, ob Sie mit jemandem zusammen sind, der Ihrer Meinung nach »über« oder »unter« Ihrem Standard ist, kann sich auf Ihre Einschätzung der Stabilität der Beziehung auswirken. Die gute Abstimmung mit einem Menschen, der sich als gleichwertig empfindet, flößt uns größere Zuversicht bezüglich der Dauerhaftigkeit der Beziehung ein. Doch seien Sie bei der Beurteilung vorsichtig, denn Ihre emotionale Befindlichkeit kann Ihre Fähigkeit beeinträchtigen, eine gleichwertige Person zu erkennen – oder sich gleichwertig zu fühlen.

Wenden wir uns nun dem Zähler zu. Der Grund dafür, dass ich nicht das Wort »Vertrauen«, sondern den Begriff »Misstrauen« verwende, liegt darin, dass man umso eher eifersüchtig sein wird, je weniger man seinem Partner (oder den Menschen insgesamt) vertraut. Woher kommt dieses Misstrauen? Nun, manche Menschen betrachten die Welt von Natur aus skeptisch. Wenn sich diese Einstellung auf das Liebesleben überträgt, setzt ein Mechanismus ein, der einen Menschen besonders zynisch macht, wenn in der Liebe viel für ihn auf dem Spiel steht. In einer Studie hat sich gezeigt, dass Personen, die zu Neurosen neigen oder die Welt für gefährlich halten, eine geringere Neigung haben, anderen zu vertrauen. Hingegen neigen jene, die umgänglich und von Natur aus vertrauensselig, kooperativ und mitfühlend sind, weniger zu Eifersucht. Das leuchtet ein. Welche Brille tragen Sie? Wenn Sie dazu neigen, Gefahren zu sehen, werden Sie sehr viel mehr Zeit brauchen, um in einer Beziehung jenes Vertrauen zu entwickeln, in dem sich die Liebe entfalten kann. Dann sollten Sie sich einen geduldigen Partner suchen.

Lassen wir das persönliche Weltbild nun hinter uns und wenden wir uns der Frage zu, ob wir von Natur aus vertrauensselig sind oder nicht. Glauben Sie, dass Ihr gegenwärtiger Partner vertrauenswürdig ist (oder dass Ihr letzter Partner es war)? Zahlreiche Faktoren können sich auf Ihre Antwort auswirken. Sagt er oder sie die Wahrheit? Gibt er oder sie zu, Sie betrogen zu haben? Neigten Ihre früheren Lebenspartner/innen dazu, die Beziehung zu lösen, wenn Schwierigkeiten auftraten? Dieselbe Frage können Sie in Bezug auf sich selbst stellen, denn die Person, mit der Sie zusammenleben, kann Ihnen als Spiegel dienen. Ein Therapeut würde Versuche, anderen die Schuld zu geben oder sie mit den eigenen Problemen zu verknüpfen, als »Projektion« bezeichnen. Die Projektion kann großen Schaden in einer Beziehung anrichten, wenn man nicht bereit ist, die Verantwortung für die eigene Unsicherheit zu übernehmen. Die Eifersucht eröffnet Ihnen eine Möglichkeit, in sich zu gehen, um herauszufinden, was die intensiven Gefühle auslöst. Und jene, die betrogen haben, neigen sehr viel eher zu der Vorstellung, selbst betrogen zu werden.

Alles in allem dürfte die Eifersucht schmerzhafter sein als der Neid, da sie uns persönlich näher geht und sich auf den drohenden Verlust von etwas bezieht, das wir bereits besitzen. Für manche bedeutet dies, dass der Einsatz höher ist. Aber anstatt uns in den tiefen Brunnen der Eifersucht zu stürzen, sollten wir eine Checkliste aufstellen, um erstens unser Selbstwertgefühl in der Beziehung und unabhängig davon sowie zweitens unser Vertrauen einzuschätzen, das heißt unsere natürliche Neigung zur Vertrauensseligkeit sowie die Frage, ob wir unseren Partner/unsere Partnerin für vertrauenswürdig halten. Wenn wir uns in unserer Haut wohl fühlen, wenn wir sicher sind, eine zu uns passende Person gefunden zu haben, wenn wir unserer Umwelt im Allgemeinen mit Vertrauen begegnen und wenn wir von der Vertrauenswürdigkeit unseres Partners überzeugt sind, wird sich jegliche natürliche Eifersucht, die in uns erwachen kann, weil wir »verrückt« nach jemandem sind, verflüchtigen. Indem wir uns die Bestandteile der Eifersucht bewusst machen, können wir ihren Einfluss leichter zurückdrängen.

Neid: Eine starke Emotion, die niemand eingestehen möchte

Wir sagen oft: »Ich beneide dich.« Doch damit meinen wir in Wahrheit: »Ich bewundere dich.« Oder wir wollen signalisieren, dass wir uns gern in einer ähnlichen Situation befänden.

Der Neid ist keine geringfügige Ablenkung – sonst hätte er es kaum auf die Liste der sieben Todsünden geschafft. Der Neid ist deshalb gefährlich, weil er in Begehrlichkeit umschlagen und hinterhältiges, schändliches Verhalten auslösen kann. Shakespeares berühmte Figur Othello ist eifersüchtig – er ist nicht neidisch auf die Zuneigung, die seine schöne Frau Desdemona weckt. Jene Figur, die den Neid verkörpert, ist Othellos falscher Freund Iago, ein Erzschurke. Die Eifersucht explodiert. Der Neid schwelt. Von dieser Emotion versuchen wir uns oft zu distanzieren, so als würden wir sie nicht empfinden.

Aber seien Sie ehrlich: Haben Sie in Situationen wie den folgenden noch nie Neid empfunden? Sie haben einen Kollegen, der weniger lange arbeitet als Sie und nicht ganz so schlau ist wie Sie – und dennoch befördert worden ist und jetzt mehr verdient als Sie. Der Nachbarssohn wurde gerade von einer Eliteschule angenommen, obwohl er schlechtere Noten hat als Ihre Tochter. Ihr jüngerer Bruder hat eine neue Frau, einen neuen Sportwagen oder Eintrittskarten für das Super Bowl-Finale. Vielleicht gönnen Sie diesen Menschen ihr Glück aufrichtig und haben einen niedrigen Neidquotienten. Aber vielleicht betrachten Sie das Leben auch als Nullsummenspiel, in dem das Glück des einen immer gleichbedeutend mit dem Unglück des anderen ist.

Im Mittelpunkt dieses Nullsummenspiels steht die Theorie des sozialen Vergleichs, die unsere natürliche Neigung beschreibt, uns an den in unserer Umgebung sichtbaren Maßstäben zu messen: In diesem Zusammenhang wird oft vom »neidischen Nachbarn« gesprochen. Neid zielt häufig auf die Menschen in unserer näheren Umgebung. Wir beneiden Menschen, die unter ähnlichen Umständen leben wie wir, denn was ihnen in den Schoß gefallen ist, hätte auch uns in den Schoß fallen können.

Während die Eifersucht sozial akzeptiert wird und eine

Wiedergutmachung zulässt, schwelt der Neid im Verborgenen. Das ist einer der Gründe dafür, dass es dem neidischen Geist gelingt, sich eine imaginäre Welt zu erschaffen, in der sein Neid gerechtfertigt ist. Wenn wir jemanden für seinen Erfolg beneiden, besteht eine der Möglichkeiten zur Rationalisierung dieser Emotion in der Vorstellung, dieser Mensch habe den Erfolg nicht verdient. Tatsächlich ist die Empörung oft eine Begleiterscheinung des Neids. Wenn Sie das nächste Mal ein wenig empört über jemanden sind oder sich über eine andere Person ärgern, sollten Sie sich fragen, ob hinter dieser Emotion nicht eine Spur von Neid steckt, ein Wunsch, das zu haben, was diese Person hat.

Hirnforscher haben herausgefunden, dass der Ärger dem Neid und die Schadenfreude dem Ärger entspringt. Auch die Amerikaner verwenden das deutsche Wort »Schadenfreude«, ein Konzept, das Kulturen vertraut ist, die es gern sehen, wenn Menschen von einem Podest gestürzt werden. Aber nicht nur in der westlichen Welt genießen die Menschen diesen »Kummer über das Wohlergehen anderer« (wie Thomas von Aquin es nannte). Die Japaner sagen: »Das Unglück anderer schmeckt wie Honig.« Und das Reality-TV ist unsere soziale Form der Schadenfreude. Viele Leute scheinen die öffentliche Zurschaustellung des Kummers anderer Menschen sehr zu genießen. Wie die Eifersucht beruht auch die Schadenfreude zum Teil auf einem geringen Selbstwertgefühl. Sie gibt jenen, die sich über den Sturz eines anderen freuen, die Illusion der Wiedergutmachung.

Lehnen Sie sich für einen Augenblick zurück und denken Sie über den emotionalen Preis nach, den eine Kultur oder Gesellschaft für die Missgunst bezahlen muss. Indem wir den Menschen in unserer Umgebung und jenen, denen das Leben mehr gegeben hat als uns, das Schlimmste wünschen, verbessern wir unsere eigene Situation nicht im Geringsten. Manche Leute nutzen ihren Neid, um sich zu besseren Leistungen anzuspornen, aber für die meisten von uns ist der Neid eine passive Beschäftigung, die nur unserem Charakter schadet. Bertrand Russell schrieb: »Wer nach Ruhm strebt, beneidet vielleicht Napoleon. Aber Napoleon beneidete Julius Cäsar, Cäsar beneidete Alexander den Großen, und ich wage zu behaupten, dass Alexander Herkules beneidete, den es nie gab.« Der Neid mag die Welt antreiben, aber er stumpft den Geist ab.

Neid = (Stolz + Eitelkeit)/Güte

Gutartiger Neid kann sich in Bewunderung verwandeln und einen Menschen zu Veränderungen in seinem Leben bewegen. Aber Dante hatte wohl etwas anderes im Sinn, als er schrieb, den Neidern, die ein sündhaftes Vergnügen daran gefunden hätten, anderer Leute Unglück zu betrachten, würden im Fegefeuer die Augen zugenäht. Wie die Eifersuchtsformel ist auch die des Neids eine Gleichung mit Division. Die Emotionen oberhalb des Bruchstrichs (der Zähler) werden bei einer negativen emotionalen Formel ähnliche Auswirkungen auf den Neid haben, während die Lösung der Gleichung vom Nenner unter dem Strich abhängt.

Der Neid hat viel mit dem Selbstbild zu tun. Er hat dieselbe Schule besucht wie der Narzissmus (mit dem wir uns in einem späteren Kapitel befassen werden). Ein Mensch mit einem unangemessen vorteilhaften Selbstbild hat den Stolz (eine weitere Todsünde) und die Eitelkeit zu weit getrieben. Jane Austen schrieb: »Eitelkeit und Stolz sind verschiedene Dinge, obwohl die Wörter oft synonym verwendet werden. Ein Mensch kann stolz sein, ohne eitel zu sein. Der Stolz betrifft eher unsere eigene Meinung von uns, die Eitelkeit eher das, was andere von uns halten sollen.« So wie Eifersucht und Neid sind auch Stolz und Eitelkeit in Maßen nicht schädlich, aber wenn zusätzlich Gier beigemischt wird, werden diese beiden Emotionen im Zähler das Feuer des Neids anfachen.

Die Tugend, die dem Neid direkt entgegenwirkt, ist die Güte, das heißt ein großzügiger Geist. Ein großzügiger Mensch fühlt sich vom Glück seines Nachbarn angespornt, anstatt es als Herabsetzung zu empfinden. Es ist fast unmöglich, gleichzeitig neidisch und gütig zu sein.

Denken Sie kurz darüber nach. Stellen Sie sich einen Rivalen vor. Möglicherweise weiß dieser Mensch gar nicht, dass Sie ihn als Konkurrenten im Spiel des Lebens sehen, dessen Wohlergehen Ihnen das Gefühl gibt, den Wettbewerb zu verlieren. (Das ist oft der Fall, da der Neid verborgen wird.) Klingt das vertraut? Nun stellen Sie sich vor, dass diese Person eine Ehrung, eine Auszeichnung, einen finanziellen Vorteil oder eine andere Vergünstigung erhält, die leicht auch Ihnen hätte zufallen können. Sind Sie ein wenig neidisch? Stellen Sie sich nun einen Augenblick lang vor, Sie wären an Stelle dieser Person. Welches Hochgefühl würden Sie empfinden? Wie fühlt es sich an, in dem Glück zu schwelgen, das dieser Person vergönnt ist? Die meisten Menschen, die diese Übung machen, erkennen zu ihrer Überraschung, dass sie imstande sind, die Gefühle des Rivalen nachzuempfinden. Indem man diese Empathie aktiviert, kann man sich aus dem Käfig von Stolz und Eitelkeit befreien.

Das meiste von dem, was im Leben geschieht, ist kein Nullsummenspiel. Es kann einen Kollateralnutzen haben, dass Ihre Schwester in ihrem Unternehmen befördert wird (sie wird zufriedener sein) oder dass Ihr Freund in seinem Garten einen Swimmingpool anlegt (auch Ihre Kinder müssen nun nicht mehr ins städtische Bad gehen). Ich persönlich habe die Erfahrung gemacht, dass man, indem man in Augenblicken des Neids in seinem Herz und Verstand ein wenig Güte weckt, den Groll gegen die beneidete Person mildern und in Motivation (man wird sich ein wenig mehr bemühen, um ähnliche Erfolge zu feiern) oder Empathie verwandeln kann (man löst sich vom selbstsüchtigen Denken und bereichert sein Leben, indem man in den angenehmen Gefühlen eines anderen Menschen schwelgt).

Fast während meines gesamten bisherigen Arbeitslebens sah ich mich auf der Seite des kleinen Rebellen David in seinem Kampf mit Goliath. Kimpton, der Erzrivale von *Joie de Vivre* (Kimpton ist die größte Kette von Boutique-Hotels in den Vereinigten Staaten, während wir mit einem Drittel ihrer Größe den zweiten Rang in der Branche einnehmen), ist seit jeher ein Unternehmen, mit dem wir uns vergleichen und gelegentlich um talentierte Manager und Hotelbetriebsverträge kämpfen. Da Kimptons Zentrale nur zwei Blocks von unserem Firmensitz entfernt ist, gibt es in unserer Beziehung ein wenig Nachbarschaftsneid. Beide Unternehmen wollen der beste Arbeitgeber in der Bay Area und landesweit sein. *Joie de Vivre* bemüht sich seit jeher um einen Platz in der *Fortune*-Liste der 100 besten Arbeitgeber.

Vor drei Jahren wurde Kimpton in die Liste aufgenommen. Ich muss gestehen, dass ich (und viele unserer Spitzenmanager) einigermaßen neidisch und sogar ein wenig verärgert darüber war, dass sie es geschafft hatten und wir nicht. Ich sah, dass dieser unternehmensinterne Neid zerstörerisch wirken würde, wenn wir ihn nicht in positive Energie umwandelten. Mein erster Schritt bestand darin, dem Geschäftsführer von Kimpton zu gratulieren und ihn zu fragen, wie sie es in die Liste geschafft hatten und was er aus diesem Erfolg gelernt hatte. Und ich schlug vor, dass unser Personalchef Kontakt zu seinem Pendant bei Kimpton aufnehmen könnte, um von ihnen zu lernen. Anstatt uns einfach mit unserer »Niederlage« und unserem kollektiven Neid abzufinden, nutzten wir diese Erfahrung, um unsere Leistungen auf ein noch höheres Niveau zu heben.

Wenden wir die Formel an

Stellen Sie fest, welche Lehren Sie aus Ihrer Eifersucht ziehen können.
Die Eifersucht kann ein guter Lehrer und ein ausgezeichneter Test für Ihren Realitätssinn sein. Hüten Sie sich vor zwanghaftem negativen Denken über sich selbst oder Ihren Partner/Ihre Partnerin, da das normalerweise dazu führen wird, dass sich Ihr Verstand im Kreis dreht und nicht imstande ist, neue Informationen für eine richtige Analyse der Situation aufzunehmen. Suchen Sie in Ihrem Freundeskreis eine objektive Person, die Ihren Partner/Ihre Partnerin kennt und respektiert, und versuchen Sie im Gespräch zu klären, ob Ihre Gedanken realistisch oder abwegig sind. Und beginnen Sie darüber nachzudenken, ob es vielleicht an mangelndem Vertrauen oder einem geringen Selbstwertgefühl liegt, dass die Eifersucht ihr hässliches Haupt erheben konnte. Lautet die Antwort, dass Ihr Partner/Ihre Partnerin Ihr Vertrauen nicht verdient, so ist es möglicherweise an der Zeit, getrennte Wege zu gehen. Gelangen Sie hingegen zu dem Schluss, dass Sie Ihr Selbstwertgefühl oder Ihr Vertrauen stärken müssen, so sollten Sie sich die nächste Anregung zu Herzen nehmen.

Wenn Sie im Zweifel sind, sollten Sie Ihr Selbstwertgefühl aufbauen. Ein hoher Nenner in dieser Formel ist das beste Mittel, um Ihre Eifersucht rasch zu verringern. Fragen Sie sich also, welche Aktivitäten Ihr Selbstbild verbessern werden. Viele Leute können ihr Selbstwertgefühl am ehesten heben, indem sie sich entweder in den Dienst anderer Menschen stellen oder sich auf eine Begabung oder Tätigkeit konzentrieren, die ihnen einen zeitlosen Genuss verschafft. Ich persönlich bekomme am schnellsten einen klaren Kopf, indem ich begleitet von meinem treuen Hund am Strand laufen gehe. Oder ich schreibe einige dankbare E-Mails an Freunde und Kollegen, deren Reaktionen Balsam für mein Selbstwertgefühl sind. Entscheidend ist, dass man klärt, ob man in Bezug auf sein gesamtes Leben wenig Vertrauen hat, oder ob dieses Problem nur eine bestimmte Beziehung betrifft.

Fragen Sie sich: »Was kann mich mein Neid lehren?«
Stellen Sie fest, was Sie an einem anderen Menschen beneiden, denn das ist ein ausgezeichneter Indikator dafür, was wirklich Wert für Sie hat. Wenn Sie diesen wichtigen Punkt festgestellt haben, stellt sich die Frage, ob er wirklich so bedeutsam ist. Wenn ja, müssen Sie sich fragen, was Sie aus dem Erfolg des Anderen lernen und auf Ihr eigenes Leben anwenden können. Verbringen Sie vielleicht zu viel Zeit damit, sich in Eitelkeit und im Stolz auf Ihre Verdienste zu sonnen, während Sie nicht hartnäckig genug für die ersehnten Erfolge kämpfen? Sie müssen einen Weg finden, um Ihre Fortschritte und Ihren Erfolg zu messen – nicht im Vergleich zu Ihrem Rivalen, sondern verglichen mit Ihrer Vergangenheit und Ihren eigenen Zukunftserwartungen.

Überwinden Sie die Schadenfreude. Üben Sie sich in Mudita.
Die richtige Lösung für den Wert unter dem Bruchstrich in der Neid-Formel besteht darin, das zu entwickeln, was die Buddhisten *Mudita* (»Mitfreude«) nennen. Freuen Sie sich mit Ihren Rivalen über deren Erfolge. Das ist nicht einfach, insbesondere dann, wenn Sie Empörung und Ärger empfinden, die den Neid zu rechtfertigen scheinen. Den Weg zum Glück und einem gütigeren Geist findet man am ehesten, indem man nachempfindet, wie süß der Erfolg für jemand anderen schmeckt. Würden Sie sich von anderen nicht eben diese »Mitfreude« wünschen, wenn Sie der Glückliche wären?

Die Eifersucht ist eine wütende, erregte Besorgnis. Der Neid verkleidet sich als Empörung und Ärger. Diese ganz normalen Emotionen weisen zahlreiche Ähnlichkeiten auf, und letzten Endes löst man beide Gleichungen am besten, indem man fragt: »Welchen Nutzen erwarte ich mir von meiner Eifersucht oder meinem Neid?« Wäre es nicht eine Ironie, wenn die Eifersucht die Tür zu einem vertrauensvolleren, mitfühlenderen und selbstsicheren Wesen aufstieße? Ähnlich verhält es sich mit dem Neid: Was, wenn Ihnen diese Emotion dabei helfen könnte, Ihr Potenzial besser zu nutzen, und wenn der Neid Ihre Fähigkeit erhöhen würde, die Erfolge anderer nachzuempfinden und mit ihnen zu feiern? Lernen Sie aus Ihren Emotionen. Die Eifersucht kann Ihnen die Augen dafür öffnen, was Ihnen wirklich etwas bedeutet. Der Neid kann Ihnen den Weg in eine bessere Zukunft weisen.

Kapitel 7

Angst = Ungewissheit × Machtlosigkeit

Charles Darwin liebte es, sich in der freien Natur zu bewegen, und er war ein unerschrockener Forschungsreisender. Er verbrachte die ersten Jahre seines dritten Lebensjahrzehnts damit, um die Welt zu reisen und Pflanzen und Tierspezies zu studieren. Aber als er Ende 20 war, erkrankte er an einem geheimnisvollen, auszehrenden Leiden, das die Ärzte abwechselnd mit einer Tropenkrankheit, einer Arsenvergiftung, geistiger Erschöpfung oder einer Nervenschwäche erklärten. Heute glauben die Psychologen, dass Darwin höchstwahrscheinlich an schweren Panikattacken litt, die vermutlich auf Agoraphobie – die Angst vor großen Menschenansammlungen – zurückzuführen war. Es ist eine sonderbare Vorstellung, dass der Mann, der den Weg zum Verständnis der Entstehung des Menschen ebnete, eine »Allergie« gegen Menschen gehabt haben dürfte.

Darwin beschrieb sein Leiden in seinem Tagebuch als »Gefühl der Furcht … begleitet von Herzrasen, Schweißausbrüchen und Muskelzittern«. Der unangenehm beschleunigte Puls und der regelmäßig auftretende Brechreiz begannen ihn etwa zu der Zeit zu quälen, als er anfing, jenes geheime Notizbuch zu führen, auf dessen Inhalt er 22 Jahre später seine Theorie zum Ursprung der Arten aufbauen würde. In den folgenden Jahrzehnten war er manchmal monatelang ans Bett gefesselt, zog mehr als 20 Ärzte zu Rat und probierte sogar ungewöhnliche Therapien aus – beispielsweise ließ er sich über einen Bauchgurt Elektroschocks verabreichen.

Einige Forscher vermuten, Darwins weitgehende Isolation in den letzten 40 Jahren seines Lebens sei seiner revolutionären Arbeit ironischerweise zugutegekommen. In seiner Autobiographie schrieb er: »Meine größte Freude und einzige Beschäftigung im Leben ist die wissenschaftliche Arbeit gewesen, und die Leidenschaft für diese Arbeit lässt mich zeitweilig mein tägliches Unwohlsein vergessen oder drängt es in den Hintergrund. Daher habe ich in meinem restlichen Leben nichts zu berichten außer dem, was in meinen Büchern veröffentlicht wird.« Dies schrieb ein unter seelischen Qualen leidender Mann, dem man heute wie Millionen anderen Menschen, die an Angststörungen erkranken, mit Medikamenten und einer Psychotherapie helfen könnte.

Sir Isaac Newton, Emily Dickinson, Howard Hughes, John Madden, Katharine Graham, Charles Schulz, Michael Jackson ... ungezählte berühmte Persönlichkeiten haben unter irgendeiner Form von Angststörung gelitten. Wie ist es bei Ihnen? Sind Sie selbst krank oder haben Sie jemanden in der Familie oder im Freundeskreis, der unter einer solchen Krankheit leidet? Ob es sich nun um allgemeine Angst, eine Zwangsstörung, Panikattacken oder eine Sozialphobie handelt: die Angst lässt sich im Allgemeinen als Besorgnis angesichts potenzieller Gefahren und als Gefühl beschreiben, man sei nicht dafür gerüstet, die Herausforderungen zu bewältigen. Für mich hört sich das an wie das Gefühl vor einem ganz normalen Tag im Büro!

Wenn mich die Angst überkommt, fühle ich mich wie ein schmächtiger Junge, der auf der Ringermatte einem Widersacher mit dem doppelten Kampfgewicht gegenübersteht: Das Atmen fällt mir schwer, ich bin schweißgebadet, und mein Herz rast, als wäre ich einen Kilometer in einer Minute gelaufen. In solchen Augenblicken wäre es sinnvoll, jemanden um Hilfe zu bitten. Aber wenn mich die Angst überkommt, scheinen mir meine Empfindungen oft zu befremdlich, um sie anderen gegenüber zuzugeben. Ich fühle mich klein, hässlich und machtlos – und das erzählt man niemandem gern.

Etwa 20 Prozent der Menschen leiden unter irgendeiner Form von Angststörung. Diesem Verein wollte ich nie angehören. Die gute Nachricht ist, dass heute niemand mehr gezwungen ist, sich auf Dauer wie der wehrlose Junge auf der Matte zu fühlen, der einem übermächtigen Gegner namens Angst gegenübersteht. Hilfe bringen die Wunder der modernen Medizin oder die Bewältigungsmechanismen, die ich in diesem Kapitel beschreiben werde.

Die Angst ist hier, mein Geist ist dort

Denken Sie an etwas, dass Ihnen Angst macht. Die Wirtschaftslage? Die Elternschaft? Reden in der Öffentlichkeit? Die Macht der Angst beruht zu einem guten Teil auf der Erwartung eines potenziellen Ereignisses oder einer möglichen Erfahrung. Mark Twain beschrieb es so: »Ich bin ein alter Mann und habe mich mit zahlreichen Bedrohungen beschäftigt, aber die meisten wurden nie Realität.« Wir neigen dazu, vermutliche Gefahren zu überschätzen und unsere Fähigkeit zur Bewältigung der Herausforderungen zu unterschätzen. Die Angst nimmt Bedrohungen vorweg. Sie wird von der Furcht vor dem Unbekannten und von der Überzeugung genährt, dass wir einem drohenden Unglück wehrlos ausgeliefert sein werden. Wir stellen uns vor, unsere Arbeit und das Dach über dem Kopf zu verlieren, wir denken, dass unsere Kinder nicht in Sicherheit sind, dass unser Publikum in Gelächter ausbrechen oder unseren Vortrag mit einem Gähnen quittieren wird.

Zunächst sollten wir uns klarmachen, dass wir der Angst im Grunde Tür und Tor öffnen, wenn wir unsere Gedanken in die Zukunft schweifen lassen und uns das Schlimmste ausmalen. Die letzte Reise, die wir in der Zukunft antreten werden – der Tod – ist die Erfahrung, die uns am meisten ängstigt. Eine der besten Bewältigungsmethoden, die ich vor langer Zeit erlernte, besteht darin, in der Gegenwart zu bleiben. Wenn ich spüre, wie die Angst in mir aufsteigt, konzentriere ich mich einfach auf meine Füße, die fest auf dem Boden stehen, auf meine Hände, die auf meinen Oberschenkeln liegen, und atme langsam und gleichmäßig durch die Nase, wobei ich die Luft durch das Zwerchfell in den Bauch und zurückfließen lasse. Es ist verblüffend, dass fünf Minuten dieser »Gegenwartsbewusstheit« der Angst den Nährstoff entziehen können.

Die Formel zur Angst enthält zwei Variablen: das, was wir nicht wissen (Ungewissheit), und das, was wir nicht beherrschen können (Machtlosigkeit). Dies ist eine explosive Kombination: Je größer die Ungewissheit, desto machtloser fühlen wir uns. Da uns die Machtlosigkeit schwächt, werden Machtlosigkeit und Ungewissheit in dieser Gleichung miteinander multipliziert und ergeben einen exponentiellen Wert. Gelingt es jedoch, eine dieser Variablen zu beeinflussen, um ihren Wert gegen Null zu drücken, so kann man den Angstquotienten deutlich verringern. Generell lässt sich sagen: Wenn man weniger Angst empfindet, fühlt man sich nicht nur besser, sondern ist auch besser in der Lage, auf die Herausforderungen des Lebens zu reagieren. Wenn man Gewissheit hat, sich jedoch machtlos fühlt, ist man in einer unangenehmen Situation. Das Ergebnis kann Resignation sein – aber man empfindet wahrscheinlich weniger Angst. Empfindet man hingegen Ungewissheit, ist jedoch davon überzeugt, die Geschehnisse beeinflussen zu können, so gelangt man zu der Überzeugung, alle Herausforderungen bewältigen zu können. Das Ergebnis ist, dass die Angst verschwindet.

Wenn die Angst der Hauptdarsteller im Film Ihres Lebens ist, besteht eine 60-prozentige Wahrscheinlichkeit, dass die

Depression entweder die Hauptdarstellerin ist oder eine Nebenrolle spielt. So wie ich es sehe, ist die Depression fast so etwas wie ein Double für die Risiken, die wir täglich eingehen müssen. Die Angst nährt sich von unserer Furcht, nicht imstande zu sein, die Herausforderungen des Lebens zu bewältigen, aber die Depression oder die Enttäuschung über das Leben gibt uns eine gewisse Sicherheit. Wenn man depressiv ist, erwartet man nicht viel vom Leben und hat kein Interesse daran, Risiken einzugehen. Wenn man die Angst als Furcht vor dem Ungewissen und Unbekannten bezeichnen kann, so gibt uns die Depression Gewissheit wie ein alter Mantel, der vermutlich immer gleich riechen wird, wann immer wir ihn aus dem Schrank holen. Auch wenn er nicht zu der Rolle passt, die wir gerade spielen, gibt uns dieser Mantel zweifellos Schutz. Wenn man sich vor dem Leben fürchtet, findet man Geborgenheit in geringen Erwartungen.

Man kann auch versuchen, Sicherheit zu finden, indem man etwas hinunterschluckt. Viele Menschen empfinden in Situationen, die ihnen Angst machen, ein Unwohlsein im Magen oder im »zweiten Hirn«, wie der Darm manchmal genannt wird. Tatsächlich wird der Großteil unserer Neurotransmitter (die unsere Stimmungen regulieren) im Verdauungssystem produziert. Mehr als 95 Prozent des »Glückshormons« Serotonin werden dort erzeugt und gespeichert.

Heute verschreiben die Ärzte alarmierende Mengen von Medikamenten zur Behandlung von Angststörungen und Depressionen. Ich bestreite nicht, dass diese Medikamente manchen Leuten das Leben retten, aber sie können auch schädliche Wirkungen haben – von der Abhängigkeit bis zur Verschlimmerung der Symptome. (Haben Sie schon einmal einen dieser Beipackzettel mit den erschreckenden Hinweisen zu möglichen Nebenwirkungen gelesen?) Und dann ist da die »Selbstmedikation« mit Cocktails und Schokolade zur zeitweiligen Beschwichtigung der Bestie Angst. Koffein, Alkohol und Zucker können die Symptome allesamt verstärken, statt sie abzuschwächen. Passen Sie also auf, was Sie hinunterschlucken, denn es kann Ihr »Bauchgefühl« sowohl positiv als auch negativ beeinflussen.

Bitte schockieren Sie mich

Die meisten Menschen ertragen es nicht zu warten. In Studien hat sich gezeigt, dass Versuchspersonen, denen man die Wahl zwischen einem leichten Elektroschock zu einem unbestimmten zukünftigen Zeitpunkt und einem sofort verabreichten stärkeren Stromschlag gab, überwiegend die Option vorzogen, die Sache sofort hinter sich zu bringen und größeren Schmerz zu ertragen. Die Furcht vor dem Leiden ist schlimmer als das Leiden an sich – sofern wir Geiseln der Angst sind. Das ist einer der Gründe dafür, dass eine lange, verheerende Wirtschaftskrise so schwere psychologische Schäden anrichtet. Wir würden lieber einen harten Rückschlag hinnehmen, um uns rasch wieder erholen zu können. Doch eine Rezession kann hartnäckig sein wie eine schlimme Erkältung im Winter.

Wenn die Angst ein Nebenprodukt von Ungewissheit und Machtlosigkeit ist, stellt sich die Frage, wie die Gleichung umgekehrt aussieht. Jemand, der vollkommen selbstgewiss ist und sich für allmächtig hält, wird im Allgemeinen zu einem arroganten Besserwisser. Kennen Sie jemanden, auf den diese Beschreibung zutrifft? Oder haben Sie selbst schon einmal auf diese Art überkompensiert? Manche Menschen, die unter Angst leiden, setzen diese falsche Forschheit als Bewältigungsmechanismus ein. Tatsächlich offenbart die Angst lediglich unsere Verwundbarkeit, unsere Demut oder unsere Bereitschaft zu dem Eingeständnis, dass wir keine Lösung für ein Problem kennen. Es ist kein Vergnügen, wenn ein Freund oder ein Familienmitglied unter ständiger Angst leidet, aber die Gesellschaft eines übermäßig selbstgewissen Menschen kann ebenso anstrengend sein.

Die Angst ist kein Charakterfehler, sondern eine Emotion. Jene Menschen, die ein ausgeprägtes Bedürfnis haben, ihr Leben zu beherrschen, leiden oft besonders unter Angststörungen. Und jene, die oft unter Angst leiden, sind zumeist extrem leistungsfähige, starke Personen, die ihr Leben zielstrebig steuern, jedoch verwirrt reagieren, wenn eine Entwicklung von ihrem Plan abweicht. Für mich ist die Angst ein wichtiger Hinweis darauf, dass in meinem Leben etwas aus dem Gleichgewicht geraten ist – sei es, dass mein Denken zu sehr auf die Zukunft gerichtet ist, dass ich ein übertriebenes Kontrollbedürfnis habe oder dass die Macht, die ich empfinde, nicht richtig anerkannt wird. Die Angst ist kein Gleichgewichtszustand. Sie ist nichts, wonach wir streben sollten. Aber wir können sie in unser Leben integrieren und uns fragen, was wir tun müssen, um unsere Ungewissheit oder Machtlosigkeit zu verringern.

Die Illusion der Kontrolle

Ich gebe es zu: Ich liebe es, die Kontrolle zu haben. Wie viele Menschen, die vom Erfolg besessen sind, finde ich meine Motivation in dem Wunsch, viel zu leisten, und im Bemühen um Anerkennung für meine Leistungen. Vor langer Zeit lernte ich, mir auszumalen, wie ich ein 100-Meter-Brust-Finale im Schwimmen gewann, oder im Rennen um das Amt des Jahrgangssprechers in der siebten Klasse eine mitreißende Rede hielt. Meine Phantasie war meine Verbündete. Sie bestärkte mich in dem Glauben, ich könne die Geschehnisse kontrollieren oder beeinflussen.

Doch irgendwann wurde meine Vorstellungskraft auch zu

einer Widersacherin. Vor allem in Zeiten, in denen meine Zukunft unklar und mein Selbstvertrauen gering waren, ließ ich mich von der Vorstellung aus dem Gleichgewicht bringen, die Kontrolle völlig verloren zu haben und nicht imstande zu sein, mich in den »Stürmen des Lebens« zu behaupten. Wie sich herausstellte, war ich nicht allein: Vor 15 Jahren haben Angststörungen die Beziehungsprobleme als wichtigste Ursache psychischer Probleme in den Vereinigten Staaten abgelöst.

Ich möchte Ihnen erzählen, wie mir nach einer Panikattacke ein Neustart gelang. Im Sommer 2009 war mein Leben vollkommen aus den Fugen geraten: Mein Unternehmen lag in den letzten Zügen, und das Ende meiner Beziehung war unabwendbar. Zu jener Zeit erhielt ich eine Einladung zu einem Vortrag auf der TED-Konferenz des Jahres 2010. Bei TED versammeln sich Fachleute, um neue Ideen auszutauschen. Unter den Rednern sind Nobel- und Pulitzerpreisträger, Gelehrte, Staatschefs, Ingenieure, Entertainer und Unternehmensleiter. Jeder Vortragende hat 18 Minuten Zeit, um dem Publikum, dem Leute wie Bill Gates, Jane Goodall, Al Gore und Isabel Allende angehören, sowie Zehntausenden Menschen, die die Konferenz im Internet verfolgen, seine Geschichte zu erzählen. Die Einladung war sowohl eine Ehre als auch eine Herausforderung für mich. Die anfängliche Begeisterung wich rasch der Angst. Die Veranstalter von TED hatten mich gebeten, über die immateriellen Bestandteile des Glücks zu sprechen und darüber, dass Wirtschaft und Politik lernen müssten, zu messen und richtig zu bewerten, was dem Leben am meisten Sinn gibt. Es schien mir eine grausame Ironie, dass man ausgerechnet von mir erwartete, als Experte über ein Thema zu referieren, das mir zu jener Zeit Rätsel aufgab. Mein Buch mochte eine Methode zur Geschäftstätigkeit beschreiben, die der Selbstverwirklichung diente, aber ich hatte meinen Glücksbringer verloren.

Ich dachte, ich sei wertlos und könne diese Prüfung nur

bestehen, indem ich die Rede meines Lebens schriebe, die ich Hunderte Male würde üben müssen. Ich war der Meinung, Perfektion werde das Gegengift gegen meine Angst sein. Haben Sie sich auch schon einmal an den Gedanken geklammert, ein Ziel werde Ihnen Halt geben? Doch das Streben nach Perfektion vertieft nur die Angst.

In den folgenden Monaten quälte ich mich mit meiner Rede über das Glück ab, eine Vorgehensweise, die mir eigentlich vollkommen fremd ist. Normalerweise improvisiere ich gern, anstatt meine Reden genau einzustudieren und wie ein Roboter abzuspulen. Je näher die TED-Konferenz rückte, desto größer wurde meine Angst. Sowohl das Glück als auch die Perfektion rückten in immer weitere Ferne. Aber die Angst ist eine nachgiebige Emotion. Hat man das einmal begriffen, so kann man das Muster der Angstentstehung durchbrechen und die Gewichte in der Gleichung verschieben.

Meine Rede war für den letzten Konferenztag vorgesehen (ich war unmittelbar vor dem Regisseur James Cameron an der Reihe). Also hatte ich vor Ort noch fünf quälende Tage Zeit, um meine Angst weiter wachsen zu lassen, während ich den anderen Rednern zuhörte. Irgendwann im Lauf der Woche öffneten mir verständnisvolle Freunde, die ebenfalls an der Konferenz teilnahmen, die Augen dafür, dass meine Besessenheit von der perfekten Rede lächerliche Züge angenommen hatte. Ein Freund fragte mich: »Wo ist die Liebe in all dem, Chip?« Im selben Augenblick blinkte am Himmel über uns etwas auf und daneben war ein großes rotes Herz zu sehen. Ein rotes Herz ist das Symbol meines Unternehmens, und dieser schicksalhafte Augenblick erinnerte mich daran, dass meine Besessenheit von Leistung die eigentliche Botschaft in den Hintergrund gedrängt hatte, jener Botschaft, die ich verstehen und vermitteln musste.

In den 24 Stunden vor meiner Rede wandelte ich meine Angst in ein Mantra um, um die Aufgabe bewältigen zu können. Meine Furcht davor, der Ehre nicht würdig zu sein – und vor einem peinlichen und demütigenden Auftritt vor so vielen bedeutenden Persönlichkeiten – verschwand, als ich die Erfahrung von meinem Ego und meinem Bedürfnis nach Anerkennung löste und begriff, dass ich hier eine großartige Gelegenheit hatte, mich in den Dienst der Gesellschaft zu stellen. Als meine Angst den Höhepunkt erreichte, kanalisierte ich diese intensive Energie und ließ sie in folgende Aussage einfließen: *Ich habe Macht, weil meine Botschaft einen Nachhall hat.* Diese Worte und die positive Vorstellung von mir als Vehikel für die Botschaft beruhigten mich. Ich sagte mir: »Die Botschaft ist perfekt, also muss ich es nicht sein.« So konnte ich Furcht und Spannung lösen.

Ich hielt die Rede meines Lebens. Indem ich einen Schritt zur Seite trat und zuließ, dass nicht mein Ego, sondern meine Botschaft in den Vordergrund trat, konnte ich mich aus der nachgiebigen Obsession der Versagensangst befreien. Glücklicherweise fand die Botschaft tatsächlich Anklang bei den Zuhörern und gab den versammelten Führungskräften einen Anstoß dazu, die immateriellen Werte in ihren Organisationen zu messen und aufzubauen. Hätte ich mich ein wenig mehr in mein Mantra vertieft – anstatt erbärmliche Übungen vor dem Spiegel zu machen –, so hätte ich diese Erfahrung möglicherweise noch mehr genießen können.

Wenden wir die Formel an

Wenn Sie von der Angst überwältigt werden, sollten Sie sich vor Augen halten, was Sie wissen und was Sie beeinflussen können. Zunächst sollten Sie das Geheimnis um die Dinge lüften, die Sie nicht wissen. Die Angst lauert im Dunkeln, daher müssen Sie einen Scheinwerfer auf das richten, was Sie beunruhigt. Ist die Situation wirklich so ungewiss, wie Sie glauben? Oder überschätzen Sie die Gefahr, die von diesem Geheimnis oder von der Bedeutung des Ereignisses ausgeht? Untersuchen Sie anschließend, ob Sie wirklich unzureichend für diese Erfahrung gerüstet sind. Wenn ja, sollten Sie darüber nachdenken, welche anderen Ressourcen Sie nutzen können, um Ihr Gefühl zu stärken, dass Sie die Situation beherrschen können. Machen Sie sich eine Liste Ihrer Stärken, Bewältigungsstrategien und Ressourcen. Manchmal besteht die beste Lösung darin, sich einfach auf das zu konzentrieren, was man beherrschen kann. Das kann etwas so Grundlegendes sein wie die Atmung. Angst ist atemlose Aufregung. Machen Sie sich bewusst, wie sich die Angst körperlich anfühlt. Bringen Sie Ihre Atmung unter Kontrolle und wenden Sie sich anschließend der Frage zu, wie Sie Ihre Gedanken steuern können. Wenn Sie sich Ihrer Fähigkeit bewusst werden, eine wachsende Einflusssphäre zu beherrschen, wird Ihr Selbstvertrauen wachsen, so dass Sie die Herausforderungen des Lebens bewältigen können. Ich habe mit vielen Unternehmensleitern, die unter Angst litten, Bilanzen ihrer Ungewissheit und Machtlosigkeit erstellt. Nehmen Sie ein Blatt Papier zur Hand und unterteilen Sie die Seite in vier Spalten. Versehen Sie diese Spalten mit folgenden Überschriften: »Was ich weiß«, »Was ich nicht weiß«, »Was ich beeinflussen kann«, »Was ich nicht beeinflussen kann«. Wenn man diese Faktoren herausarbeitet, stellt man oft überrascht fest, wie viel Gewissheit und Kontrolle man in Wirklichkeit hat.

Legen Sie eine »Sorgenzeit« fest und lassen Sie Ihrer Angst in dieser Zeit freien Lauf.

Die Angst kann schwebend sein. Wie ein Raubvogel, der auf der Suche nach einem Beutetier am Himmel kreist, kann die Angst plötzlich auf Sie herabstürzen und Sie in ihren Fängen davontragen. Stellen Sie sich vor, Sie würden sich der Angst nur zu bestimmten Tageszeiten preisgeben. Nehmen wir an,

Sie geben sich morgens und abends jeweils eine halbe Stunde Zeit für Sorgen. (Denken Sie an Holly Hunters fünf Schreiminuten im Film *Broadcast News – Nachrichtenfieber.*) In dieser Zeit sollten Sie sich vollkommen auf Ihre Sorgen konzentrieren. Machen Sie sich Listen aller Dinge, die schief gehen könnten. Halten Sie sämtliche mit der Angst einhergehenden Kollateralemotionen fest, und schreiben Sie auf, wie sehr diese Emotionen Ihr Leben beeinträchtigen. Wenn die »Sorgenzeit« abgelaufen ist, können Sie diese sorgenvollen Gedanken verbannen, denn Sie wissen ja, dass Sie in wenigen Stunden – oder morgen – wieder Zeit dafür haben werden. Manche Menschen mit Angststörungen wenden diese Therapie an. In diesem vorgeschriebenen Zeitraum dürfen alle Angstgeier über uns kreisen, aber nur unter der Aufsicht eines Therapeuten, der uns zeigt, dass die meisten dieser Geier nur in unserer Einbildung existieren.

Denken Sie extrem.
Die Angst ist wie ein Dominospiel. Wir haben es mit einer »Katastrophenkaskade« zu tun, wenn wir eine Vorstellung nehmen und zulassen, dass sie sich durch einen Dominoeffekt in etwas Schlimmeres verwandelt. Nehmen wir an, Sie fürchten sich davor, dass die Person, mit der Sie sich am Samstagabend verabredet haben, keinen Gefallen an Ihnen finden wird. Nun sehen Sie sich die Dominosteine an: Nehmen wir weiter an, die Verabredung verläuft unglücklich. Was passiert als nächstes? Die Person erzählt ihren Freunden davon. Bald gelten Sie in Ihrem sozialen Umfeld als Verlierer. Die Leute beginnen, sich über Sie lustig zu machen. Es wird Sie niemand mehr auffordern, mit ihm auszugehen. Sie verbringen den Rest Ihres Lebens allein. Wenn das Szenario vollständig ist, stellen Sie sich folgende Fragen: »Ist dies jetzt wirklich das Worst Case-Szenario? Und wie groß ist die Wahrscheinlichkeit, dass sämtliche Dominosteine fallen werden?«

Wenn Ihnen bewusst wird, was für extreme Formen Angstvorstellungen annehmen können, werden Sie sehen, dass diese Katastrophenkaskaden jeder Logik entbehren. Sie können auch gegensätzliche extreme Vorstellungen entwickeln. Die Autorin Marci Shimoff rät, man solle sich fragen: »Wenn das einem höheren Zweck diente, worin könnte dieser Zweck bestehen?« Vielleicht bereitet all dieses Leiden Sie auf ein Leben vor, das Sie sich in Ihren kühnsten Träumen nicht ausgemalt hätten? Denken Sie in großem Maßstab und kreativ über die bedeutsame Botschaft nach, die Ihnen Ihre Angst vermitteln soll. Auf diese Art gelang es mir, meine Rede auf der TED-Konferenz in etwas zu verwandeln, das sehr viel bedeutsamer war als mein persönliches Schicksal.

Bedienen Sie sich der »paradoxen Intention«, um Ihre Angst zu vertreiben.
Im ersten Kapitel haben wir uns mit Viktor Frankl und dem »Willen zum Sinn« befasst, den er im Konzentrationslager entdeckte. Einen Weg zur Bewältigung der Angst sah Frankl darin, ihr die Grundlage zu entziehen. Anstatt sich gegen die Angst zu wehren, sollte man ihr nachgeben. Wenn Sie beispielsweise unter Schlaflosigkeit leiden, besteht die »paradoxe Intention« darin, aufzustehen, wenn man mitten in der Nacht wach wird, anstatt sich angestrengt zu bemühen, wieder einzuschlafen. Wenn Sie und Ihr Partner/Ihre Partnerin mit mangelndem Begehren konfrontiert sind oder sexuell nicht zusammenpassen, sollten Sie die Regel aufstellen, in den nächsten zwei Monaten keinen Sex zu haben, und sich ansehen, wie sich die Beziehung entwickelt (normalerweise genügt eine Verringerung der mit dem Leistungsdruck einhergehenden Angst, um die sexuelle Beziehung zu verbessern). Indem Sie Ihre Beziehung zum Schlaf oder zum Sex anders gestalten, unterbrechen Sie die übliche Angstreaktion, die nur zur Verschlimmerung der Situation führt.

Wir leben in ungewissen Zeiten und sind zahlreichen Einflüssen ausgesetzt, die uns kaum beherrschbar erscheinen. Da überrascht es nicht, dass viele von uns auf der Achterbahn der Angst auf und ab rasen und aus dem Gleichgewicht geraten. Selbst in guten Zeiten kann die Angst zur Gewohnheit werden und alles einschließlich einer Verabredung mit einer attraktiven Person oder eines Lottogewinns in eine weitere Belastung verwandeln. Daher rate ich Ihnen dazu, sich auf das zu konzentrieren, was Sie kennen und beeinflussen können: auf Ihren Körper und Ihren Verstand. Senken Sie den Konsum an Koffein, Zucker und Alkohol und nehmen Sie stattdessen Nahrungsmittel zu sich, die Sie mit gesundem Treibstoff versorgen. Sport ist eines der natürlichen Heilmittel für Stress, und ausreichender Schlaf ermöglicht es Ihrem Körper, sich zu erholen. Kevin Cashman, der Geschäftsführer von LeaderSource, ist der Meinung, dass jedem geistigen Durchbruch eine Erholungsphase vorangehen muss, in der unser Verstand gegenüber dem Körper und dem Unterbewusstsein in den Hintergrund tritt. Wenn die Welt ungewiss und überwältigend ist, müssen Sie sich auf Ihre Atmung konzentrieren, und Sie werden feststellen, dass Ihr Verstand das Krisengebiet wie von Zauberhand geleitet verlässt und sich an einen sicheren Zufluchtsort begibt.

TEIL III

Wie Sie das Beste aus Ihrem Arbeitsleben herausholen

»Entscheidend für den Erfolg, den Charakter, das Glück und lebenslange Leistungen sind nicht nur die rein kognitiven Fähigkeiten, die mit konventionellen Intelligenztests gemessen werden, sondern auch bestimmte emotionale Fähigkeiten, das heißt der Emotionsquotient.«
Daniel Goleman

Kapitel 8

Berufung = Vergnügen/Schmerz

Agnes hörte den Ruf zweimal. Als Jugendliche trennte sie sich für immer von ihrer Mutter und ihrer Schwester, verließ ihr Elternhaus in Albanien und ging zunächst nach Irland und anschließend nach Indien, um Nonne zu werden. Doch erst ihre zweite Berufung am Ende ihres vierten Lebensjahrzehnts schickte sie auf jenen Lebensweg, der sie berühmt machte. Als Teresa, wie sie mittlerweile hieß, im Zug von Darjeeling nach Kalkutta reiste, hörte sie deutlich eine »Berufung in der Berufung«: »Ich sollte das Kloster verlassen und unter den Armen leben, um ihnen zu helfen. Es war ein Befehl. Nicht zu gehorchen hätte bedeutet, gegen meinen Glauben zu verstoßen.«

Diese zweite Berufung von Mutter Teresa erwies sich als besonders schwere Prüfung, denn sie verlangte von ihr, die Familie zu verlassen, in der sie zwei Jahrzehnte lang gelebt hatte, und umgeben von großem Leid ein ungewisses Leben zu beginnen. Sie schrieb: »Ich war auf der Straße, ohne Dach über dem Kopf, allein und ohne Helfer, ohne Geld, ohne Arbeit, ohne Aussichten, Garantien oder Sicherheit.« In dieser Zeit musste sie um Nahrung und Material betteln. Aber diese Erfahrung öffnete ihr die Augen für die Welt der Armut und des Leidens, die nun ihre Heimat war. Sie wurde mit folgenden Worten zitiert: »Aufgrund meines Glaubens bin ich eine katholische Nonne. Aufgrund meiner Berufung gehöre ich der Welt.« Dem von Mutter Teresa gegründeten Orden, den »Missionarinnen der Nächstenliebe«, gehören heute über 5 000 Schwestern und Brüder an, die 600 Missionen in 120 Ländern betreiben.

»Woher nahm Mutter Teresa die Stärke und das Durchhaltevermögen, um sich vollkommen in den Dienst anderer Menschen zu stellen?« Diese Frage stellte Papst Johannes Paul II. bei ihrer feierlichen Seligsprechung. Wir wundern uns oft, wenn wir jemanden sehen, der einer Berufung folgt. Während es für die meisten von uns außer Reichweite sein dürfte, selig gesprochen zu werden, scheint unser Beruf durchaus unser Leben zu beherrschen. Bemerkenswert ist, dass viele Menschen dennoch wie Schlafwandler durchs Leben gehen und der Beschäftigung, der sie Tag für Tag nachgehen, offenbar kaum emotional verbunden sind.

Man muss kein Heiliger sein, um eine Berufung zu finden. Julia Child war eine Spionin, die im Zweiten Weltkrieg Geheimdokumente beim Feind beschaffte. Erst im Alter von 36 Jahren besuchte sie eine Kochschule, nachdem ihr Ehemann sie mit der feinen französischen Küche bekannt gemacht hatte. Child beschreibt die kulinarische Offenbarung, die sie erlebte, als ihre Geschmacksnerven ihr »die Seele und den Geist« öffneten. Bald gab sie Amerikanerinnen in Paris Kochunterricht, und sie war schon über 50, als sie begann, Informationen über die kulinarischen Geheimnisse der Welt weiterzugeben.

Das Konzept der Berufung kann beängstigend wirken. Viele Leute glauben, eine Berufung sei gleichbedeutend damit, dass ein Mensch für irgendeine Form von göttlichem Dienst auserwählt sei. Wie lässt sich das auf gewöhnliche und doch unverzichtbare Tätigkeiten übertragen: auf die Arbeit des Fleischers, des Bäckers, des Webdesigners? Der Dichter Khalil Gibran schrieb: »Wer kann seinen Glauben von seinen Handlungen oder seine Überzeugungen von seinen Beschäftigungen trennen?« Doch die Welt ist voll von nicht religiösen Menschen, die dennoch glauben, dass ihre Tätigkeit einem höheren Zweck dient. Sie fühlen eine tiefe emotionale Bindung an ihre Arbeit. Ich ziehe es vor, die Berufung als eine von drei Auffassungen von der eigenen Arbeit zu definieren – gleichgültig, ob es sich um eine bezahlte oder unbezahlte, eine bewusst angestrebte oder zufällig gefundene Arbeit handelt. Man kann seine Arbeit als eine Erwerbstätigkeit, als eine Karriere oder eine Berufung betrachten. Andere Optionen gibt es nicht.

Wenn Sie gegenwärtig keiner Berufung folgen, so denken Sie an jemanden in Ihrem Bekanntenkreis, dem seine Tätigkeit wirklich am Herzen liegt. Bewundern Sie die Energie und das Engagement, mit der dieser Mensch seiner Aufgabe nachgeht?

Fragt man jemanden, wie er seine Berufung gefunden hat, so wird man oft eine Geschichte über eine magnetische Anziehungskraft hören, die diese Person zu ihrer Bestimmung zog, so als hätte sie einen unsichtbaren Berater an ihrer Seite gehabt. Mein Held, der sehr weltliche Abraham Maslow, schrieb: »Wer seinem Schicksal oder seiner Bestimmung nicht folgt, muss einen hohen Preis dafür bezahlen. Man muss seiner Bestimmung nachgeben, man muss sich ihr ergeben. Man muss zulassen, dass man auserwählt wird.«

Seiner Berufung zu folgen, kann sich so anfühlen, als führte man ein ganz neues Leben: Man hat die Aufgabe entdeckt, für die man wirklich auf der Welt ist.

Eine Berufung muss keineswegs religiös sein, aber sie erfordert, dass uns jemand oder etwas ruft und dass wir diesem Ruf folgen. Ich spüre am ehesten eine Berufung, wenn ich das Gefühl habe, ein Vehikel für etwas zu sein, das sehr viel bedeutsamer ist als ich, sei es in meiner Rolle als Vater, als Unternehmensleiter oder als Vertrauter eines Freundes. Dies ist ein wichtiger Bestandteil einer Berufung, da wir leicht vergessen, dass wir nicht der Rufer sind, sondern lediglich einem Ruf folgen – das gilt insbesondere, wenn wir unserer

Berufung Erfolg im Leben verdanken. Ein bewusstes Bekenntnis zu unserer Berufung legen wir dann ab, wenn wir einen fast kindlichen, demütigen Respekt für denjenigen zeigen, der uns gerufen hat – wie auch immer wir diese Instanz oder Energie verstehen.

Manche Leute empfinden ihre Berufung als ein ständiges Zupfen an ihrem Hemdsärmel. Und diese unablässige Aufforderung kann störend werden, wenn wir der Berufung nicht folgen. Wie viele von uns lassen sich ihr Leben lang von ihrer Bestimmung ablenken und sind taub für ihre Berufung? Wenn Sie zulassen, dass man Sie ruft, wird etwas Wunderbares geschehen. Arbeit erschöpft. Eine Berufung verleiht Kraft. Sind Sie am Ende Ihres Arbeitstages erschöpft? Seiner Berufung zu folgen bedeutet, eine emotionale Energie anzuzapfen, die in einem tiefen inneren Reservoir schlummert.

Die Beziehung zwischen Vergnügen und Schmerz

Das Vergnügen hat in der modernen Gesellschaft einen schlechten Ruf, denn es wird allgemein mit flüchtiger Befriedigung oder einem vorübergehenden Trost verbunden. Aristoteles definierte es umfassender. Er erklärte, einige Vergnügen seien schöner, andere schädlicher. Er stellte sogar eine Hierarchie der Sinne auf, die er abhängig davon einstufte, wie wertvoll das mit ihnen verbundene Vergnügen war. Aristoteles war davon überzeugt, dass das Vergnügen untrennbar mit einem guten Leben verbunden war, solange sich ein Mensch bewusst war, was den Willen zum Genuss antrieb. Das Vergnügen um seiner selbst willen verliert rasch an Wert, aber jenes Vergnügen, das ein Nebenprodukt einer erfüllenden Tätigkeit ist, war in Aristoteles' Augen ein wahrhaft göttlicher Genuss.

Das Vergnügen betäubt. Das ist zugleich seine beste und

seine schlechteste Eigenschaft. Vielen Menschen dient das Vergnügung zur Zerstreuung. Aber es kann auch unsere Aufmerksamkeit vom Schmerz ablenken. Man denke beispielsweise an Lance Armstrong, der in seinem Leben zwei Berufungen fand: Er war ein Radprofi und ein bekannter Sprecher der Menschen, die eine Krebserkrankung überwunden haben. Armstrong schreibt: »Wenn etwas so schmerzt, wie kann man es dann genießen? Wenn die körperliche Belastung das für erträglich gehaltene Maß übersteigt, betritt man Neuland, in dem ein anderes Verständnis möglich ist, man findet sich in einer weiten Seelenlandschaft wieder ... das Vergnügen beginnt, wenn man begreift, was im eigenen Kopf und Geist vorgegangen ist. Das hört nicht auf, wenn man das Fahrrad anhält, wenn man den Gipfel eines Berges erreicht oder nach einer Etappe absteigt, so erschöpft, dass man kaum noch denken oder aufrecht stehen kann. Dort beginnt das Vergnügen.« Und Armstrong erklärt: »Der Schmerz geht vorüber. Die Aufgabe ist nie vorbei.«

Man muss nicht bei der Tour de France triumphieren, um sich der paradoxen Beziehung zwischen Vergnügen und Schmerz bewusst zu werden. Jede Frau, die ein Kind zur Welt gebracht hat, kennt die feine Trennlinie zwischen Ekstase und Agonie. Meister Eckhart erklärte: »Willst du den Kern haben, so musst du die Schale zerbrechen.« Unsere Schale ist oft der Schmerz, der uns zurückhält. Oder es sind die falschen Grenzen, die uns daran hindern, uns vorbehaltlos dem Vergnügen einer Berufung hinzugeben. Der Schmerz zeigt uns, dass wir etwas durchbrechen – und vielleicht wird es unseren Blick auf die Welt erweitern, wenn wir uns lösen und etwas oder jemanden zurücklassen.

Dem außenstehenden Beobachter, der nicht von diesem Sinn für das Vergnügen inspiriert ist, fällt es schwer, sich vorzustellen, wie jemand den Schmerz ertragen kann, der mit einer Berufung verbunden ist. Doch der Autor Mihaly Csikszentmihalyi erklärt, dass sich jemand, der seiner Berufung folgt, wahrscheinlich in einem »fließenden« Zustand befindet: »Wenn die Aufmerksamkeit gebündelt ist, können kleinere Schmerzen nicht ins Bewusstsein vordringen.« Csikszentmihalyi hat herausgefunden, dass wir an Wochenenden oder zu Zeiten, in denen wir nicht »im Strom unserer Arbeit« treiben, eher über körperliche Beschwerden wie Kopf- und Rückenschmerzen klagen. Für viele von uns ist die Arbeit also ein Betäubungsmittel, das uns vom Schmerz ablenkt. Und je leidenschaftlicher wir uns unserer Berufung widmen, desto eher leben wir im Zustand des Vergnügens, das uns für geringeres Leiden unempfänglich macht. Wenn wir unserer Berufung folgen, ist das Vergnügen größer als der Schmerz.

Eine Kombination von Leidenschaft und Seelenfrieden

80 Prozent der Amerikaner erklären, sie würden auch weiterarbeiten, wenn sie genug Geld erben würden, um auf ein Erwerbseinkommen verzichten zu können. Das ist ein verblüffend hoher Anteil. Als ich diese Zahl erstmals sah, erschauderte ich bei dem Gedanken, wie fest die protestantische Arbeitsethik in unseren Seelen verankert ist. Doch dann wurde mir klar, dass ich die Statistik falsch gedeutet hatte. Sie besagt nicht, dass die Leute ihre gegenwärtige Arbeit beibehalten würden, wenn sie plötzlich reich würden. Sie besagt lediglich, dass sie nicht einfach in den Ruhestand treten und auf jegliche Arbeit verzichten würden. Khalil Gibran schreibt: »Die Arbeit ist sichtbar gemachte Liebe.« Tief in unserem Inneren sehnen wir uns danach, einer Arbeit nachzugehen, die eine Erweiterung dessen ist, was wir sind. Tatsächlich gehört die Suche nach einer solchen Arbeit zu den universellen Bestrebungen des Menschen. Welcher Arbeit würden Sie nachgehen, wenn das Geld in Ihrem Leben keine Rolle spielte?

Wir passen zu einer Arbeit. Eine Berufung passt zu uns. Leidenschaft und Seelenfrieden – hier eine aufwühlende Emotion, dort eine beruhigende – sind die beiden charakteristischen emotionale Zustände eines Menschen, der seiner Berufung folgt. Wenn die Wagniskapitalgeber im Silicon Valley auf Hochtechnologie-Unternehmer setzen, studieren sie die Psyche der Kandidaten, in die sie investieren könnten. Es gibt einen feinen Unterschied zwischen einem vielversprechenden Jungunternehmer, der von seiner Arbeit besessen ist (mit dem Workaholic werden wir uns im nächsten Kapitel beschäftigen), und einem Unternehmer, der vollkommen verzaubert von seiner Geschäftsidee ist. Beide können von ihrem Projekt berauscht sein. Aber derjenige, der seiner Berufung folgt, unterscheidet sich von dem anderen Kandidaten dadurch, dass seine Leidenschaft für sein Projekt durch die gelassene Gewissheit ergänzt wird, dass dies genau das ist, was er in diesem Augenblick tun sollte.

Diese ruhige Selbstsicherheit ist ein bleibendes Merkmal der Person, die in ihrer Arbeit mehr sieht als einen Job oder eine Karriere. Ein Mensch, der seiner Berufung folgt, ist vollkommen motiviert. Und seine Motivation ist weder Geld noch Ruhm noch ein schöner Titel oder eine andere äußere Triebfeder. Ein Mensch, der seiner Berufung folgt, hat sich eine Arbeit und manchmal ein Unternehmen geschaffen, die oder das eine direkte Erweiterung seine Persönlichkeit ist. Das gilt nicht nur für Unternehmer wie Steve Jobs oder Richard Branson. Liz Gilbert, die Autorin von *Eat, Pray, Love,* erklärt, dass sie sich beim Schreiben beinahe fühlt, als kämen die Worte aus einer anderen Welt zu ihr – so als würde das Genie Besitz von ihrem Geist ergreifen, um ihr zu helfen, ein Kunstwerk zu schaffen. Jene von uns, die das Glück gehabt haben, sich zu ihrer Arbeit berufen zu fühlen, genießen Seelenfrieden und die Gewissheit, genau das zu tun, wozu sie bestimmt sind.

Jonglieren mit zwei Berufungen

Die Arbeit ist nicht der einzige Lebensbereich, in dem wir unsere Berufung finden können. Ein Mensch kann auch dazu berufen sein, ein Triathlet, ein politischer Aktivist, eine Großmutter oder ein Gitarrist in einer Garagenband zu sein. Ich habe zweimal meine Berufung gefunden, beide Male in der Arbeit. Der Zusammenstoß dieser beiden Berufungen war nicht angenehm. Ich fühlte mich, als würde ich meinen Lebensgefährten betrügen, als mir klar wurde, dass eine Berufung verblasste, während die andere in den Vordergrund trat.

Wenn Sie je erlebt haben, wie eine Berufung an Kraft verlor, so wissen Sie, dass man in einem solchen Fall als erstes bemerkt, wie die betäubende Wirkung nachlässt – so als würde das Betäubungsmittel nach einer Operation vorzeitig an Wirkung verlieren. Au! Ich war mehr als zwei Jahrzehnte glücklich darüber, dass ich im Alter von 26 Jahren meine Berufung gefunden und als einer der ersten Hoteliers in den Vereinigten Staaten unverwechselbare Boutique-Hotels für jene Reisenden aufgebaut hatte, die der gleichförmigen Hotelketten überdrüssig waren.

An meinem 26. Geburtstag, eine Woche, bevor ich mein Unternehmen gründete, machte ich mir eine Liste der wichtigsten Dinge, die ich in meiner Arbeit zu finden hoffte: eine Tätigkeit, in der ich meine Kenntnisse im Immobiliensektor nutzen konnte, einen Bereich, in dem das Design eine Rolle spielte, die Möglichkeit, anderen zu dienen, die Gelegenheit, eine Branche zu revolutionieren, sowie ein Arbeitsumfeld, in dem die Mitarbeiter im Mittelpunkt stehen würden und in dem man mit einer guten Unternehmenskultur etwas bewirken konnte. Nachdem ich in der Ellbogengesellschaft des Investment Banking und der Immobilien gearbeitet hatte, sehnte ich mich nach einer kreativen Tätigkeit, in der es in den Beziehungen zwischen den Menschen nicht um den

Wettstreit zwischen Widersachern, sondern um die Zusammenarbeit zwischen Partnern gehen würde.

Mehr als 20 Jahre lang empfand ich es als Berufung, der Gründer und Geschäftsführer der größten Boutique-Hotelkette Kaliforniens zu sein. Freunde und Außenstehende fragten mich oft: »Wie schaffst du das?« Sie sahen, dass ich täglich viele Stunden arbeitete, über lange Zeiträume hinweg kein Geld verdiente und rund um die Uhr zur Verfügung stand, um Probleme zu lösen (in Hotels gibt es keinen Feierabend). Aber für mich war das die meiste Zeit keine Sucht (mehr zu diesem Thema im Kapitel über die Arbeitssucht). Ich wurde von dem Gefühl beflügelt, eine wichtige Aufgabe zu erfüllen. Das Vergnügen, ein einzigartiges Unternehmen mit einer besonderen Kultur aufzubauen, ein Unternehmen, das anderen als Vorbild dienen würde, wog mehr als die Anstrengung durch alltägliche Aufgaben, die Außenstehende für eine unerträgliche Belastung hielten.

Als ich zwölf Jahre alt war, sagte ich meinem Vater, dass ich Schriftsteller werden wolle. Er antwortete, Schriftsteller seien arm oder psychotisch, und die meisten seien beides. Also stellte ich diese Bestrebung zurück und gestand mir nicht einmal das Vergnügen zu, auf der Universität einen Kurs in englischer Literatur oder Technik des Romans zu belegen. Dann, im ersten Jahrzehnt des neuen Jahrtausends, begann ich über meine Erfahrungen als Unternehmensgründer und Unternehmensleiter zu schreiben. In den vergangenen acht Jahren habe ich drei Bücher veröffentlicht. Ich liebe es, zu schreiben. Es war ein wunderbares Gefühl, sich zurückzulehnen, über meine Erfahrungen als Unternehmensleiter nachzudenken und anschließend zu versuchen, diese Erfahrungen so zu schildern, dass andere etwas daraus lernen konnten.

Ich liebe die Innenschau des Schreibens ebenso wie die extrovertierten Vorträge über die in meinen Büchern dargelegten Prinzipien. Und nachdem ich mehr als zwei Dutzend

Jahre nichts anderes als mein Unternehmen im Kopf gehabt hatte, empfand ich es als befreiend, andere Unternehmensleiter aus aller Welt zu treffen, um herauszufinden, wie meine Erfahrung ihnen und ihren Unternehmen nutzen konnte. Und dabei lernte ich sehr viel. Es war ein etwas schizophrenes Leben – abwechselnd vollkommene Zurückgezogenheit beim Schreiben und hektische Reiseaktivitäten, um 80 Vorträge pro Jahr zu halten. Dazu kam, dass ich immer noch das Unternehmen leitete.

Im August 2008 wurde mir die Gleichung »Vergnügen geteilt durch Schmerz« deutlich vor Augen geführt. Ich hatte mir kurz zuvor beim Baseballspielen einen Knöchel gebrochen und wurde mit starken Antibiotika behandelt, um eine bakterielle Infektion zu bekämpfen, die auf das Bein übergegriffen hatte. Ich war einige Tage ans Bett gefesselt, bis ich loshumpeln durfte, um ein Flugzeug nach St. Louis zu nehmen, wo ich zwei Reden halten sollte. Noch am selben Tag hatte ich einen Vortragstermin in Toronto, gefolgt von einem halbtägigen Seminar mit 140 Unternehmensgründern in Houston am Tag darauf.

Gegen Ende meiner ersten Rede in St. Louis begann ich mich unwohl zu fühlen, und während ich auf dem Podium Bücher signierte, sackte ich bewusstlos auf dem Stuhl zusammen. Die Umstehenden legten mich auf den Boden. Ich zeigte etwa drei Minuten keine Reaktion, kam dann jedoch wieder zu Sinnen. Als mich die Sanitäter auf einen Stuhl setzten, verlor ich erneut das Bewusstsein. Sie schlossen mich an einen Herzmonitor an und legten mich auf eine Bahre. Dann hörte mein Herz auf zu schlagen. Null-Linie. Kein Puls. Doch als sie die Elektroden anlegen wollten, um mir die Stromstöße zu versetzen, begann mein Herz wieder langsam zu schlagen. Eine Stunde lang lag mein Puls bei nur 30 Schlägen pro Minute, das heißt bei der Hälfte des normalen Ruhepulses.

Weder in der Notaufnahme noch im Verlauf von mehr als 20 Untersuchungen in den folgenden anderthalb Tagen fanden die Ärzte heraus, was mir fehlte. Abgesehen davon, dass meine Herzfrequenz auf null gefallen war, waren die Vitalzeichen in Ordnung. Mein Vater reiste an, um mir zur Seite zu stehen. Als ich langsam einen klaren Kopf bekam, bat ich ihn, mich nach Houston zu begleiten, damit ich den vereinbarten Workshop leiten konnte. (Meine übrigen Vortragstermine waren abgesagt worden.) Daheim hielten sie mich für verrückt, aber ich hatte das Gefühl, diesen Workshop so sehr zu brauchen wie die Atemluft.

Also brachen wir nach Houston auf, wo ich unter den wachsamen Augen meines Vaters den Workshop für Unternehmer leitete. Während der vierstündigen Veranstaltung, die ein großer Erfolg wurde, hatte ich das überwältigende Gefühl, genau am richtigen Ort zu sein. Auf dem Rückweg zum Flughafen sagte mein Vater: »Als ich in St. Louis eintraf, war ich darauf vorbereitet, dass du möglicherweise sterben würdest. Jetzt verlasse ich Houston in der Gewissheit, dass du leben willst.« Er hatte gesehen, wie ich meiner Berufung folgte. Während des Flugs sagte er mir, er werde alles tun, um mich bei meinem Karrierewechsel vom Unternehmensleiter zum Autor und Redner zu unterstützen.

Wenn wir Glück haben, erleben wir irgendwann in unserem Leben einen Tag, der genauso bedeutsam ist wie der unserer Geburt: den Tag, an dem wir entdecken, warum wir auf der Welt sind. An jenem Tag entdeckten mein Vater und ich einen Teil meines Daseinszwecks.

In der Wirtschaftskrise brauchte ich fast zwei Jahre, um einen verantwortungsbewussten Kurswechsel zu vollziehen, den Mehrheitsanteil an meiner Firma zu verkaufen und mich aus der Unternehmensleitung zurückzuziehen. In dieser Zeit wurde mir vollkommen klar, dass die Wirkung des Betäubungsmittels nachgelassen hatte. Was ich in der Vergangenheit mit Freude getan hatte, wurde nun zur Plackerei. Wenn ich nach einem Urlaub heimkehrte und sah, wie viel Arbeit auf mich wartete, konnte ich mir nicht vorstellen, dass irgendjemand in der Lage sein sollte, ein derartiges Pensum zu bewältigen. Doch in einer anderen Geistesverfassung war das nichts Ungewöhnliches für mich gewesen.

Während meines Wechsels von einer Berufung zur anderen ließ ich in meinem Büro zwei Fotos an der Wand hängen. Beide zeigten mich auf jener Bahre in St. Louis. Da lag ich umgeben von Sanitätern, ohne Herzschlag, im Hintergrund eine PowerPoint-Projektion von Maslows Hierarchie der Bedürfnisse. Diese Bilder riefen mir jeden Tag in Erinnerung, wie kostbar das Leben ist. Und sie erinnerten mich daran, dass ich weniger als 48 Stunden nach dem Herzstillstand wieder auf einer Bühne gestanden hatte, erfüllt von dem Vergnügen, das man empfindet, wenn man seiner Berufung folgt.

Wenden wir die Formel an

Denken Sie an eine Zeit in Ihrem Leben oder an eine Erfahrung, in der ein tiefes Gefühl des Vergnügens jeden Schmerz überstieg. War es bei einem Marathonlauf? Bei der Geburt eines Kindes? Bei der Arbeit an Ihrer Dissertation? In den langen Nächten, in denen Sie an einem großartigen Weihnachtsgeschenk arbeiteten? Beim Freiwilligendienst in einem Obdachlosenheim? Hörten Sie den Ruf? Wenn Ihnen zahlreiche derartige Erfahrungen einfallen und Sie sich auf der anderen Seite nicht zu Ihrer Arbeit berufen fühlen, sollten Sie darüber nachdenken, was diese außerberuflichen Berufungen gemein haben. Sind es die Menschen, für die Sie sich einsetzen, beispielsweise Ihre Kinder oder andere Familienangehörige? Ist es das angenehme Gefühl, das Sie durchströmt, wann immer Sie dieser Aktivität nachgehen? Oder ist es eine unbeschreibliche Energie, die Sie in eine bestimmte Richtung lenkt? Wir alle sehnen uns danach, im Leben und nach Möglichkeit auch in unserer Arbeit das zu tun, was wir am besten können. Aber machen Sie sich keine Sorgen, wenn Ihre wahre Berufung außerhalb Ihrer Arbeit liegt. Vielen von uns geht es genauso. Entscheidend ist, dass Sie dieser außerberuflichen Berufung die ihr zustehende Aufmerksamkeit widmen können. Wer weiß, wohin Sie das führen wird.

Vergleichen Sie das »Ich will« mit dem »Ich muss«.
Professor Tal Ben-Shahars Vorlesung »Wie man glücklich wird« war eine der beliebtesten in Harvard. Unter anderem offenbarte er seinen Studenten, dass das Maß des Glücks in hohem Maß davon abhängt, in welchem Verhältnis das, was wir tun wollen (Vergnügen), zu dem steht, was wir tun müssen (Schmerz). Je mehr Dinge es gibt, die wir an einem Tag tun müssen, desto erschöpfter sind wir beim Gedanken an den nächsten Tag. Denken Sie darüber nach, wie zufrieden Sie mit Ihrer gegenwärtigen Arbeit sind. Gab es eine Zeit, als Sie in Ihrer Arbeit sehr viel eher eine Berufung sahen als heute? Wenn ja, sollten Sie sich fragen, ob sich möglicherweise im Lauf der Zeit in Ihren Arbeitsalltag mehr Tätigkeiten eingeschlichen haben, denen Sie nachgehen *müssen*. Nehmen Sie ein Blatt Papier zur Hand. Schreiben Sie in eine Spalte die Dinge, die Sie tun wollen, und in die andere die Dinge, die Sie tun müssen. Halten Sie anschließend alle Bestandteile Ihres Arbeitsalltags sowie den übergeordneten Zweck Ihrer Tätigkeit fest. Hat sich Ihre Arbeit in ein einziges großes »Müssen« verwandelt? Welche Bestandteile Ihrer Arbeit, mit denen Sie sich beschäftigen *wollen*, können Sie vertiefen und ausgestalten, damit das Vergnügen größer wird als der Schmerz? Eine Verpflichtung ist keine Berufung. Hüten Sie sich davor, sich vom Gefühl der Verantwortung für die Dinge, die Sie tun müssen, erdrücken zu lassen.

Gibt Ihnen die Arbeit Kraft oder kostet sie Kraft?
Wenn mich jemand fragt, ob seine gegenwärtige Arbeit eine Berufung ist oder nicht, antworte ich ihm mit dieser einfachen Frage. Es gibt Tage, an denen uns unsere Berufung Kopfzerbrechen bereitet, und es gibt Tage, an denen uns unser Beruf Freude macht. Aber betrachten Sie Ihre Situation über ein Jahr hinweg: Was gibt Ihnen Ihre Arbeit? Anstatt zu fragen: »Was *habe* ich von dem, was ich tue?«, sollten Sie sich folgende Frage stellen: »Wer *werde* ich aufgrund dessen, was ich tue?« Zu einem Beruf müssen Sie passen, eine Berufung passt zu Ihnen.

Haben Sie das Gefühl, von einer »unsichtbaren Hand« geleitet zu werden?
Der Autor Joseph Campbell meinte, ein Mensch, der seinem Glück folge, schlage einen Weg ein, der die ganze Zeit da gewesen sei und geduldig gewartet habe. Die Erfahrung, die eigene Berufung zu finden, kann sich so anfühlen, als würde man sich seiner Bestimmung ergeben. In den Ohren eines Menschen mit großer Willenskraft mag das nach einer Niederlage klingen, aber wenn man loslässt und darauf vertraut, dass man sich auf dem Weg zu einem höheren Zweck befindet, erkennt man, dass die Aufgabe ein mutiger, gestaltender Akt ist. Wenn Sie Ihre Berufung finden, ist es so, als würden Sie einen Anruf erhalten und das Telefon abheben.

Sie melden sich. Sie sind der Einladung würdig. Schrecken Sie nicht davor zurück. Andernfalls werde ich Sie zwingen, sich das unangenehme Kapitel über das Bedauern erneut zu Gemüte zu führen. Entscheidend ist, dass Sie Ihr Gehör und Ihre Erkenntnis so fein einstellen, dass Sie eine Berufung so klar hören können wie ein Hund eine Hochfrequenzpfeife.

Grämen Sie sich nicht, wenn Sie den Ruf Ihrer Bestimmung noch nicht gehört haben. Eine Berufung ist nicht immer leicht zu entdecken, und der Ruf erklingt nicht nur einmal im Leben. Um Ihre Bestimmung zu finden, müssen Sie unter Umständen sehr viel nachdenken, mit anderen sprechen, Dinge ausprobieren, beharrlich sein und an sich glauben (mit dem Glauben werden wir uns in Kapitel 18 befassen). Und obwohl dieser Abschnitt der Arbeit gewidmet ist, werden Sie Ihre Berufung möglicherweise wie viele andere Menschen außerhalb Ihres Berufs finden. Sie sollten nur wissen, dass es eine Sache ist, einer Berufung zu folgen, und eine ganz andere, ein Workaholic zu sein – auch wenn ein außenstehender Beobachter den Eindruck gewinnen könnte, es handle sich um ein und dasselbe Phänomen. Sehen wir uns nun die explosive Formel für die Arbeitssucht an.

Kapitel 9

Arbeitssucht = Wovor läufst du davon?/ Wofür lebst du?

Die Zukunft des 30-jährigen Kenichi Uchino schien vorgezeichnet. Kenichi war in die Fußstapfen seines Vaters und seines Großvaters getreten, die beide ihr Leben lang für Toyota gearbeitet hatten. Er stieg in der Toyota City zum Qualitätsinspektor für das erfolgreiche neue Modell Prius auf. Als Leiter von Qualitätszirkeln übernahm er auch die Führung seiner Kollegen, die sich jede Woche versammelten, um über Verbesserungen an dem neuen Hybridauto zu diskutieren, das einen triumphalen Einstand gefeiert hatte. Daheim warteten auf Kenichi eine drei Jahre alte Tochter, ein einjähriger Sohn und seine liebende Ehefrau Hiroko.

Wie viele seiner Arbeitskollegen neigte Kenichi dazu, Überstunden zu machen. Die unglaubliche Arbeitsethik der Japaner hatte wesentlich dazu beigetragen, dass ihr Land nach den Zerstörungen des Zweiten Weltkriegs innerhalb von drei Jahrzehnten zu einer globalen Wirtschaftsmacht aufgestiegen war. Es war nicht ungewöhnlich, dass japanische Angestellte, die zur Arbeit nach Tokio pendelten, morgens und abends jeweils drei Stunden im Zug saßen. Ihr Arbeitstag begann damit, dass sie in einem Vorortbahnhof von einem professionellen »Packer« in weißer Uniform in einen Waggon gepresst wurden. Nach Feierabend ging der typische Angestellte mit seinen Kollegen etwas trinken, um anschließend für ein paar Stunden ins Büro zurückzukehren, um nicht erledigte Arbeiten abzuschließen. Erst dann trat er seine lange Heimreise an. Kenichi brachte es auf durchschnittlich

80 Überstunden im Monat (sein Rekord lag bei 150 Überstunden).

Am 9. Februar 2002 kam Kenichi nicht mehr nach Hause. Um 4:20 Uhr morgens, eine Stunde vor dem Ende seiner regulären 14-Stunden-Schicht, brach er im Büro mit einem Herzinfarkt zusammen. Die Japaner haben ein eigenes Wort für dieses moderne Phänomen: *karoshi,* »Tod durch Überarbeitung«. Kenichis Geschichte ist keine Ausnahme. In den 80er-Jahren schätzten die japanischen Gesundheitsbehörden, dass *karoshi* für 10 Prozent der Todesfälle bei Erwerbstätigen verantwortlich war. Was Kenichi posthum berühmt machte, war die Tatsache, dass seine Frau die Regierung und Toyota verklagte und den Prozess gewann. Denn mit einem neuen Gesetz war *karoshi* als ein durch die Arbeit verursachter plötzlicher Tod definiert worden.

Ich bin seit jeher fasziniert von der Sprache, die wir verwenden, um unsere Beziehung zur Arbeit zu beschreiben. Wir haben »Drop-dead-Termine« und »Deadlines«. Die Arbeit »bringt uns um«, und wir »ersticken in Schulden«. Manche Leute würden »für einen Job sterben«. Ein ehemaliger Vorgesetzter von mir bezeichnete den letzten Arbeitstag der Woche als »Fried-day«, denn an diesem Tag waren wir normalerweise vollkommen fertig *(fried)*. Wir sprechen von einer »mörderischen Arbeitslast«. Das deutet darauf hin, dass wir unsere Beziehung zur Arbeit überdenken sollten.

In den Vereinigten Staaten gibt es keine »Karoshi-Prozesse«, aber die Amerikaner stehen den Japanern bei der Zahl der Überstunden kaum nach. Tatsächlich leisten die Amerikaner (das heißt jene, die Arbeit haben) jedes Jahr zusätzliche Arbeitsstunden im Ausmaß von drei Wochen. Die Koreaner sind nicht weit von diesem Wert entfernt und haben sogar einen Ausdruck geprägt, der dem japanischen *karoshi* entspricht: Auf Koreanisch heißt der Tod durch Überarbeitung *kwarosa*. Die Amerikaner arbeiten im Lauf eines Jahres fast zwei Monate mehr als der Durchschnitt der deutschen, französischen und italienischen Arbeitskräfte (die es kaum glauben können, wenn wir ihnen von unseren schäbigen zwei Wochen Urlaub pro Jahr erzählen). Und in den Überstundenstatistiken ist nicht einmal die Zeit für den Weg zum und vom Arbeitsplatz eingerechnet, ganz zu schweigen von den beruflichen E-Mails, die wir spätabends und am Wochenende verschicken, und von den verpflichtenden sozialen Anlässen in Zusammenhang mit der Arbeit. Der Terminus *workaholism* tauchte im Jahr 1971 in der amerikanischen Umgangssprache auf, doch heute arbeiten wir jedes Jahr im Durchschnitt 200 Stunden mehr als damals – das entspricht fünf zusätzlichen Arbeitswochen!

Es fügt sich gut, dass dieses Kapitel über die Arbeitssucht direkt auf jenes über die Berufung folgt, denn vielen Leuten fällt es schwer, diese beiden Phänomene voneinander zu unterscheiden. Sind Sie ein Workaholic oder ein Berufener? Ich selbst habe mir diese Frage in den vergangenen Jahrzehnten, als ich vollkommen von meiner Arbeit gefesselt (oder gefangen) war, viele Male gestellt. Diese Formel war ein Geschenk Gottes für mich, und ich verwende sie schon seit mehr als einem Jahrzehnt, um mir in Erinnerung zu rufen, was wirklich wichtig im Leben ist. Es stimmt, ich fand so manche Entschuldigung dafür, dass ich bis spät in die Nacht arbeitete – Termindruck, die Arbeit mit einer »Rumpfmannschaft«, Budgetkürzungen oder einfach mein Streben nach herausragenden Leistungen. Auch ich wurde mit meiner Sterblichkeit konfrontiert, weil ich übermäßig viel von mir verlangte. Zum Glück hatte ich furchtlose Leute um mich, die mich wegen meiner Arbeitssucht zur Rede stellten und mich bei dem Karrierewechsel unterstützten, der es mir erlaubt, dieses Buch zu schreiben. Letzten Endes unterscheidet sich ein Arbeitssüchtiger von einem Menschen mit einer Berufung dadurch, dass der eine ein Gefangener und der andere ein freier Mann ist.

Die Arbeitssucht ist tatsächlich eine Sucht

Kaum ein Suchtverhalten ist sozial akzeptiert. Niemand steigt in unserer Gunst, weil er sich Heroin spritzt. Der Sexsüchtige lebt mit Scham und versucht, sein Verhalten zu vertuschen. Viele von uns haben eine ungezwungene Beziehung zum Alkohol und empfinden Mitgefühl mit jemandem, der »trocken« werden muss, aber wir haben nicht unbedingt Lust, uns diesem heiklen und schmerzhaften Problem zu stellen. Die Arbeitssucht kann genauso verheerende Folgen haben wie jede andere Sucht – und ihre Behandlung kann besonders schwierig sein. Schließlich müssen die meisten von uns für ihren Lebensunterhalt arbeiten. Wie kann angesichts dessen eine Therapie aussehen? Der Entzug würde bei einem Workaholic bedeuten, dass er längere Zeit an einem Strand in der Karibik liegen müsste. Nicht arbeitssüchtige Leser denken nun vielleicht, dass sie nichts gegen einen solchen Entzug einzuwenden hätten! Aber bei von der Arbeitssucht Betroffenen kann der bloße Gedanke an das »Abschalten« Entsetzen auslösen (sofern sie sich diesen Gedanken überhaupt erlauben).

In den Vereinigten Staaten genießen die »Helden« der Arbeitssucht großes Ansehen. Ob man ihn nun bewundert oder verabscheut, Donald Trump hat die Arbeitssucht salonfähig gemacht. Er verehrte seinen Vater, der »acht Tage in der Woche arbeitete«. Er gibt zu, jede Woche 85 Stunden zu arbeiten, und erklärt gegenüber Journalisten, er lege sich um ein Uhr morgens schlafen und stehe um fünf Uhr wieder auf, da ihm der kurze Schlaf drei oder vier zusätzliche Stunden verschaffe, um die Konkurrenz zu überflügeln. Und er findet es großartig, dass die Amerikaner zu einem »Volk von Workaholics« werden.

Bei jedem Suchtverhalten geht es im Grunde um die Frage, wovor der Süchtige davonläuft. Oft berauschen wir uns an etwas, das unsere Stimmung verändert. Das liegt zum Teil daran, dass wir das Bedürfnis haben, vor Emotionen oder Befürchtungen wegzulaufen, die uns zu schaffen machen. Kratzt man ein wenig an der emotionalen Oberfläche eines Süchtigen, so wird man meistens auf folgende Emotionen stoßen: Minderwertigkeitsgefühl, das Gefühl, nicht geliebt zu werden, Scham sowie verschiedene Ängste, darunter jene vor Intimität, vor dem Versagen – oder auch vor dem Erfolg. Bezeichnend für jedes Treffen der Anonymen Alkoholiker ist die Universalität der von den Teilnehmern beschriebenen Emotionen, gleichgültig, ob es sich um einen Rockstar, einen Obdachlosen, eine alleinerziehende Mutter oder einen Absolventen einer Wirtschaftshochschule handelt. Alle befinden sich auf derselben Ebene und begreifen, dass sie mit ihrem Leiden nicht allein sind.

Ich stolperte im Alter von 26 Jahren, zwei Jahre nach meinem Abschluss an der Stanford Business School, in ein Treffen der Anonymen Alkoholiker. Ich hatte kurze Zeit am Alanon-Programm teilgenommen, das sich an Angehörige und Freunde von Alkoholikern wendet, als ich bei mir selbst zu beobachten begann, dass ich den Alkoholkonsum als soziales Schmiermittel und Bewältigungsmechanismus einsetzte. 15 Jahre lang, bis ich Mitte 40 war, rührte ich kein alkoholisches Getränk an. In jener Zeit baute ich mein Unternehmen auf. Als ich genauer darüber nachdachte, wurde mir klar, dass ich die Abhängigkeit vom Alkohol einfach durch eine Abhängigkeit von der Arbeit ersetzt hatte, was bei einem erfolgshungrigen Unternehmensgründer vollkommen akzeptabel schien. Die Suchthilfeprogramme halfen mir dabei, meine Arbeitssucht zu verstehen und in den Griff zu bekommen. Und es war ein Trost für mich zu erfahren, dass fast alle Menschen unter irgendeiner Sucht leiden. Wonach sind Sie süchtig?

Ich liebte meine Tätigkeit im Hotelgewerbe und entdeckte dort Sinn und viele Merkmale einer Berufung, aber mittlerweile ist mir klar geworden, dass ich in jenen Jahren auch vor einigen Dingen davonlief. Indem ich meine gesamte Zeit verplante und immerzu beschäftigt war, bewies ich mir meine eigene Bedeutung. Klingt das vertraut für Sie? Stellen Sie sich die folgenden zehn Fragen über die Beziehung zu Ihrer Arbeit:

1. Vernachlässigen Sie oft Familie, Freunde, Ihre Gesundheit und andere wichtige Bestandteile Ihres Lebens, weil Sie vollkommen von Ihrer Arbeit in Anspruch genommen werden? Ist es Ihnen unmöglich, Ihr iPhone oder Ihren BlackBerry wegzulegen?
2. Wenn Sie ein Tortendiagramm zu Ihrem Selbstwertgefühl und Selbstvertrauen zeichnen sollten, welchen Anteil daran hätte Ihre Arbeit, welchen ihr übriges Leben?
3. Wenn Sie sich bei sozialen Anlässen mit Personen unterhalten, die nichts mit Ihrer Arbeit zu tun haben: Wie viel Zeit widmen Sie dem Gesprächsthema Arbeit?
4. Sind Sie ein wenig perfektionistisch und ziehen es vor, jede Arbeit selbst zu machen, anstatt sie teilweise zu delegieren, weil Sie der Meinung sind, dass andere diese Arbeit nicht so gut machen werden wie Sie?
5. Finden Sie immer eine plausible Erklärung dafür, dass Sie so hart arbeiten müssen?
6. Glauben Sie, dass Geld, Ruhm oder berufliche Anerkennung alle anderen Probleme in Ihrem Leben lösen werden?
7. Hängt Ihr Selbstwertgefühl zu sehr davon ab, welche Meinung andere von Ihnen haben?
8. Fällt Ihnen das Einschlafen schwer, weil Ihr Verstand nicht zur Ruhe kommt oder weil Sie das Gefühl haben, dass Sie viel mehr Arbeit erledigen könnten, wenn Sie auf Schlaf verzichten würden? Sind Sie (wie viele Workaholics) von der Droge Adrenalin oder von dem »Kick« abhängig, den man erlebt, wenn man eine Aufgabe bewältigt oder »das große Problem löst«?

9. Können Sie Emotionen leichter analysieren als selbst empfinden? Jagt Ihnen das Wort »Intimität« einen unangenehmen Schauer über den Rücken?
10. Wissen Sie wie es ist, zehn Minuten lang vollkommen untätig zu sein?

Die beiden letzten Fragen öffneten mir die Augen. Als Kind lernte ich, dass man mich für das liebte, was ich erreichte. Die Konzentration auf Aufgaben fiel mir sehr viel leichter als die Auseinandersetzung mit schmerzhaften Gefühlen. Wenn ich in der Schule einen schlechten Tag gehabt hatte, bestand meine erste Reaktion bei der Heimkehr darin, meine Hausaufgaben hervorzuholen und mich damit abzulenken. Mein Verstand sagte mir: »Wenn du dich wie ein Verlierer fühlst, kannst du liebenswert werden, indem du in der Schule gut bist.« Wer sich in die Arbeit vertieft, um sich vom Gefühl der Minderwertigkeit abzulenken, wirkt vollkommen verantwortungsbewusst. So werden wir für unseren Arbeitseifer belohnt.

Die Methode, Gefühlen aus dem Weg zu gehen, indem man sich vollkommen in die Arbeit vertieft, wird eher von Männern als von Frauen angewandt, da Frauen besser in der Lage sind, ihre Emotionen auszudrücken und Beziehungskonflikte zur Sprache zu bringen. Arbeitssüchtige Männer setzen ihre Arbeit oft als Schild ein, hinter dem sie in Deckung gehen, um sich familiären Problemen nicht stellen zu müssen. Sie denken, beruflicher Erfolg werde ihre Schwierigkeiten in der Ehe lösen, obwohl ihre Arbeitssucht in Wahrheit den Groll ihrer Familie verschärft. Der Kreislauf setzt sich fort, der Workaholic läuft vor den verschärften Problemen davon und verbeißt sich noch mehr in die Arbeit, denn diese kann er kontrollieren. Erfolgssüchtige Manager flüchten nicht vor ihrem Privatleben, sie ignorieren es einfach.

Die Fragen 9 und 10 sind so bedeutsam für mich, weil ich einen Großteil meines Erwachsenenlebens damit verbracht habe, meinen Kalender mit Arbeit zu füllen, um den Schmerz nicht zu fühlen. Das Motto des amerikanischen Mannes lautet: »Mehr tun, um weniger zu fühlen.« Zwischen dem 30. und 45. Lebensjahr glaubte ich, der Stress, den ich an jedem Wochentag mit nach Hause brachte – jene Anspannung, die meine Schulter- und Rückenmuskeln verhärtete und mir einen steifen Nacken bescherte –, habe seine Ursache darin, dass es mir nicht gelinge, alle Aufgaben zu bewältigen. Dann begann ich zu begreifen, dass mein mit Beschäftigungen vollgestopftes Leben und mein irrwitziger Zeitplan keinen Platz für die Entfaltung von Kreativität und Inspiration ließen. Meine Schultern waren nicht verspannt, weil ich *mehr hätte tun können,* sondern weil ich das Gefühl hatte, *weniger wert zu sein.* Ich hatte mir ein Leben aufgebaut, das dazu diente, mich von der Sonne fernzuhalten … vom Licht meiner Gefühle und Emotionen.

Die Intimität kann als Offenheit für einen anderen Menschen beschrieben werden, so dass sie dein wahres Wesen sehen können. Und das war das Letzte, was ich wollte. »Achte nicht auf den Mann hinter dem Vorhang«, ruft der Zauberer von Oz aus, um Dorothy davon abzuhalten, die Wahrheit über die Macht hinter dem Thron zu erfahren. Ich denke, dass ich versuchte, mir meinen Weg durchs Leben zu »zaubern«. Wenn andere Menschen Gefallen an all meinen Leistungen fanden, so meine Hoffnung, würden sie sich den kleinen, zerbrechlichen Mann hinter dem Vorhang nicht allzu genau ansehen.

Wenden Sie sich wieder Ihrem Leben zu

Jene fünf Freunde und Geschäftspartner, die Selbstmord begingen, waren keine Workaholics, aber ihre Identität war untrennbar mit ihrer Arbeit verknüpft, so dass sie die Orientierung verloren, als die Wirtschaft plötzlich in eine Rezession schlitterte. Ich glaube, sie hatten vergessen, dass es in dieser Formel eine sehr gewichtige untere Hälfte (den Nenner) gibt: »Wofür lebst du?«

Diese abstrakte Frage hat so manchem das Leben gerettet. Halten Sie kurz inne, um sich damit zu beschäftigen. Nehmen Sie ein Blatt Papier zur Hand und halten Sie in wenigen Sätzen fest, was Ihnen im Leben wichtig ist. Anschließend stellen Sie sich die Frage erneut: Wofür lebe ich? Dringen Sie bei der Auseinandersetzung mit der Frage nun ein wenig tiefer vor. Wenn Sie nicht weiterwissen, habe ich noch ein paar nachfassende Fragen für Sie: Was wird mein Vermächtnis am Ende meines Lebens sein? Wann empfand ich zum letzten Mal wirkliche Freude (nicht nur Zufriedenheit über eine bewältigte Aufgabe), und was war der Grund für diese Freude? Wenn mir 24 Stunden zu leben blieben, was würde ich in dieser Zeit tun ... oder sein?

An dieser Stelle können wir einen weiteren Unterschied zwischen Arbeitssucht und Berufung festhalten. Wenn Sie nach reiflicher Überlegung zu dem Schluss gelangen, dass Ihre Arbeit tatsächlich Teil Ihres einzigartigen Daseinsgrundes ist, können wir feststellen, dass Sie möglicherweise Ihre Berufung gefunden haben. Ein Freund von mir drückt es so aus: »Ehrgeiz im Behälter der Bedächtigkeit kommt als Bestrebung zum Vorschein.« Aber wenn es Ihnen schwerfällt, die zuvor gestellten Fragen zu beantworten, weil Sie vollkommen von allem abgeschnitten sind, das nicht mit der Arbeit zu tun hat – weil Sie von Ihrer Arbeit »besessen« sind –, dann leiden Sie möglicherweise unter Arbeitssucht.

Wie jede Sucht kann auch die Abhängigkeit von der Arbeit das Gefühl einer Lösung vom Körper oder eine Veränderung des Bewusstseinszustands bewirken. Forscher haben herausgefunden, dass »Spitzenleistungen bei arbeitssüchtigen Personen eine Form der Ekstase« sind und dass der damit einhergehende Adrenalinanstieg wie eine Droge wirkt. Daher könnte man die Arbeitssucht tatsächlich als Drogenabhängigkeit bezeichnen. Thomas von Aquin glaubte, dass manche Menschen in der Sucht nach dem Unendlichen suchten, wobei der Süchtige am falschen Ort nach dem Heiligen Ausschau halte. Könnte es sein, dass Sie »für etwas leben«, das sehr viel größer als Sie selbst ist, dass Sie jedoch zu der Fehleinschätzung verleitet worden sind, Perfektion am Arbeitsplatz werde Ihnen den Status eines Heiligen verleihen? Vergessen Sie nicht, dass selbst Gott am siebten Tag ruhte.

Der durchschnittliche japanische Beschäftigte nutzt weniger als die Hälfte der ihm zustehenden bezahlten Urlaubstage. Und für viele Amerikaner geht es im Urlaub darum, ihrem Leben zu entfliehen, sich mit Vergnügungen abzulenken oder eine alternative Persönlichkeit in der Art eines Avatars anzunehmen. Wie wäre es, wenn Sie einen Tag Ihres nächsten Urlaubs der Reflexion widmen würden, wenn Sie sich aus dieser Tretmühle namens Arbeit-Vergnügen-Arbeit befreien würden, um sich klar zu machen, wofür Sie leben? Wenn Sie ein Workaholic sind, sollten Sie diese Übung vielleicht gemeinsam mit Ihrer Ehefrau oder Ihrem Ehemann machen. Sie müssen es nicht allein herausfinden – obwohl ich weiß, dass dies Ihre bevorzugte Methode der Problemlösung ist. Sie und Ihr Partner/Ihre Partnerin können sich die folgende Frage stellen: »Wenn wir von vorne anfangen müssten, wie würden wir ausgehend von dem, was wichtig für uns ist, unser Leben gestalten?« Oder, um es noch einfacher zu machen: »Welche kleinen Freuden in unserem Leben verdienen eine größere Investition?«

Ich weiß, dass es mit Blick auf den Zähler in Ihrer Gleichung (»Wovor läufst du davon?«) schwierig ist, Ihr Leben für derartige Reflexionen zu öffnen. Und die Vorstellung, Sie sollten zulassen, dass Ihr Partner/Ihre Partnerin Sie bei diesem Sprung begleitet, ist möglicherweise beängstigend. Aber zunächst müssen Sie begreifen, dass allein die Bitte um Begleitung bei der Reflexion ein Schritt zur Intimität und ein Signal dafür ist, dass Ihnen die Beziehung etwas bedeutet. Und Sie hören sich besser heute die Verbesserungsvorschläge Ihrer Frau oder Ihres Mannes an, als bis zum Scheidungsverfahren oder zur Beichte auf dem Totenbett zu warten.

Sehen wir uns an, was Abigail Adams über ihren Ehemann John Adams schrieb, den ersten Vizepräsidenten und zweiten Präsidenten der Vereinigten Staaten, der auch der Vater von John Quincy Adams war, dem ersten Sohn, der seinem Vater im Präsidentenamt folgte: »Ich entsinne mich des titellosen Mannes, dem ich mein Herz schenkte, und in der Agonie der Erinnerung, wo Zeit und Entfernung miteinander verschmelzen, wünsche ich mir, er wäre nie ein anderer geworden. Wer wird mir meine Zeit zurückgeben? Wer wird mich für die Jahre entschädigen, an die ich mich nicht erinnern kann? Wie teuer habe ich für einen namhaften Ehemann bezahlt?« Die Arbeitssucht war offenbar schon zur Zeit der amerikanischen Unabhängigkeit eine Familienkrankheit. Haben Sie gegenüber Ihrer Arbeit ein heimliches Gelübde abgelegt, das größere Bedeutung für Sie hat als Ihr Ehegelübde?

Wenden wir die Formel an

Wenn Sie das Gefühl haben, dass die Beziehung zu Ihrer Arbeit aus dem Gleichgewicht geraten ist, sollten Sie zunächst feststellen, welcher Workaholic-Typ Sie am ehesten sind.
Die Forschung hat drei Typen von Arbeitssüchtigen beschrieben: 1. den zwanghaft Abhängigen, 2. den Perfektionisten und 3. den Ergebnisorientierten. (Ich selbst bin wahrscheinlich eine Mischung aus Typ 2 und Typ 3.) Zwanghaft abhängige Workaholics bemühen sich darum, einfach immer Beschäftigung zu haben, gleichgültig, ob sie produktiv oder

effektiv sind. Wenn dieses Profil zu Ihnen passt, sollten Sie über eine Therapie oder eine andere Methode zur Aufarbeitung des Problems nachdenken, um herauszufinden, welche emotionalen Dämone hinter Ihrer Neigung stecken, sich unentwegt zu beschäftigen. Ihr Verhalten kann erhöhten Stress hervorrufen, Sie anfälliger für Krankheiten machen und Ihre Kreativität hemmen.

Perfektionistische Arbeitssüchtige sind sehr um Kontrolle bemüht und auf Regeln angewiesen und glauben an das Mantra »Übung macht den Meister«. Aber was, wenn Perfektion unmöglich ist? Sind Sie bereit, sich ein wenig zu entspannen und zu akzeptieren, dass Sie sich die Latte unnötig hoch gelegt haben, was negative Auswirkungen auf Sie selbst und die Menschen in Ihrer Umgebung hat?

Ergebnisorientierte Workaholics sind im Allgemeinen gesünder, da ihre Besessenheit von der Arbeit situationsabhängiger ist, aber sie müssen die Neigung in den Griff bekommen, ihr Selbstwertgefühl unentwegt durch herausragende Leistungen zu stabilisieren. Sind Sie zu abhängig davon, was andere von Ihnen halten?

So wie bei anderen Formen der Sucht können Sie sich aus dem Würgegriff Ihres gewohnten Verhaltens befreien, indem Sie den Zähler (»Wovor läufst du davon?) verringern.

Es ist leicht, diese Sucht zu leugnen, da sie in unserer Gesellschaft positiv bewertet wird. Die meisten Süchtigen leugnen ihr Problem: der ausgemergelte Teenager, der im Spiegel einen Fettleibigen sieht, der Spieler, der in einer schäbigen Absteige in Las Vegas haust und glaubt, er werde zwangsläufig bald eine Glückssträhne haben, der Manager, der von einer Abendveranstaltung heimkehrt und seine Hände blutig schrubbt, um sie von Keimen zu befreien. Vielleicht glauben Sie, es gehe Ihnen besser als diesen schwer gezeichneten Menschen, aber für die übrige Welt ist auch Ihr Verhalten abwegig. (Haben

Sie schon einmal ein paar Akten in den Koffer geschummelt, damit Ihre Frau nicht bemerkt, dass Sie Arbeit in den Urlaub mitnehmen?) Treten Sie einen Schritt zurück und machen Sie sich klar, dass Ihre Gewohnheit einfach eine emotionale Endlosschleife ist, in der Sie festsitzen. Ihr Verhalten brandmarkt Sie nicht als wertlosen Menschen. Aber Sie können sich nur aus dieser Endlosschleife befreien, wenn Sie bereit sind, die Augen zu öffnen und jene Emotionen oder unbewussten Botschaften in Ihrer Psyche zu sehen, die Sie zu diesem Verhalten treiben.

Wenden Sie das Konzept der »Opportunitätskosten« auf den Nenner in dieser Gleichung an.
Da wir hier über die Arbeitswelt sprechen, kennen Sie vielleicht den Begriff der Opportunitätskosten: Wenn jemand Zeit oder Geld in eine Aktivität investiert, kann er nicht in andere Dinge investieren. Es entstehen Opportunitätskosten, wenn man Geld auf die Bank legt – deshalb erhält man Zinsen auf die Einlage. »Wofür leben Sie?« lautet die Frage, die Ihnen hilft, die Opportunitätskosten Ihrer Fixierung auf die Arbeit zu ermitteln. Um die Opportunitätskosten in Ihrem Leben nicht aus den Augen zu verlieren, sollten Sie sie in einer Liste festhalten und ganz bewusst bei Ihren Entscheidungen berücksichtigen. Listen Sie fünf besonders wichtige Dinge auf, für die Sie leben, und setzen Sie diese Liste auf Ihren Computerschirm (als Bildschirmschoner, Notiz oder Post-it). Wenn Sie neue Projekte in Angriff nehmen, sollten Sie sich bewusst machen, dass diese Vorhaben Sie von den Dingen ablenken können, die Ihrem Leben Sinn geben.

Lernen Sie das Programm der Anonymen Arbeitssüchtigen kennen. Dieses kostenlose Zwölf-Schritte-Programm ist für Personen bestimmt, die »ihrem zwanghaften Arbeiten oder Nicht-Arbeiten gegenüber machtlos sind«. Auf der Website der Anonymen Arbeitssüchtigen (http://www.arbeitssucht.de)

finden Sie nützliches Material sowie Informationen über aktuelle Veranstaltungen in Ihrer Nähe. Das Programm stützt sich auf die »Zwölf Schritte« und die »Zwölf Traditionen«, aber den Mitgliedern der Anonymen Arbeitssüchtigen steht es frei, Alkohol zu trinken (wenn auch nicht bei Versammlungen). Die Begegnung mit anderen Workaholics und das Gespräch über gemeinsame Erfahrungen mit der Arbeitssucht werden Ihnen dabei helfen, sich über Ihre Gefühle und Emotionen in Zusammenhang mit dieser Sucht klar zu werden.

Die Arbeitssucht ist keine Emotion. Und Arbeitssüchtige sind oft von ihren Emotionen abgekapselt. Aber es gibt keinen Zweifel daran, dass es sehr hilfreich ist, eine problematische Beziehung zur Arbeit anhand dieser emotionalen Formel aufzubrechen. In einigen Fällen kann ein intensiver sozialer oder finanzieller Druck zur Besessenheit von der Arbeit führen. (Kenichi Uchino war ein solcher Fall.) Wenn die Dinge bei Ihnen ähnlich liegen wie bei mir, verknüpfen Sie Ihr Selbstbild manchmal zu eng mit Ihrer Arbeit, um sich vom Gefühl der Wertlosigkeit abzulenken. In den ersten Jahren nach der Gründung meines ersten Hotels »The Phoenix« antwortete ich Freunden, die mich nach meinem Befinden fragten: »Das Phoenix läuft gut.« Dabei war ich oft in Sorge, mein junges Unternehmen werde es möglicherweise nicht schaffen. Eines Tages legte eine Freundin, die mit dieser Antwort nicht zufrieden war, ihre Hand auf mein Herz und sagte sanft: »Chip, ich habe dich nicht gefragt, wie es deiner Firma geht. Ich möchte wissen, wie es dir geht.« Zumeist erkennen Freunde und Angehörige die Sucht vor dem Betroffenen. Seien Sie offen für Anregungen. Diese könnten Ihnen das Leben retten.

Kapitel 10

Flow = Fähigkeiten/Herausforderung

Stellen Sie sich vor, wie es wäre, mit Ihrer Tätigkeit bei anderen Menschen Ehrfurcht, Bewunderung und Respekt zu wecken. Nur wenige Sportler haben einen vergleichbaren Kultstatus erlangt wie der Basketballer Michael Jordan. Dieser zeitlose Sportheld faszinierte uns mit seiner Fähigkeit, dem Spiel an einem kritischen Punkt eine Wende zu geben – er war der Inbegriff des Spielers, der »in der Zone« war (der Ausdruck wurde von dem Baseballstar Ted Williams und dem Tennisspieler Arthur Ashe geprägt). Wenn Jordan auf dem Basketballfeld »in der Zone« war, sah die Welt gebannt zu.

Profisportler werden sehr gut dafür bezahlt, dass sie extrem kompetitiv sind. Aber Entschlossenheit oder Aggressivität sind etwas ganz anderes als jene Art von Zauber, die Michael Jordan in seinem Spiel zeigte. In der Psychologie ist »Antrieb« gleichbedeutend mit »Erregung«: es handelt sich um einen emotional aufgeladenen Zustand, der einem kompetitiven Wesen entspringt. Das Maß der Erregung oder des Antriebs bestimmt bis zu einem gewissen Grad die Qualität der Leistungen im Sport, aber auch im Arbeitsleben. Jenseits des optimalen Erregungsniveaus kann jeder zusätzliche Antrieb zu einem Leistungsabfall führen. Der Zustand der optimalen Leistungsfähigkeit hält nur kurze Zeit an. In dieser Zeit sind Verstand, Körper und Emotionen im Gleichklang. In diesem transzendentalen Zustand erreicht eine Person das optimale Gleichgewicht zwischen Erregung und Langeweile, zwischen Entspannung und Angst.

Ein Freund von mir, Mihaly Csikszentmihalyi, der im Jahr 1990 das bahnbrechende Buch *Flow* veröffentlichte, erklärt, der »Flow« sei ein »Zustand entspannter Konzentration, der alles andere aus dem Bewusstsein löscht. Es ist ein Zustand der Selbstverwirklichung oder ein euphorisches transzendentales Verhalten«. Dass wir so gern Personen zusehen, die sich »in der Zone« befinden oder im »Flow« sind, liegt zum Teil daran, dass dies fast so ist, als käme man in Kontakt mit dem Göttlichen.

Die Bestsellerautorin Anne Lamott beschreibt diesen Kontakt in ihrem Buch über die Arbeit des Schriftstellers, *Bird by Bird (Wort für Wort)*: »Vollkommen versunken in etwas zu sein, das außerhalb von uns liegt, ist ein wirksames Gegengift für den rationalen Verstand ... Es gibt Augenblicke beim Schreiben, da denke ich, dass mich andere Leute, wenn sie wüssten, wie ich mich gerade fühle, auf dem Scheiterhaufen verbrennen würden, denn ich fühle mich so gut, so erfüllt, so voll Vergnügen.« Aber sie warnt: »Daran teilzuhaben erfordert Selbstdisziplin, Vertrauen und Mut, denn in diesem Bemühen, bewusst zu werden, ein Schriftsteller zu werden, geht es letzten Endes darum, sich zu fragen: ›Wie viel Lebendigkeit will ich wagen?‹ Man muss riskieren, wirkliche Emotion in den Mittelpunkt der eigenen Arbeit zu rücken.«

Was waren die Voraussetzungen dafür, dass Michael Jordan seine Fähigkeiten perfekt justieren konnte, um die Herausforderungen zu bewältigen und sich in einen Weltklasseathleten zu verwandeln? Auf einer Ebene strahlte er eine gelassene Würde aus, aber unter dieser entspannten Oberfläche verbarg sich eine Person, die ein unstillbares Bedürfnis verspürte, nicht nur der Welt, sondern sich selbst ihren Wert zu beweisen. Jordan hat berichtet, dass er in der Schule nicht in die Schulauswahl aufgenommen worden war. Der Gewinner zweier olympischer Goldmedaillen, der zehnmal bester Werfer in der NBA war, erklärt: »Es war beschämend, es nicht in diese Mannschaft geschafft zu haben. Sie hängten die Spielerliste auf, und lange, lange Zeit stand mein Name nicht darauf ... Wann immer ich beim Training müde wurde und daran dachte, nach Hause zu gehen, schloss ich die Augen und sah diese Liste in der Umkleidekabine, in der mein Name fehlte, und das bewegte mich normalerweise dazu weiterzumachen.«

Im August 2010 lud mich Mihaly Csikszentmihalyi für einige Tage in sein Sommerhaus in Montana ein, damit wir über den »Flow« sprechen konnten. An einem Ort, an dem ich nicht per Mobiltelefon erreichbar war und keinen Internetanschluss, sehr wohl jedoch Thermalquellen mit Heilwirkung vorfand, hatte ich das untrügliche Gefühl, dass ich einen Endorphinschub erleben konnte, einfach indem ich einen Spaziergang auf der Landstraße unternahm.

Bei diesem Ausflug lernte ich vor allem, dass ein Verlust der Selbstbewusstheit erforderlich ist, um den Zustand des »Flow« zu erreichen. Das bedeutet nicht, sich selbst zu verlieren. Es bedeutet einfach, dass man – für einen Augenblick – die Bewusstheit seiner selbst verliert. Unser Leben lang sind wir uns unserer selbst, der Dinge, die in unserem Kopf und in unserem Körper vorgehen, übermäßig bewusst. Sie wissen, was ich meine. Aber wenn wir in den Zustand des »Flow« eintreten, lösen wir uns vorübergehend von dieser Bindung an uns selbst, was es uns erlaubt, unsere Vorstellung von uns selbst und von unseren Möglichkeiten in der Welt zu erweitern. Das Überschreiten unserer selbst auferlegten Grenzen erlaubt uns ironischerweise, uns auf ein Niveau wie jenes zu begeben, auf dem Michael Jordan spielte. Aber dazu bedarf es einiger Übung.

Die richtige Mischung von Fähigkeiten und Herausforderungen

Meine Definition des »Flow« hat mit dem Arbeitsleben zu tun. Das Meinungsforschungsinstitut Gallup hat herausgefunden, dass etwa 15 bis 20 Prozent der Erwachsenen täglich den Flow erleben, während ein ähnlich hoher Anteil offenbar nie diesen euphorischen Zustand erlebt. Die übrigen 60 bis 70 Prozent erleben diesen Zustand gelegentlich – sei es einmal in der Woche oder im Monat oder alle paar Jahre. Zu den wichtigsten Orten, an denen wir in den Genuss des Flow kommen können, zählt der Arbeitsplatz. Bei der Arbeit diesen Zustand zu erreichen bedeutet, unsere Emotionen zu bündeln, um vollkommen in einer Tätigkeit aufzugehen und einen Leistungshöhepunkt zu erreichen.

Mihaly Csikszentmihalyi beschreibt drei Voraussetzungen, die man erfüllen muss, um den Zustand des Flow zu erreichen:

1. Man muss einer strukturierten Aktivität nachgehen, die eine Richtung und ein klares Ziel hat. Deshalb sind Spiele und der Sport so gut geeignet, um den Flow zu erreichen, während das Fernsehen dafür ungeeignet ist.
2. Zwischen der wahrgenommenen Herausforderung und den wahrgenommenen Fähigkeiten muss ein Gleichgewicht bestehen, so dass man sich vorstellen kann, diese Herausforderung bewältigen zu können.
3. Man muss imstande sein, klares und unmittelbares Feedback zu seinen Leistungen aufzunehmen, das eine Anpassung dieser Leistungen an die Herausforderung erlaubt, um in der Flow-Zone zu bleiben. An vielen Arbeitsplätzen gelingt das nicht, da es kaum externes Feedback gibt, das eine objektive Beurteilung der Leistungen ermöglichen würde. Auch deshalb machen Videospiele süchtig: Das Feedback kommt sofort.

Menschen, die sich im Flow befinden, bedienen sich der »Metakognition«: Sie kennen ihr Lernverhalten und ihre Leistungen, was sie in die Lage versetzt, hervoragende Leistungen zu vollbringen. Der ideale Bereich für den Flow befindet sich dort, wo das Niveau der Herausforderung um etwa 5 bis 10 Prozent über dem Niveau der Fähigkeiten liegt, so dass man auf dem Weg vom Laien zum Meister die Herausforderung Schritt für Schritt von »grundlegend« bis zu »Weltklasse« anheben kann.

Am Arbeitsplatz dürften Sie gelegentlich den Eindruck haben, von Michael Jordans umgeben zu sein, die scheinbar mühelos Weltklasseleistungen aus dem Ärmel schütteln. Die Wahrheit ist, dass jeder, der den Zustand des Flow erreicht, nicht die Grenze zwischen Kontrolle und Entspannung, sondern jene zwischen Angst und freudiger Erregung verschiebt. Denken Sie an Ihre Arbeit oder einen anderen Lebensbereich, in dem Sie eine Grenze durchbrochen haben. Was motivierte Sie, in diesen Raum vorzustoßen? Und welche Emotionen spielten zusammen, kurz bevor Sie tatsächlich jenen erhabenen Zustand der Bewusstheit erlebten, der eintrat, als Sie Ihren Flow erreichten? Wenn es Ihnen schwer fällt, sich an ein solches Erlebnis in Ihrem Leben als Erwachsener zu erinnern, können Sie an Ihre Kindheit denken. Bei dem Versuch, Wasserski fahren zu lernen, musste ich ein gewisses Maß an Schrecken und Unsicherheit überwinden, als ich meine Grenzen auslotete. Aber irgendwann ließ meine Erregung nach, und ich fühlte eine Freude, die es mir erlaubte, weniger streng mit mir zu sein. Dann spürte ich den Flow.

Meisterhaftes Können

Blinzeln Sie mit dem linken Auge. Blinzeln Sie anschließend mit dem rechten Auge. Dann blinzeln Sie mit beiden Augen gleichzeitig, und zwar dreimal. Jetzt sind Sie ein Meister im Blinzeln. Zu lernen, wie man links, dann rechts und dann mit beiden Augen blinzelt, erfordert eine gewisse Fähigkeit, Anweisungen zu befolgen und Geist und Körper zu beherrschen. Wenn Sie versuchen, diese Übung nach ein paar Gläsern Wein zu machen, werden Sie feststellen, dass das Kunststück nicht ganz so einfach ist. Sie können auch den Einsatz erhöhen und zwischen einem Blinzeln und dem nächsten die Länder der Europäischen Union in alphabetischer Reihenfolge aufsagen. Schaffen Sie das ohne einen Fehler? Wahrscheinlich nicht. Aber wenn Sie genug üben, werden Sie es innerhalb weniger Tage zweifellos meisterhaft beherrschen. Natürlich würde sich niemand dafür interessieren, aber Sie hätten etwas über das Lernen gelernt.

Viele Leute halten die Gruppe der Begabten für einen exklusiven Klub. Aber das meisterhafte Können ist nicht den Supertalenten oder jenen vorbehalten, die die richtigen Gene haben. Unglücklicherweise werden wir in unserer Kultur der augenblicklichen Befriedigung dazu erzogen zu erwarten, dass wir jede Kunst im Handumdrehen beherrschen werden. Wir werden ungeduldig und geben beim geringsten Widerstand auf. Wenn man bei der Stange bleibt, wird man nach einer Weile gewisse Fortschritte sehen, bis man irgendwann jenes gefürchtete Plateau erreicht, auf dem die Fähigkeiten eine Weile zu stagnieren scheinen – obwohl man viel Energie aufwendet, um sich zu verbessern. Und dann stellt man plötzlich fest, dass das eigene Können die nächste Ebene erreicht hat. So funktioniert der Erwerb meisterhaften Könnens. Er ist kein gleichmäßiger Aufstieg, sondern eine Entwicklung, bei der Stagnationsphasen auf ruckartige Fortschritte folgen.

Zweifellos passen bestimmte Fähigkeiten eher zu Ihren Begabungen als andere, und wenn Sie Ihre Stärken kennen, wird es Ihnen leichter fallen, Ihre Flow-Zone zu finden. Aber das Talent ist nicht annähernd so wichtig wie die Übung, wenn Sie Ihre Fähigkeiten im Lauf der Zeit vervollkommnen wollen.

K. Anders Ericsson unterteilte in einer bahnbrechenden Studie die Violinstudenten der Berliner Musikhochschule in drei Gruppen: Ausnahmekönner, gute sowie durchschnittliche Studenten. Die Studenten in allen drei Gruppen hatten im Alter von etwa fünf Jahren begonnen, das Instrument zu spielen, und seither mehrere Stunden pro Woche geübt. Im Alter von acht Jahren hatten jene, die später zu Ausnahmekönnern geworden waren, begonnen, deutlich mehr Stunden zu üben als die anderen. Zu der Zeit, als Ericsson die etwa 20 Jahre alten Studenten befragte, hatten die Ausnahmekönner im Lauf ihres Lebens rund 10 000 Stunden geübt, während jene, die das Instrument gut beherrschten, etwa 20 Prozent weniger, und die durchschnittlichen Studenten weniger als halb so viel geübt hatten wie die Besten. Seit der Veröffentlichung dieser Studie Anfang der 90er-Jahre wird dieser Maßstab auf zahlreichen Gebieten angewandt, um festzustellen, wer meisterhaftes Können besitzt und wer nicht. Die Formel? Meisterhaftes Können = 10 000 Stunden Übung.

Nun denken Sie vielleicht: »Oh je! 10 000 Stunden. Das sind 20 Stunden pro Woche, und zwar zehn Jahre lang.« Es stimmt, es dauert viele Jahre, um etwas meisterhaft beherrschen zu lernen. In der Arbeit kann man meisterhaftes Können schneller erlangen, weil man derart viel Zeit am Arbeitsplatz verbringt. Aber die Wahrheit ist, dass jemand, der ausgezeichnete Leistungen anstrebt, kaum einer einzigen Aufgabe 20 Stunden in der Woche widmen wird, denn diese Aufgabe ist nur eine von vielen Tätigkeiten am Arbeitsplatz. Wenn Sie Ihre Fähigkeiten erhöhen und ein Meister auf einem Gebiet werden wollen, um größere Herausforderungen in Angriff nehmen zu können, müssen Sie sich weniger auf die Ergebnisse und mehr auf die Übung an sich konzentrieren. Wenn Sie durch Ihre Tätigkeit wirklich beflügelt werden und merken, dass Sie sich dabei vollkommen verwirklichen können, werden Sie die Stunden, die Sie in diese Tätigkeit investieren, nicht spüren.

Finden Sie Ihr Glück in der Arbeit

Hätte man dem schüchternen Teenager, der ich einst war, gesagt, dass er eines Tages seinen Lebensunterhalt als Redner verdienen würde, so hätte er es nicht geglaubt. Ich lebte in meiner eigenen kreativen Welt, aber als ich in der High School anfing, Beziehungen zu knüpfen, begann ich mich in Menschenmengen wohler zu fühlen. Einer meiner Lehrer nahm mich zu einer Rhetorikschulung mit, wo ich Erwachsene sah, denen es ähnlich schwer wie mir fiel, sich vor einem Publikum auszudrücken. Ich begann mich im Schülerrat zu engagieren, wo ich gelegentlich einen Vortrag halten musste, und wurde im letzten Schuljahr zum Vorsitzenden der Schülervertretung gewählt. In dieser Funktion hielt ich jede Woche einen Vortrag vor Schülergruppen.

Aber meine wirkliche Stimme fand ich erst an der Universität, wo wir uns oft zu Wort melden und ein Thema vor der Klasse debattieren mussten. Im Lauf der Zeit fand ich heraus, dass ich mich darauf verstand herauszufinden, wie ich meine Emotionen artikulieren und auf jedes Thema übertragen konnte, das behandelt wurde – und das tat ich mit einer Authentizität, die mich mit den Zuhörern verband.

Als ich fast zehn Jahre an der Spitze von *Joie de Vivre* stand, begann meine eigentliche Karriere als Redner. Ich dachte zu jener Zeit darüber nach, ein Buch über Unternehmensgründungen zu schreiben, und suchte Rat dazu, wie ich meine Gedanken in Buchform bringen konnte. Alan Webber, Mitgründer der Zeitschrift *Fast Company*, machte mir folgenden Vorschlag: »Wenn Sie ein Buch schreiben wollen, sollten Sie zunächst Vorträge zu dem Thema halten, denn gute Lehrer lernen auch gut, und der schnellste Weg, um etwas zu lernen, besteht darin, es anderen zu vermitteln.« Also begann ich Ende der 90er-Jahre, jeden Monat mindestens drei oder vier Vorträge zu halten – und zwar außerhalb meines Unternehmens und meines geschützten Bereichs. Ich sprach an verschiedensten Orten, vom örtlichen Rotarierklub bis zum Seniorenzentrum. Es waren keine spektakulären Veranstaltungen, aber ich fand langsam einen Rhythmus. Und gelegentlich begann ich mich zu fühlen, als würde ich eine Botschaft vermitteln, die größer war als ich. Dann spürte ich den Flow.

Heute halte ich jedes Jahr zwischen 80 und 100 Vorträge in aller Welt, wobei ich mich in Gesellschaft einiger der begabtesten Kommunikatoren unserer Zeit befinde. Ich glaube nicht, dass ich die 10 000 Stunden schon erreicht habe, aber ich bin in der Lage, ein Publikum instinktiv zu »lesen« und meine Botschaft augenblicklich auf seine Bedürfnisse abzustimmen. Und ich stelle fest, dass ich mich langweile, wenn ich denselben Vortrag mehrere Monate lang halte. Daher verlangt die Verantwortung mir selbst und meinem Publikum gegenüber, dass ich mit meinen Vorträgen Risiken eingehe – sei es, dass ich eine ganze Rede in Boxershorts halte, um die Sache ein wenig aufzulockern, dass ich das heikle Problem des Selbstmords thematisiere, ohne in Tränen auszubrechen, oder dass ich über ein Thema spreche, das mir wirklich fremd ist. Je mehr ich mich selbst fordere, desto besser werde ich.

Wenden wir die Formel an

Berechnen Sie Ihren »Flow« für drei verschiedene Elemente Ihrer Arbeit.

Wenden wir die Formel an, um festzustellen, ob Sie in verschiedenen Bestandteilen Ihrer Arbeitszeit im »Flow« sind:

Denken Sie an einige regelmäßige Tätigkeiten. Nehmen wir beispielsweise an, Sie arbeiten in der Personalabteilung eines Unternehmens. Sie leiten ein Projektteam, das sich einmal in der Woche versammelt, um sich mit den Gehaltsniveaus in Ihrem Unternehmen zu beschäftigen. Und bei Konferenzen über das Personalwesen vertreten Sie das Unternehmen öffentlich und referieren darüber, wie Ihr Arbeitgeber seine Kultur entwickelt. Stellen Sie zunächst fest, auf welchem Niveau sich Ihre Fähigkeiten in diesen beiden Bereichen befinden. Sehen Sie sich anschließend an, wie groß die Herausforderungen in diesen beiden Tätigkeiten sind: Ist Ihr Gehaltsteam eine Gruppe, deren Mitglieder ein gemeinsames Ziel verfolgen und genügend Entscheidungsbefugnisse haben, um wirklich etwas zu bewegen? Je eher dies der Fall ist, desto eher können Sie die Verantwortung dieser Gruppe und die Herausforderungen anheben, um etwas zu bewirken. Je größer die Möglichkeiten, desto höher sollten Sie Ihren Standort auf der vertikalen Achse ansiedeln. Steht Ihr Unternehmen im Rampenlicht, so dass Sie bei Konferenzen stets »in Topform« sein müssen, weil Sie das Gesicht des Unternehmens sind? Je nachdem, wo Sie sich im Diagramm eingeordnet haben, werden Sie ein Gespür dafür gewinnen, in welcher dieser acht emotionalen Zonen Sie sich in diesen Tätigkeiten befinden. Glauben Sie, dass dieser Eindruck zutreffend ist?

Nehmen Sie die Flow-Checkliste zur Hand.
Mihaly Csikszentmihalyi beschreibt acht Merkmale einer Erfahrung des »Flow«. Wie viele dieser Merkmale treffen auf die einzelnen Bestandteile Ihrer Arbeit zu?

1. Klare Ziele, an denen der Erfolg gemessen wird.
2. Die Fähigkeit, sich ausschließlich auf die Tätigkeit zu konzentrieren und sie abzuschließen.
3. Der Verlust der Selbstbewusstheit, wenn Handeln und

Wahrnehmung verschmelzen. Das bedeutet möglicherweise, dass Sie das Bewusstsein Ihrer körperlichen Bedürfnisse verlieren.

4. Sie verlieren oft das Zeitgefühl, wenn Sie mitten in dieser Arbeit stecken.
5. Direktes und unmittelbares Feedback, das Ihnen rasche Korrekturen ermöglicht.
6. Ein dauerhaftes Gleichgewicht zwischen dem Niveau Ihrer Fähigkeiten und dem der Herausforderungen.
7. Ein Gefühl der persönlichen Kontrolle über die Situation oder Aktivität.
8. Die Tätigkeit an sich ist Belohnung genug, weshalb sie Ihnen mühelos von der Hand geht.

Seien Sie offen für Veränderungen, um meisterhafte Fähigkeiten zu erwerben.

George Leonards kleines Buch *Mastery (Der längere Atem)* enthält eine ausgezeichnete Anleitung zu diesem Thema. Das größte Problem im Streben nach einem Leben, in dessen Mittelpunkt das meisterhafte Können steht, sieht Leonard in der mangelnden Bereitschaft zur Veränderung. Hier sind seine fünf wichtigsten Vorschläge dazu, wie Sie Veränderungen herbeiführen können. Erstens müssen Sie sich darüber klar werden, wie die Homöostase funktioniert. Die Homöostase oder Selbstregulation ist eine Art psychischer Thermostat, der sich ein- und ausschaltet, um einen stabilen, angenehmen Zustand zu erzeugen, und kann Sie vor Angst schützen. Die Homöostase ist der Feind der Veränderung und des Strebens nach meisterhaftem Können. Zweitens müssen Sie bereit sein, Ihren Widerstand gegen Veränderungen in den Griff zu bekommen. Wenn Sie sich zwei Schritte vorwärts und anschließend einen Schritt rückwärts bewegen, sind Sie auf dem richtigen Weg. Bei jedem Vorstoß auf dem Weg zu meisterhaftem Können werden Signale aufleuchten, die Sie davor warnen, dass Sie eine Grenze überschritten haben oder kurz davor stehen, es zu tun. Verstehen Sie Rückschläge als positive Hinweise darauf, dass Sie nach einer Feinabstimmung weiter voranschreiten können. Drittens müssen Sie ein Unterstützungssystem aufbauen. Angestellte und Manager machen bei Firmenklausuren außerhalb des Unternehmens oft rasante Fortschritte, nur um nach der Rückkehr ins Büro wieder in ihre alltägliche Isolation zurückzufallen. Bauen Sie ein Team auf, das sich der Veränderung verschreibt und dessen Mitglieder einander vorantreiben. Ein externer Coach, Freunde oder Verwandte oder ein Vorgesetzter, der weiß, was Sie erreichen möchten, kann Ihnen dabei helfen. Viertens sollten Sie der Aktivität regelmäßig nachgehen. Wenn Sie die Arbeit um ihrer selbst willen lieben, werden Sie überhaupt nicht bemerken, wie Sie 10 000 Stunden Übung ansammeln und sich in einen Meister Ihres Fachs verwandeln. Schließlich sollten Sie sich dem lebenslangen Lernen verschreiben. Das meisterhafte Können ist kein Ziel. Es ist eine Lebensart. Sie sollten sich auch bewusst machen, in welchen Bereichen Sie großes Können besitzen. Männliche amerikanische Jugendliche haben bis zu ihrem 21. Lebensjahr durchschnittlich 10 000 Stunden mit Videospielen verbracht. Es ist nicht klar, welchem höheren Zweck dieses Können dient oder welche Vorteile es mit sich bringt.

Möge die Macht mit Ihnen sein.
Der Zen-Meister Dogen erklärte im 13. Jahrhundert, in jenen Augenblicken, in denen die Welt mit dem gesamten Körper und Geist erfahren werde, die Sinne vereint und das Ich geöffnet sei, offenbare das Leben einen Reichtum und eine Freude am Dasein, die uns mit der Welt verschmelzen ließen. Im »Flow« zu sein bedeutet, die eigenen Begabungen und Bestrebungen mit den Erfordernissen der Welt in Einklang zu bringen. Wie im Fall der Berufung durchströmt uns die Ge-

wissheit, unsere einzigartige Aufgabe und den Sinn unseres Daseins gefunden zu haben. Aber beim Flow nutzen wir auch unerklärliche Kräfte – sei es eine Muse, ein Genie, ein Engel, ein Retter, eine Energie –, die uns helfen, den Drahtseilakt zwischen Fähigkeiten und Herausforderungen mit dem Können eines Zirkusartisten zu bewältigen.

Ludwig van Beethoven wurde von einem anspruchsvollen und strengen Vater erzogen, der oft nach einem nächtlichen Trinkgelage mit Freunden heimkehrte, seinen Sohn weckte und ihn zwang, die restliche Nacht am Klavier zu üben. Im Alter von 16 Jahren war Beethoven bereits von Mozart entdeckt worden und galt als Talent, das »die Welt in Erstaunen versetzen« würde. Aber als er Mitte 20 war, begann sich sein Gehör zu verschlechtern, und Anfang 30 war er taub, selbstmordgefährdet und verzweifelt. Dennoch nutzte er in den folgenden Jahrzehnten trotz einer Reihe von persönlichen Rückschlägen sein leidenschaftliches Talent, und zwar nicht unter Zwang wie in der Kindheit, sondern aus Liebe zu seiner Kunst. Und kurz nach seinem 50. Geburtstag schuf Beethoven den vollkommensten musikalischen Ausdruck des Gefühls des Flow, die »Ode an die Freude«. Sie sehen: Den Flow können Sie zu jedem Zeitpunkt in Ihrem Leben finden.

Kapitel 11

Neugier = Verwunderung + Ehrfurcht

Walt Disney war fast 50 Jahre alt, als er begann, seine Vision von Disneyland zu Papier zu bringen. Er war ein erfolgreicher Filmproduzent und Regisseur, er hatte die Unterhaltung revolutioniert. Nun folgte er seiner Berufung und verbrachte fünf Jahre damit, den berühmtesten Vergnügungspark der Welt zu errichten. Als Disneyland seine Tore öffnete, stellten die faszinierten Berichterstatter fest, es sei, als hätte ein zehnjähriges Kind mit der Weisheit eines 50jährigen Stadtplaners den »glücklichsten Ort auf Erden« geschaffen.

Walt Disney war in den Augen vieler Leute eine überlebensgroße Figur, aber er selbst war der Meinung, jedermann könne es ihm gleichtun: »Ich kann nicht glauben, dass es Gipfel geben sollte, die ein Mann, der das Geheimnis kennt, wie man Träume wahr macht, nicht erklimmen könnte. Ich denke, dieses Geheimnis kann man auf vier Eigenschaften reduzieren: Neugier, Selbstvertrauen, Mut und Beständigkeit.« Disney war davon überzeugt, dass sein Antrieb, sein Beharrungsvermögen und seine Fähigkeit, sich von schweren beruflichen Rückschlägen zu erholen, auf der ersten dieser vier Eigenschaften beruhten. Auch Albert Einstein hatte großen Respekt für diese Emotion. Er sagte einmal: »Ich bin weder besonders klug noch besonders begabt. Ich bin nur leidenschaftlich neugierig.«

Üblicherweise handelt es sich bei der Neugier um zweckfreie Aktivität. Sie regt den Geist an. Und dennoch gibt es zahlreiche Hinweise darauf, dass sie wie das Blut in unseren

Adern ist, eine unverzichtbare, für das Leben grundlegende Emotion, die uns jung hält. Und die Neugier kann das Ventil für Angst und Depression sein.

Wenn Sie unter einer dieser Emotionen leiden, empfinden Sie wahrscheinlich auch Gedämpftheit, Beengtheit und schwindendes Interesse, Befindlichkeiten. Neugierig zu sein bedeutet offen zu sein: offen für das Lernen, für die Liebe, für Fehler, für das Leben. Der Psychologe Todd Kashdan bezeichnet die Neugier als »Motor des Wachstums«.

Ein Warnhinweis: Voraussetzung für Neugier ist das Eingeständnis, dass man weiß, was man nicht weiß. Dieses Eingeständnis kann Angst heraufbeschwören (wir sind alle darauf konditioniert, die richtige Antwort zu wissen), uns gleichzeitig jedoch für die Neugier öffnen. Fragen wie »Wie machen Sie das?«, oder »Ich weiß nicht ... können Sie es mir erklären?« bedeuten, dass wir uns von dem Zwang lösen, stets die richtige Antwort zu kennen oder kompetent zu sein. Die Neugier erlaubt es uns, die Welt unvoreingenommen mit der Offenheit eines Kindes zu erkunden, und sie kann uns jung halten. Wie Satchel Paige sagte: »Wie alt wären Sie, wenn Sie nicht wüssten, wie alt Sie sind?«

Ich besuchte eine High School in einem problematischen Innenstadtviertel, und einige meiner Freunde bezeichneten mich wohlmeinend als »neugierigen weißen Jungen«. Ich war fasziniert vom kulturellen Mischmasch an der Long Beach Poly High School, die als »Heimat von Gelehrten und Champions« berühmt war. Zu jener Zeit war mir nicht klar, dass mein Spitzname ein Kompliment war. Wir alle haben die Wahl: Wir können es vermeiden, Fragen zu stellen, weil wir uns davor fürchten, Antworten zu erhalten, die unsere Überzeugungen, unsere vorgefassten Meinungen und den Status quo bedrohen. Oder wir können uns den großen Fragen mit neugierigem Herz und Verstand stellen.

Die Neugier treibt die Kreativität an

Akio Morita, der Gründer von Sony, erklärte: »Die Neugier ist der Schlüssel zur Kreativität.« Ich glaube, nicht die Kreativität, sondern die Neugier wird das wichtigste Merkmal des erfolgreichen Managers im 21. Jahrhundert sein, vor allem in einer globalisierten Wirtschaft. Zu den unangefochtenen Axiomen im Unternehmensleben zählt der Grundsatz, dass ein großartiger Manager die richtigen Antworten findet, während ein großartiger Unternehmensleiter die richtigen Fragen stellt. Das gilt besonders in einer Zeit unablässiger Veränderungen. Die Neugier hat sich auch als wichtiger Bestandteil der Beharrlichkeit erwiesen, eines Wesenszugs, der in einer langen Rezession besonders wertvoll ist. Beharrliche Menschen sind nicht aus Stahl. Sie finden lediglich mehr Optionen, und entdeckt werden diese Optionen vom neugierigen Geist.

Es mag sein, dass »die Neugier der Tod der Katze ist«, aber dem berühmtesten Managementtheoretiker aller Zeiten half sie, 95 Jahre alt zu werden. Peter Drucker empfand es als beleidigend, als man ihn einen »Guru« nannte, und bezeichnete sich selbst sein Leben lang als »Schüler« und als »Zaungast«. Tatsächlich tragen seine Memoiren den Titel *Adventures of a Bystander (Zaungast der Zeit)*. Er glaubte, wir sollten »in mehr als einer Welt leben«, um unseren Verstand frisch zu halten, Anregungen aus verschiedenen Bereichen miteinander zu verschmelzen und ein vielfältiges Leben zu führen, da wir so Fehlentwicklungen in einem Bereich durch vorteilhafte Entwicklungen in anderen Bereichen ausgleichen könnten.

Drucker prägte den Ausdruck des »Wissensarbeiters«, um die Rolle der Unternehmen im beginnenden Informationszeitalter zu beschreiben. Er erklärte: »Die Führungskräfte der Vergangenheit wussten, wie man Antworten findet. Die Führungskräfte der Zukunft werden wissen, wie man Fragen stellt.« Er sah im Lernen und in der Entwicklung unverzichtbare Bestandteile der Unternehmensinfrastruktur und der Denkart jener, die Erfolg im Unternehmen haben würden. Er selbst suchte sich alle drei Jahre ein neues Studiengebiet, von japanischer Kunst bis zu geheimnisvollen Wirtschaftstheorien. Diese Gegenstände studierte er in seiner Freizeit mit solcher Hingabe, dass er zum Experten dafür wurde und sie unterrichten konnte.

Die Sozialpsychologin Carol Dweck hat in bahnbrechenden Studien herausgefunden, dass die »Denkart« größeren Einfluss auf den Erfolg eines Menschen hat als jeder andere Faktor. An einem Ende des Spektrums finden wir jene Personen, die glauben, ihr Erfolg beruhe auf ihren angeborenen Fähigkeiten, am anderen Ende jene, die der Ansicht sind, dass das Lernen ausschlaggebend für ihren Erfolg ist. Dweck zufolge beurteilt die erste Gruppe ihre Intelligenz als »feststehend«, während die zweite Gruppe an ein »Wachstum« der Intelligenz glaubt.

Möglicherweise ist Ihnen Ihre Denkart nicht bewusst, bis Sie mit einem Fehlschlag konfrontiert werden. Menschen, die von einer feststehenden Intelligenz ausgehen, fürchten sich vor Fehlschlägen, die sie als Beleg für mangelnde Fähigkeiten betrachten. Daher sind solche Menschen oft nicht bereit, neugierig zu sein oder Risiken einzugehen. Menschen, die davon überzeugt sind, dass ihre Fähigkeiten wachsen, sehen in Fehlschlägen einen Weg zu konstruktiven Verbesserungen. Dweck hat gezeigt, dass die Art und Weise, in der wir unsere Kinder ermutigen, beträchtlichen Einfluss auf ihre Fähigkeit zur Neugier und auf ihre Offenheit für das Lernen hat. (Das Lob »Großartige Leistung, Sally, du hast sehr hart gearbeitet« ist vorteilhafter als das Lob »Großartige Leistung, Sally, du bist sehr intelligent«.)

Sind Sie offen dafür, Fehlschläge als positive Erfahrungen zu betrachten, die Ihre Entwicklung fördern werden? Konzentriert sich Ihr Kind eher darauf, seine Kompetenz zu *de-*

monstrieren (das heißt sich selbst zu beweisen), anstatt sie zu *erhöhen* (das heißt sich zu verbessern)? Loben Sie die feststehenden, angeborenen Qualitäten Ihres Kindes, oder versuchen Sie ihm klarzumachen, dass harte Arbeit und Selbstverbesserung seine Entwicklung fördern werden?

Teils Kind, teils Weiser

Die Neugier ist eine sonderbare Emotion. Ein Teil der Neugier ist das kindliche Staunen, das uns anspornt, unsere Beziehung zu den neuen Entdeckungen, die zumeist relativ einfach sind, zu ergründen. Doch Albert Einstein sah etwas Bedeutsameres: »Wichtig ist, dass man nicht aufhört, Fragen zu stellen. Die Neugier hat ihren eigenen Daseinsgrund. Man muss einfach Ehrfurcht empfinden angesichts der Geheimnisse der Ewigkeit, des Lebens, der wunderbaren Struktur der Wirklichkeit.« In ihrer reinsten Form kombiniert die Neugier den fragenden Geist des Kindes, das die Welt zum ersten Mal sieht, mit der Weisheit des Erwachsenen, der begriffen hat, dass er umso weniger weiß, je mehr er lernt – und entzückt ist von dieser Erkenntnis, die ihn Demut lehrt.

Bedauerlich ist unsere Einstellung gegenüber der Welt in der Zeit, die zwischen der Verwunderung unserer Jugend und der Ehrfurcht unserer späteren Jahre vergeht. In dieser Zeit wählen wir einen Weg, der unsere Neugier einengt. Das tun wir nicht bewusst, sondern weil unsere Lebensumstände erfordern, dass wir einen etwas geradlinigeren Weg einschlagen. Doch genau dies ist die Zeit in unserem Leben, in der die meisten von uns am wenigsten Glück empfinden. Sicherheit und Struktur mögen das Leben vorhersehbar machen, aber sie führen auch zu Apathie und zu einer schleichenden Atrophie unseres »Neugiermuskels« sowie unseres Verstandes und unseres Lebensgeistes. Einer der ersten Hinweise auf den Beginn einer Parkinson- oder Alzheimererkrankung ist die Unfähigkeit, mit etwas Sonderbarem oder Neuartigem umzugehen.

Sehen wir uns also diese beiden Bestandteile der Neugier an: Verwunderung und Ehrfurcht. Descartes erklärte: »Die Verwunderung ist die erste Leidenschaft.« Sie verbindet die freudige, unverfälschte Überraschung mit dem Wunsch, mehr zu erfahren. Die Überraschung zählt zu den sechs häufigsten Emotionen. Man beobachtet sie insbesondere bei Kindern, die noch nicht gelernt haben, ihre Verwunderung angesichts der Welt zu verbergen.

Erwachsene haben eine widersprüchliche Beziehung zur Verwunderung. Wann haben Sie zum letzten Mal etwas bewundert, so als sähen Sie es zum allerersten Mal? Als Kind liebte ich an Disneyland vor allem die Illusion der Grenzenlosigkeit. Walt Disney und seine Architekten hatten eine Anlage gestaltet, in der man nirgendwo Begrenzungsmauern der Phantasiewelt sah. Was in der Welt würde Ihnen dieses grenzenlose Gefühl der Entdeckung vermitteln? Allzu oft verlieren wir die Fähigkeit zur Verwunderung, weil wir Disneyland aus 150 Metern Höhe betrachten und sehen, was es technisch ist (ein Vergnügungspark), anstatt zu sehen, was es emotional ist (eine Welt der Freude und der Phantasie). Ist es an der Zeit, dass Sie sich eine »wunder-volle« Brille aufsetzen?

Bei den Recherchen für *Flow* fragte Mihaly Csikszentmihalyi herausragende Bergsteiger, Komponisten und Schachspieler, wann sie ein dem Flow ähnliches Gefühl hätten. Am häufigsten genannt wurde das Gefühl, das man empfindet, wenn man »etwas Neues entwickelt oder entdeckt«, ein Zustand, der fast identisch mit dem der Verwunderung ist. Vielleicht ist die Freude nicht die Abwesenheit von Unglücklichsein, sondern die Gegenwart kindlicher Verwunderung. Und ist es möglich, dieses Gefühl der Verwunderung erneut zu wecken, nachdem es uns durch die Erziehung »ausgetrieben«

worden ist? Sir Ken Robinson, ein Experte für Kreativität, erklärt: »Kinder haben keine Angst davor, sich zu irren.« Das gibt Raum für Kreativität. Und er warnt: »Wer nicht bereit ist, Fehler zu begehen, wird nie etwas Originelles hervorbringen.«

Die Verwunderung wird oft mit der Ehrfurcht verglichen, aber Ehrfurcht geht mit einem gewissen Respekt für das Unbekannte einher, während die Verwunderung einfach in Freude badet. Die Verwunderung kann zu wissenschaftlichen Entdeckungen führen. Die Ehrfurcht führt zu metaphysischen oder spirituellen Erkenntnissen. Wir empfinden Ehrfurcht, wenn wir etwas betrachten, das größer ist als wir und uns mit Demut erfüllt. Dacher Keltner widmet der Ehrfurcht in seinem Buch *Born to be Good* ein ganzes Kapitel und hilft uns zu verstehen, wie sich der Naturforscher John Muir gefühlt haben muss, als er erstmals die imposanten Berge der Sierra Nevada und das Yosemite Valley sah. Vielleicht erinnern Sie sich noch an die Ehrfurcht, die Sie empfanden, als uns die Apollo 11-Astronauten erstmals das Bild der Erde zeigten, das sich ihnen auf dem Mond bot. Das Gefühl der Ehrfurcht verwandelt uns und öffnet uns die Augen dafür, welches unser Platz ist, um uns mit etwas Großem zu verbinden.

Die Ehrfurcht beinhaltet Demut und manchmal Furcht, da sie uns bewusst macht, wie klein wir angesichts der wunderbaren, ungezähmten Welt sind. Die Aufklärer und die transzendentalen Denker haben wunderbare Beschreibungen der für das Gefühl der Ehrfurcht charakteristischen Mischung von Schönheit und Erhabenheit verfasst. Die Ehrfurcht gilt einer Weite und einer Macht, die sich jenseits des Bekannten oder Vorstellbaren erstrecken. Wir müssen uns mit dem auseinandersetzen, was nicht nur unsere Ergebenheit, sondern auch unsere Entdeckungslust verdient. Keltner erklärt: »Die Erfahrung der Ehrfurcht dient dazu, den eigenen Platz im größeren Plan zu finden.« Die Ehrfurcht kann uns das

Gefühl geben, klein und bedeutungslos zu sein, aber sie kann uns auch zeigen, dass wir bedeutsam und mit allem eins sind.

Doch der Begriff der Ehrfurcht hat mittlerweile einige sonderbare Konnotationen erhalten. Die amerikanische Luftwaffe bediente sich der Strategie von »Shock and awe« (Schrecken und Ehrfurcht), als sie Bagdad angriff, um Saddam Hussein zum Rücktritt zu zwingen. Auf der anderen Seite ist das Wort »awesome« (ehrfurchtgebietend) nicht mehr dasselbe, seit Sean Penn es in seiner Rolle als weggetretener Jeff Spicoli im Film *Ich glaub', ich steh' im Wald* missbrauchte.

Neugierige Völkchen: Die Mischung von Verwunderung und Ehrfurcht

Online-Communities allein genügen nicht. Wir sind von Natur aus soziale Wesen, die gelegentlich ein wenig Freiraum brauchen, um sich aus ihrer virtuellen Zelle daheim oder am Arbeitsplatz zu befreien und sich mit ihrer Herde zu vereinen. Und wenn es eine Erfahrung gibt, die eine Herde transzendental zusammenschweißen kann, so die gemeinsame Erfahrung von Verwunderung und Ehrfurcht.

Ich empfinde regelmäßig freudige Neugier, wenn ich mich einem von drei einzigartigen Stämmen anschließe: der jährlichen TED-Konferenz im kalifornischen Long Beach, dem Sundance Film Festival in Park City und dem Kunstfestival Burning Man in der Wüste von Nevada, dem weltweit größten interaktiven Kunstfestival. Diese drei Veranstaltungen sind sehr unterschiedlich, aber sie schenken den Teilnehmern breit gefächerte Erfahrungen. Dort erlebe ich einen »Kontaktrausch«, wenn ich meine Verwunderung oder Ehrfurcht bei einem mitreißenden Vortrag, in einem aufwühlenden Film oder angesichts einer himmlischen Skulptur inmitten der Wüste mit anderen teilen kann.

Meinen 50. Geburtstag feierte ich beim Burning Man 2010 mit mehr als 100 Freunden in einem Lager, das wir »Maslowtopia« nannten. Fast 50 000 Leute errichten jedes Jahr in der rauen Wildnis der normalerweise menschenleeren Black Rock Wüste eine Zeltstadt und feiern acht Tage lang. Stellen Sie sich eine Mischung von *Mad Max*, *Lawrence von Arabien* und *Hair* vor. Die bewusstseinsverändernde Mischung von Kunst, Spiritualität, Sex und Tanz unter dem Sternenhimmel erfreut sich großer Beliebtheit unter den Bobos (den Bourgeois Bohemians) unterschiedlichster sozialer und ethnischer Zugehörigkeit.

Dem Völkchen, das sich zu meinem Geburtstag versammelt hatte, gehörten Personen im Alter zwischen 17 und 70 Jahren an. Da dieser Ort für das Unerwartete reserviert war, zeigten die Ärzte, Rechtsanwälte und Lehrer einige Zurückhaltung und Ängstlichkeit, als sie ihre Siebensachen in gemietete Wohnmobile packten, sich von ihren Kindern verabschiedeten und sich auf den Weg in die Wüste machten. Zu einigen Freunden, die kneifen wollten, sagte ich: »Bleibt neugierig.« (Das klang ein wenig wie ein Schlusswort für Steve Jobs berühmte Rede an der Universität Stanford: »Bleibt hungrig, bleibt närrisch.«)

In den wenigen Tagen, die wir zusammen waren, machten wir eine Erfahrung, die uns veränderte. Wir lebten in einer utopischen Gesellschaft, in der es kein Geld und nur wenige Regeln gab. Wir hatten das Gefühl, in einem Ferienlager für Erwachsene zu sein. Und wir führten uns eine gesunde Ration Ehrfurcht zu Gemüte. Wenn am ersten Abend des Burning Man die Sonne untergeht, fühlt man sich wie beim ersten Besuch in Disneyland. Die Weite der Nacht, die unverfälschte Schönheit der elektrifizierten Kunstwerke und der erhabene Zeitgeist der menschlichen Verwandlung machen dir klar, dass das hier nichts ist, was du auch in deinen eigenen vier Wänden erleben könntest.

Sehen Sie sich die Mythen über die Neugier an.
Eva aß einen Apfel vom Baum der Erkenntnis und wurde aus dem Garten Eden verbannt. Pandora öffnete eine Büchse, aus der Bosheit, Krankheit und Unglück (sowie Hoffnung) entwichen. Lots Frau konnte der Versuchung, sich umzudrehen und die zerstörten Städte Sodom und Gomorra zu betrachten, nicht widerstehen, und verwandelte sich in eine Salzsäule. Vor 30 Jahren sagte Ihnen Ihr Vorgesetzter: »Stecken Sie Ihre Nase nicht in anderer Leute Angelegenheiten.« Ihre Frau meint, der Grund für Ihre Beschäftigung mit Ihrer Sterblichkeit sei eine »morbide Neugier«. Unser Verstand und unsere Kultur warnen uns, dass übertriebene Neugier gefährlich und zwanghaft ist. Hat Ihre Neugier Sie jemals in Schwierigkeiten gebracht? Und war wirklich die Neugier der Grund? Unverfälschte Neugier ist respektvoll und urteilt nicht. Sie besteht einfach aus Verwunderung und Ehrfurcht. Ein Mann, der den Telefonaten seiner Freundin nachschnüffelt, ist nicht neugierig. Er ist eifersüchtig.

Machen Sie die Neugier zu einer von Verwunderung geprägten Gewohnheit.
Wirkliche Neugier ist frisch und spontan, aber Sie müssen sich wieder darauf trainieren, unermüdlich neugierig zu sein. Wenn Sie Kinder haben, sollten Sie ein Spiel mit sich selbst spielen, wenn Sie einmal einen ganzen Tag mit Ihren Sprösslingen verbringen. Zählen Sie die Fragen, die Ihre Kinder im Lauf dieses Tages stellen, und bemühen Sie sich, es ihnen gleichzutun. Sie müssen nicht immer sofort eine eigene Frage stellen, sollten jedoch am selben Tag auf dieselbe Zahl kommen wie Ihre Kinder. Stellen Sie jene Art von unbedarften Fragen, die Ihre Kinder stellen: »Warum ist eine Banane erst grün, dann gelb und dann braun?« Sie sollten auch wissen,

dass die beiden Dinge, die bei Erwachsenen die größte Neugier wecken, das Leben anderer Leute und ihr eigenes Wesen sind. Stellen Sie also anderen Personen alle möglichen Fragen – aber nicht so, als stünden diese Personen im Zeugenstand, sondern aus unverdorbener Neugier. Es gibt sechs einfache Ausgangspunkte für Ihre Fragen: Wer? Was? Wo? Warum? Wann? Wie? Wenn Sie eine Person für ausgesprochen langweilig halten oder wenn die Beziehung zu dieser Person von Lethargie geprägt ist, sollten Sie sich fragen, wie Sie in diese Sackgasse geraten sind. Einer der besten Wege zur Bewältigung ungelöster Konflikte oder zur Überwindung der Apathie in einer Beziehung besteht darin, dass ein Paar etwas Neues zusammen tut.

Finden Sie die Ehrfurcht.
Die Ehrfurcht ist ein Gefühl für große Momente – angesichts eines großartigen Gebirgspanoramas, in der Begegnung mit einer höheren Macht oder beim Besuch eines Fußballspiels mit 80 000 weiteren verrückten Fans (sogar die »Welle«, die gelegentlich durch das Stadion läuft, kann uns einen ehrfürchtigen Schauer über den Rücken jagen). Aber die Ehrfurcht kann auch in kleinen Augenblicken oder Offenbarungen stecken – beim Anblick einer Ente, die ihre Küken nach einem Bad im Teich pflegt, was Gedanken an die eigene Mutter weckt, beim Hören unseres Lieblingssongs im Cabrio an einem sonnigen Tag oder beim Lesen eines Gedichts, das die eigenen Gefühle exakt wiedergibt.

Das Wort Ehrfurcht beschreibt den tiefen Respekt, den man angesichts von Erhabenheit, moralischer Größe oder geheimnisvoller Macht empfindet. Die Ehrfurcht verbindet uns mit etwas, das größer ist als wir, und öffnet unseren Geist für die größeren Fragen – und an diesem Punkt übernimmt die Neugier.

Tun Sie es Peter Drucker gleich.
Suchen Sie sich jedes Jahr ein neues Wissensgebiet und verschlingen Sie alle zu diesem Thema verfügbaren Informationen. Erwerben Sie so viel Expertenwissen auf diesem Gebiet, dass Sie sogar andere darin unterweisen könnten. Im ersten Jahr, in dem ich mich in dieser Praxis übte, entschloss ich mich, alles über natürliche Thermalquellen in Erfahrung zu bringen, und zwar sowohl durch theoretische als auch durch experimentelle Studien – es war ein großes Vergnügen. Der größte Managementtheoretiker unserer Zeit empfahl auch, man solle einmal jährlich prüfen, was man im Vorjahr gelernt habe. Ich selbst tue das immer zwischen Weihnachten und Neujahr. Dabei prüfe ich nicht nur, ob ich die gesammelten Informationen behalten habe, sondern auch, welche Lehren ich aus diesen Studien fürs Leben gezogen habe. John R. O'Neil, der Autor von *The Paradox of Success*, entwickelte ausgehend von dieser Idee einen »jährlichen Checkup der beruflichen Lernkurve«, der dazu dienen soll, festzustellen, wo man am Arbeitsplatz weiterhin lernt und wo nicht. Wenn Ihnen all das zu weit geht, habe ich hier einige einfache Methoden, die Sie anwenden können, um eine ähnliche Neugier wie Peter Drucker zu entwickeln: Ändern Sie an fünf aufeinander folgenden Tagen Ihre gewohnten Fahrtwege zur Arbeit und zurück, oder wählen Sie in Ihrem Lieblingsrestaurant ungewohnte Speisen. Ob es die neuen Anblicke sind, die sich auf der Fahrt zur Arbeit bieten, oder die neuen Geschmackserlebnisse in Ihrem Stammlokal: die Verschiebung der sinnlichen Erfahrungen ist eine Möglichkeit, sich für die Emotion der Neugier zu öffnen.

Die Neugier ist eine lebensbejahende Emotion. Neugierige Menschen sind glücklicher, geselliger und beruflich erfolgreicher. Außerdem leben sie länger. Diese Emotion treibt uns voran. Sie ist der Treibstoff der Kreativität und der Innovation, und sie ist grundlegend für die Entwicklung unserer

Vorstellungen im Lauf unseres Lebens. Aber am wichtigsten ist, dass die Neugier in einer hartnäckigen Rezession unser Beharrungsvermögen stärkt und Angst und Depression entgegenwirkt. Worauf warten Sie also? Werden Sie neugierig!

TEIL IV

Finden Sie heraus, wer Sie wirklich sind

»Sei, wer du bist, und sage, was du fühlst,
denn wer etwas dagegen hat, ist unwichtig,
und wer wichtig ist, wird nichts dagegen haben.«
Dr. Seuss

Kapitel 12

Authentizität = Selbsterkenntnis × Mut

Vor mehr als 500 Jahren erklärte Michelangelo, alle seine Skulpturen lebten bereits in den Marmorblöcken, die er zu bearbeiten begann. Michelangelo glaubte, dass er den David und seine anderen Skulpturen buchstäblich mit seinem Meißel aus dem Stein befreit habe. Sind Sie in einem Stein oder hinter einer Maske gefangen? In diesem Kapitel geht es darum, wie Sie sich selbst finden können, gleichgültig, wie gut Ihr Wesen getarnt ist. Unser Wesen ist auch das übergeordnete Thema dieses Abschnitts: Wie wird unsere Identität geformt, und welche einzigartige Alchemie macht uns zu dem, was wir sind?

Oprah Winfrey ist eine ungewöhnliche Milliardärin. Ihre Mutter lebte in Armut im ländlichen Mississippi und war selbst noch ein Kind, als sie Oprah zur Welt brachte. Ihre ersten Lebensjahre verbrachte sie bei ihrer Großmutter Hattie Mae, die so arm war, dass sie die Kleidung für ihre Enkelin aus Kartoffelsäcken nähen musste. Die Großmutter brachte Oprah vor dem dritten Lebensjahr das Lesen bei und hielt sie an, Verse auswendig zu lernen und in der Kirche aufzusagen, was dem Mädchen bald den Spitznamen »Die Priesterin« eintrug. Als Oprah sechs Jahre alt war, zog sie nach Norden zu ihrer Mutter. Das Leben wurde härter. Im Alter von neun Jahren wurde sie von mehreren Verwandten sexuell belästigt, mit 13 lief sie davon, mit 14 wurde sie schwanger. (Das Kind, ein Junge, starb kurz nach der Geburt.)

Trotz ihrer schweren Jugend setzte sich Oprah in der

Schule durch. Sie wurde zur beliebtesten Schülerin gewählt, absolvierte die Schule mit Auszeichnung und gewann einen Rednerwettbewerb. Sie wurde zur Miss Black Tennessee gewählt. Sie studierte Kommunikationswissenschaft und wurde zur jüngsten Nachrichtensprecherin im Lokalfernsehen von Nashville. Oprah erklärt, sie verdanke all das Hattie Mae, die sie ermutigte, vor Publikum zu sprechen, und ihr »ein positives Selbstbild« vermittelte.

Phil Donohue mochte der Pionier eines Fernsehformats sein, in dem das Leben der gewöhnlichen Menschen behandelt wurde, aber Oprah Winfrey machte etwas ganz anderes daraus. Phil sprach zu seinen Zuschauern. Oprah hörte ihnen zu. Aber sie tat nicht nur das. Sie fühlte mit den Menschen, vor allem mit den Frauen, und bot ihnen einen sicheren, geschützten Ort, an dem sie offen sprechen konnten. Oprah war das ideale Rollenvorbild. Sie erzählte ihre eigene Geschichte und grub die Geschichten anderer Menschen aus, womit sie das Fernsehen zu einer Tageszeit, an der es in Seifenopern und Klatschtalkshows künstliche Gefühle transportierte, um echte Emotionen bereicherte. Sie hat erklärt, das Geheimnis einer erfolgreichen Talkshow bestehe darin, Authentizität in sich selbst und anderen zu finden. Dieses Konzept, das auf der Beichte beruht, hat in ihrer Show quälende Augenblicke heraufbeschworen, in denen der Zuschauer zu viel Information über einen Menschen erhielt, und ist zum Symbol für eine Zeit geworden, in der das Privatleben nicht länger privat ist. Aber Oprahs aufrichtiges Streben nach Authentizität und ihre Fähigkeit, diese Verwundbarkeit einzusetzen, um eine Beziehung zu den Menschen herzustellen, hat alles verändert – einschließlich unserer Methode zur Auswahl unserer Präsidenten (Bill Clinton setzte sich im Jahr 1992 mit »Oprah-Debatten« durch). Und es hat Oprah zur reichsten Selfmadewoman in der Geschichte der Vereinigten Staaten gemacht.

Bedeutet das, dass der schnellste Weg zum Reichtum darin besteht, man selbst zu sein? Nein, aber es deutet darauf hin, dass jemand, der weiß, woher er kommt (Wurzeln), eher erkennen wird, wer er ist (Authentizität), und herausfinden kann, in welche Richtung er sich bewegen muss (Berufung). In der Mittelschule bemühte ich mich sehr, die »normalen« Personen in meiner Umgebung nachzuahmen, da es mir gefährlich schien, anders zu sein. Erst als ich auf eine Schule in einem gefährlichen Stadtviertel wechselte, wo ich von Jugendlichen umgeben war, die ganz anders aussahen und handelten als ich, war ich frei zu erkunden, wer ich wirklich war. Mit 22 Jahren wusste ich, dass ich homosexuell war. Meine vielfältigen Erfahrungen erleichterten es mir, mich mit meiner Andersartigkeit anzufreunden. Jahre später, als mein Unternehmen bereits fast 1 000 Mitarbeiter hatte, schrieb ich ein Buch mit dem Titel *The Rebel Rules*. Der Untertitel beschrieb, was meinen Erfolg als Erwachsener ermöglicht hatte: *Daring to Be Yourself in Business*.

Das Bemühen um Authentizität beginnt in jungen Jahren

Kleinkinder beginnen zwischen dem 18. und 24. Lebensmonat, sich ihrer selbst bewusst zu werden. In dieser Zeit erkennen sie, dass sie Gedanken, Gefühle und Empfindungen haben und nicht eins mit anderen Menschen und Objekten sind. Ab diesem Zeitpunkt versuchen sie, Oscar Wildes berühmten Ratschlag zu beherzigen: »Sei du selbst. Alle anderen sind bereits vergeben.«

Wenn wir erwachsen werden, konzentrieren sich viele von uns darauf, die Erwartungen zu erfüllen, die andere Menschen in uns setzen, anstatt herauszufinden, was wir selbst wollen, und unsere Träume zu verwirklichen. Zu den Vorstellungen, die uns in unserer Jugend eingeschärft werden, zählt jene der

»Verantwortung«: Wir sollen imstande sein, in allen Situationen die richtige Antwort zu geben. Aber das Konzept der Verantwortung verliert im Lauf der Zeit seine Bedeutung, weil wir »reaktionär« werden: Wir reagieren augenblicklich auf Vorgänge, ohne uns Zeit zu nehmen, über unsere Antwort nachzudenken. Unsere Reaktion wird von verschiedenen Faktoren beeinflusst: von unseren Eltern, von den in unserer Gemeinschaft geltenden Regeln, von unseren vorherrschenden Emotionen und natürlich von unserem wachsenden Ego.

Es gibt nur wenige Menschen auf der Welt, die alles, was ihre Identität ausmacht, ändern müssen, um sich authentisch fühlen zu können: ihren Familiennamen, ihre Religion, ihren Körper oder sogar ihr Geschlecht. Den meisten von uns gelingt es, sich mit dem leichten Stich des Selbstbetrugs abzufinden. Aber wir kennen das Gefühl, dass unser Leben nicht vollkommen mit unserer Identität übereinstimmt, und spüren einen Hauch von Unzufriedenheit, wenn wir uns die Zeit nehmen, uns das einzugestehen. Wenn sich unsere Identität zu Beginn unseres Erwachsenenlebens verfestigt, beginnen wir, auf diesem Fundament ein Leben aufzubauen. Und je mehr wir in diese Identität investieren, desto schmerzhafter wird es natürlich, wenn wir zu einem späteren Zeitpunkt begreifen, dass wir in Wahrheit von unserem authentischen Weg abgekommen sind. Vielen Menschen fällt es leichter, sich mit der erworbenen Identität abzufinden und »so zu tun als ob«, anstatt den großen Schritt zu wagen. Wer hat die Zeit oder die Fähigkeiten, um den ganzen Tag den Steinblock zu bearbeiten, in dem seine Identität gefangen ist? Die Psychologen haben herausgefunden, dass Authentizität nicht einfach ein Merkmal oder ein Vorläufer des Wohlbefindens ist, sondern der Kern des Wohlbefindens und einer gesunden Seele. Ein erfülltes Leben zu führen bedeutet, ein authentisches Leben zu führen.

Die Werkzeuge: Selbsterkenntnis und Mut

Man benötigt zwei Werkzeuge, um sich aus dem Stein meißeln zu können: Selbsterkenntnis und Mut. Beide Werkzeuge sind unverzichtbar. Wenn Sie Selbsterkenntnis, jedoch keinen Mut besitzen, wissen Sie, wer Sie sind – aber die übrige Welt weiß es nicht. Wenn Sie Mut, aber keine Selbsterkenntnis besitzen, werden Sie zu aufgeblasenen Posen neigen. Daher handelt es sich hier um eine Multiplikationsformel, denn es genügt nicht, diese Emotionen zu addieren: Sie müssen sich in Kombination miteinander wechselseitig verstärken, um Authentizität hervorzubringen.

Voraussetzung für Selbsterkenntnis ist, dass man versteht, wie emotionale Versteckspiele funktionieren. In unserer Jugend versuchten wir uns anzupassen, wobei wir das Bewusstsein unserer wahren Identität möglicherweise verdrängten. Oder wir definierten unsere Identität in erster Linie mit Blick auf die Gruppen, denen wir angehörten – sei es die Sportmannschaft, das Cheerleaderteam oder die Theatergruppe. Vielleicht fanden wir unsere Identität auch in der Tatsache, dass wir keiner Gruppe angehörten. Wir lauschten so aufmerksam auf die äußeren Signale, dass wir unsere inneren Antennen abschalteten. Wir waren so besessen davon, für andere gut auszusehen, dass wir vergaßen, was es bedeutet, echt zu sein.

Ich habe mein »inneres Ich« gefunden, indem ich die Suche danach wie eine archäologische Ausgrabung in Angriff nahm. Als Teenager hing mein Selbstwertgefühl von meinen Leistungen ab, was das zielstrebige Verhalten verstärkte. Als ich Mitte 20 war, begann ich mit Unterstützung eines Therapeuten mein Wesen auszugraben, und entdeckte unter all diesen Gesteinsschichten einige weitläufige, zauberhafte Höhlen, in denen mein eigentliches Wesen unabhängig von den Geschehnissen an der Oberfläche weiterexistierte. Doch je älter ich wurde, desto mehr Gesteinsschichten musste ich durchbrechen, um zum Kern meiner authentischen Identität vorzudringen.

C.G. Jung erklärte, irgendwann in der Mitte unseres Lebens begännen »die tief in der Persönlichkeit begrabenen glühenden Kohlen unseres Bewusstseins in Flammen aufzugehen. Wenn das geschieht, scheinen bis dahin verdrängte und verborgene Aspekte des Selbst das bewusste Selbst zu überwältigen und lösen eine schwierige Phase der Desorganisation der Persönlichkeit aus.« Diese Phase wird gemeinhin als »Midlife Crisis« bezeichnet. Entscheidend dürfte die Bereitschaft sein, uns von der Person zu lösen, die wir zu sein glauben, um herauszufinden, wer wir sein könnten. Dies ist der Weg zur Authentizität.

Wie können wir uns also für die Selbsterkundung und Selbsterkenntnis öffnen, ohne auf einen Guru oder Therapeuten angewiesen zu sein? Wenn Sie das Unterfangen allein in Angriff nehmen wollen, werden Sie ein gewisses Maß an Objektivität bei der Betrachtung Ihrer selbst benötigen. Es kann schwierig sein, Ihre alltäglichen Denk- und Verhaltensmuster zu ermitteln und die Verantwortung dafür zu übernehmen. Auf dem Weg zur Selbsterkenntnis müssen Sie lernen, sich zu betrachten, ohne zu beschönigen und Urteile zu fällen – denn harte Selbstkritik wird einen Abbruch der Ausgrabungsarbeiten provozieren.

Setzen Sie sich mit den folgenden vier Gruppen von Fragen auseinander, um die für die Selbsterkenntnis erforderliche Objektivität zu entwickeln:

1. Wer kennt Sie am besten? Würden diese Personen Sie zutreffender beschreiben als die übrige Welt? Treten Sie in Gegenwart dieser Personen anders auf als in Ihrem übrigen Leben? Welche Emotionen empfinden Sie in Gegenwart dieser Personen, und welches ist der Ursprung dieser Emotionen?

2. Welches ist die größte Maskerade in Ihrem gegenwärtigen Leben? Mit anderen Worten: Wann klafft die größte Lücke zwischen der Person, die Sie sind, und den Dingen, die Sie tun? Welche Umstände haben Sie in diese Situation gebracht? Wie bewältigen oder kompensieren Sie dieses Gefühl der Spaltung? Und wie wirkt es sich auf die Menschen in Ihrem Leben und auf Ihre Beziehungen aus?
3. Hier meine bevorzugten Fragen an Bewerber für eine Managementposition in meinem Unternehmen: Welcher Fehleinschätzung Ihrer Persönlichkeit begegnen Sie am Arbeitsplatz (oder im Privatleben) am häufigsten, und welche Gründe gibt es für diese Fehleinschätzung? Welches ist ihr »wirkliches Ich«, und warum sehen andere Menschen Ihr wahres Wesen nicht so klar, wie Sie es sich wünschen würden? Welches war der größte Fehler in Ihrer Laufbahn, und was haben Sie daraus gelernt? Die Beantwortung dieser Fragen erfordert ein gewisses Maß an Selbsterkenntnis und Mut.
4. Nehmen wir an, eine objektive Person, die Sie nicht kennt, würde Sie einen Monat lang rund um die Uhr beobachten. Welche drei großen Stärken und welche drei großen Schwächen würde Ihnen dieser Beobachter Ihrer Meinung am Ende des Beobachtungszeitraums zuschreiben? Was denken Sie über die sechs Eigenschaften, die an Ihnen beobachtet wurden?

Mut kann von allein entstehen, wenn man genug Zeit damit verbringt, sich mit seinem eigenen Mittelpunkt vertraut zu machen. Ein Synonym für »Mut« ist »Beherztheit«. Der Mut entspringt dem physischen Mittelpunkt eines Menschen, seinem Herzen. Eine Person, die sich selbst erkannt hat, kann nach Jahren der sozialen Anpassung großen Stolz empfinden, wenn sie beginnt, tatsächlich im Takt ihres inneren Trommlers zu marschieren. Dieses erhebende oder befreiende Gefühl erzeugt eine Dynamik, die Mut mit sich bringt und Sie in die Lage versetzt, Ihr authentisches Ich auszuleben. Haben Sie einmal begonnen, sich in diese vorteilhafte Richtung zu bewegen, so setzt ein sich selbst erhaltender Welleneffekt ein, der Ihnen zusätzlichen Mut zur Authentizität verleiht. Selbsterkenntnis fühlt sich gut an.

In ihrem Buch *Character Strengths and Virtues* beschreiben Christopher Peterson und Martin Seligman sechs grundlegende menschliche Stärken, zu denen eben auch der Mut zählt. Der Mut kann in vier Unterkategorien unterteilt werden: Tapferkeit, Beharrlichkeit, Aufrichtigkeit und Begeisterung. Wie viel Mut zeigen Sie in Ihrem gegenwärtigen Leben:

1. *Tapferkeit.* Wann sind Sie zuletzt in einer schwierigen Situation für etwas eingetreten, das Ihnen richtig erschien? Ernest Hemingway beschrieb den Mut als »Würde unter Druck«. Die Tapferkeit erfordert die Fähigkeit, sowohl körperlichen als auch psychischen Angriffen zu widerstehen, und die Bereitschaft, sich unbeliebt zu machen und/oder der Mehrheit zu widersprechen.
2. *Beharrlichkeit.* Denken Sie an Gelegenheiten, bei denen Sie an Vorstellungen, Personen oder Zielen festhielten, von denen sich andere längst distanziert hätten. War Ihr Verhalten mutig oder dumm? Wenn es mutig war, wie fühlte es sich an, als sich Ihre Standhaftigkeit bezahlt machte? Schöpften Sie daraus zusätzlichen Mut?
3. *Aufrichtigkeit.* Erinnern Sie sich an eine Gelegenheit, bei der Sie einfach die Wahrheit sagen mussten, auch wenn Sie mit dieser Ehrlichkeit schwere Konsequenzen riskierten? Wir alle möchten ein integres Leben führen, aber unter bestimmten Umständen kann das großen Mut erfordern, etwa, wenn ein Mitarbeiter Missstände in seinem Unternehmen anprangert oder jemand in sei-

ner Familie ein Problem zur Sprache bringt, das seit Jahren tabu ist.

4. *Begeisterung.* Waren Sie und andere je mit geringen Erfolgschancen konfrontiert, aber Ihre positive Einstellung und Ihre Lebensfreude sorgten dafür, dass die Gruppe in einer wirklich schwierigen Situation gelassen und zuversichtlich blieb? Mut kann ansteckend sein, wenn nur eine Person zuversichtlich ist, dass alles gut gehen wird.

»Ich bin, was ich bin«

Die Überwindung der Furcht stand im Mittelpunkt meines »Coming Out«. Als Heranwachsender war meine Identität eine jüngere Version der Identität meines Vaters, eines früheren Hauptmanns der Marines. Ich war Stephen Jr., ein Apfel, der nicht weit vom Stamm gefallen war. Mein Vater trainierte die Baseballmannschaft unserer Schule. Ich war der Star-Pitcher. Mein Vater, ein ehemaliger Eagle Scout, leitete unsere Pfadfindergruppe. Ich wurde ein Eagle Scout. Ich besuchte dieselbe High School wie mein Vater, und wie mein Vater spielte ich dort Wasserball. Ich wurde in die Wasserballmannschaft von Stanford aufgenommen. Meine Eltern hatten sich in Stanford kennengelernt, und ich erwartete, dort ebenfalls der Frau meines Lebens zu begegnen – bis ich kleine Risse in meinem Panzer bemerkte. Ich schloss mich einer Studentenverbindung an, aber ich wählte eine andere als mein Vater. Ich studierte Wirtschaft wie mein Vater, aber während meines Auslandsstudiums (mein Vater hatte nie im Ausland studiert) begann ich, Gitarre zu spielen, ließ mein Haar lang wachsen und vertrieb mir die Zeit in Cafés. Ich begann mich zu fragen, warum ich mir selbst so fremd war.

Zwischen meinem ersten und zweiten Studienjahr an der

Stanford Business School arbeitete ich im Sommer im New Yorker Büro der konservativen Investmentbank Morgan Stanley. Ich trug Hosenträger, rauchte gelegentlich eine Zigarre und trat auf wie ein »Master of the Universe« (so fühlten sich die Investmentbanker in den 80er-Jahren). Doch ich war ein Fisch auf dem Trockenen. Am Unabhängigkeitstag im Jahr 1983 verließ ich mein Appartement in der 86. Straße Ecke Riverside und machte mich zu Fuß auf den Weg nach Greenwich Village, um mich zu befreien. Im Alter von 22 Jahren betrat ich zum ersten Mal in meinem Leben eine Schwulenbar, lernte einen netten jungen Mann kennen und begann eine Sommerromanze. Das Doppelleben eines draufgängerischen Investmentbankers, der sich in der Nacht in einen Homosexuellen verwandelte, war nicht immer einfach. Aber glücklicherweise unterstützte mich mein Partner, der aus einer sehr religiösen Familie stammte, in jenem Sommer sehr im Bemühen um Selbsterkenntnis.

Als ich nach Kalifornien zurückkehrte, war ich erleichtert darüber, mich so sehen zu können, wie ich wirklich war. Aber man erwartete immer noch von mir, dass ich eine Frau finden, Kinder in die Welt setzen und eine bessere Version des Lebens meiner Eltern führen würde. Meine Selbsterkenntnis wuchs, und mir wurde klar, dass ich meinen Vater und die übrige Familie, meine Freunde in der Verbindung, die Kumpels aus dem Sport und all die anderen Leute, die mich ganz anders sahen, als ich wirklich war, über meine Identität aufklären musste. Besonders fürchtete ich die Konfrontation mit meinem Vater. Ich brauchte all meinen Mut, um ihn nach dem Abendessen zu einem Spaziergang aufzufordern und ihm mitzuteilen, dass Stephen Jr. deutlich vom vorgezeichneten Weg abweichen würde.

Nach mehreren schwierigen Monaten verwandelte sich mein Vater erneut in meinen größten Rückhalt. Und als er in mein erstes Unternehmen investierte – wir stritten heftig über das Konzept und die Strategie für dieses erste Hotel – stellte er fest, dass mich meine Offenheit in Bezug auf meine Sexualität authentischer machte, was mir besonders zugute kam, als es darum ging, beim Aufbau dieses außergewöhnlichen Hotels meinem Instinkt zu folgen. Wäre es nach dem Geschmack meines Vaters gegangen, so hätte dieses erste Hotel den Sexappeal eines Baumarkts gehabt. Und ich glaube, dass mich das Wagnis der Selbsterkenntnis zu einem Unternehmensleiter mit größerer emotionaler Intelligenz gemacht hat, denn nur so konnte ich mich für mein authentisches Ich öffnen.

In welchem Bereich Ihres Lebens ist es an der Zeit, dass Sie »sich outen«?

Wenden wir die Gleichung an

Machen Sie sich eine Liste dessen, was Sie »sein« sollten. Wir alle machen uns Listen von Dingen, die wir *tun* sollten, und manche Leute finden sich ohne eine solche Orientierungshilfe nicht im Alltag zurecht. Aber wann haben Sie zum letzten Mal eine Liste dessen aufgestellt, was Sie *sein* sollten? Was möchten Sie wirklich sein, wenn Sie erwachsen werden? Dabei könnte es sich um verschiedene Identitäten wie die einer Mutter oder einer Führungspersönlichkeit in der Arbeit oder in der Gemeinde handeln. Oder es könnte eine Reihe von Eigenschaften sein, die Sie anstreben, etwa jene, unabhängig von den Umständen heiter und humorvoll oder eine Quelle der Weisheit in der Familie zu sein. Achten Sie nur darauf, dass keines der Dinge, die Sie *tun* sollten, die Entfaltung Ihrer Identität behindert. Wenn Sie Zweifel haben, sollten Sie folgende Frage stellen: »Was muss ich sein – nicht tun – um mein authentisches Wesen auszuleben?«

Was können Sie von Ihrem Schatten lernen?
Manchmal erkennen wir uns selbst, weil wir unsere dunkle Seite bei jemand anderem sehen. Denken Sie an Personen, die Sie furchtbar frustrieren: Welche Eigenschaften dieser Personen machen Ihnen besonders zu schaffen? Nehmen wir an, ein Bekannter lästert und klatscht gerne über andere, was Sie unerträglich finden. Tun Sie vielleicht dasselbe, finden jedoch Entschuldigungen für Ihr Verhalten? Sind Sie auf Aufmerksamkeit, Zustimmung oder die Verteidigung Ihrer Position angewiesen? Zur Selbsterkenntnis können wir auch gelangen, indem wir uns in anderen wiedererkennen, und zwar nicht nur in den Menschen, die wir bewundern und nachahmen möchten, sondern auch in denen, die uns einen Spiegel vorhalten.

Was würde Herb tun?
Viele Jahre hing an der Wand hinter meinem Schreibtisch ein Foto von Herb Kelleher, der zu den Gründern von Southwest Airlines gehörte und die Fluglinie viele Jahre leitete. Das Bild erinnerte mich daran, mir immer dann, wenn ich mit einer Herausforderung rang, die rebellisches, mutiges Denken verlangte, Herbs Vorbild vor Augen zu halten. Wenn wir uns selbst nicht gut kennen, neigen wir dazu, auf Herausforderungen nur zu reagieren, anstatt sie in Angriff zu nehmen. Wir liefern uns unseren Gewohnheiten aus, womit wir uns die Möglichkeit zu mutigem Handeln nehmen. Denken Sie an einen Menschen, der von Natur aus mutig ist und eine oder mehrere der folgenden vier Eigenschaften besitzt: Tapferkeit, Beharrlichkeit, Aufrichtigkeit, Zuversicht. Wenn Sie das nächste Mal mit einer großen Herausforderung konfrontiert werden, auf die Sie normalerweise reagieren würden, ohne Ihren Mut einzusetzen, sollten Sie sich vorstellen, welchen Rat Ihnen Ihr mutiges Rollenvorbild geben würde, wenn Ihnen dieser Mensch gegenübersäße.

Beginnen Sie zu graben.
Zeichnen Sie auf ein Blatt Papier einen Kreis. Schreiben Sie in die Mitte des Kreises die Worte »Mein authentisches Ich«. Ziehen Sie um diesen Kreis weitere. Je mehr Sie sich von Ihrem authentischen Wesen getrennt fühlen, desto mehr Kreise müssen Sie zeichnen. Beginnen Sie mit dem ersten äußeren Kreis: Wann hat sich diese Gesteinsschicht um Ihr authentisches Ich gelegt? Was in diesem Kreis ist nicht real oder kein Teil von Ihnen? Bewegen Sie sich weiter zum nächsten Kreis – immer weiter bis zur äußersten Schicht Ihres Wesens, die Sie der Welt zeigen. Möglicherweise werden Sie feststellen, dass Sie einige instabile Mauern errichtet haben, die Sie leicht niederreißen können. Sie werden erleichtert sein, wenn Sie endlich bis zum Kern Ihres Wesens vorgestoßen sind und jenen Menschen finden, der Sie wirklich sind.

Kapitel 13

Narzissmus = (Selbstwertgefühl)^2 × Anspruchsdenken

»Image is everything.« Erinnern Sie sich an die Canon-Werbung, in der Andre Agassi, der Paradiesvogel des Profitennis, in die Kamera grinste und dieses narzisstische Credo verkündete? Agassi war nicht nur einer der erfolgreichsten Spieler in der Geschichte seines Sports, sondern auch ein Phänomen der Popkultur. Als er die gleichermaßen berühmte Popikone Brooke Shields heiratete, kreiste ein Schwarm von Paparazzi in Hubschraubern über dem Ort der Zeremonie.

Agassi schien stets für die Welt zu posieren. Mit seinen Perücken, seinem schrillen Outfit und seinen provokanten Mätzchen wirkte er fast wie ein Rockstar. Seine Geschichte ist eine moderne Fabel von einem sportlich talentierten Kind, das zu einem Ich-fixierten Erwachsenen mit ausgeprägtem Anspruchsdenken erzogen wurde. Eine ähnliche Geschichte kann über das Golfphänomen Tiger Woods und die Williams-Schwestern erzählt werden. Agassis Vater unterzog nicht nur Andre, sondern auch dessen drei Geschwister einem brutalen Drill. Andre war das einzige der Agassi-Kinder, das nicht unter dem Druck zusammenbrach.

Zu dem Zeitpunkt, als Andre Agassi ins Rampenlicht des Tenniszirkus trat, hatte man ihm die Gewissheit eingepflanzt, er sei der Beste. Sein selbstgewisses Auftreten trug ihm die Liebe und den Hass der Medien ein. Es ist, als müsste ein Ausnahmesportler all dieses hysterische Geschrei glauben, und als würde er irgendwie mobilisiert, um dem Bild eines Helden gerecht zu werden. Diese Sporthelden sind oft von

Speichelleckern umgeben, die ihre Selbstverliebtheit fördern, und multinationale Konzerne versuchen, an der Marke des Stars teilzuhaben.

In seiner schonungslosen Autobiographie *Open* hat Agassi sein Leben in dieser modernen narzisstischen Tretmühle geschildert. Über Sieg und Niederlage schreibt er: »Das gute Gefühl nach einem Sieg ist nicht so stark wie das schlechte nach einer Niederlage, und das gute Gefühl hält nicht so lang an wie das schlechte. Nicht annähernd so lang.« Das Siegen ist sehr wichtig für den Narzissten.

Agassi ist nicht mehr aktiv. Er rasiert sich den Kopf und hat zugegeben, dass er sich von einer Drogensucht erholt. Er ist glücklich verheiratet mit der legendären Tennisspielerin Steffi Graf, mit der er zwei Kinder hat. Vielleicht hat er ein Gegengift gegen seine krankhafte Selbstvernarrtheit gefunden, indem er sich in seiner Heimatstadt Las Vegas für benachteiligte Jugendliche einsetzt. Seine leidvollen Erfahrungen haben Agassi, der heute durch Humor und Demut auffällt, offenbar gelehrt, dass das Erscheinungsbild nicht alles ist.

Haben Sie eine Vorstellung, wen der Kolumnist David Brooks meinte, als er in der *New York Times* schrieb: »Kennzeichnend für die narzisstische Persönlichkeit sind maßlose Selbstüberschätzung, ein ständiges Bedürfnis nach Bewunderung und ein genereller Mangel an Empathie. Eine solche Person bewahrt eine heilige Flamme auf, eine Flamme, die sie hochhält, um sich selbst zu feiern.« Brooks meinte Mel Gibson, dessen wütende Ausfälle sein Heldenimage auf Dauer beschädigt haben. Doch in unserer warholschen Ära, in der es so viele Möglichkeiten gibt, ein Star zu werden – vom plebejischen YouTube bis zum hochgestochenen *American Idol* –, leiden nicht nur die Berühmtheiten unter dieser Kollision Ich-fixierter Emotionen. Man hat uns eingetrichtert, wir seien etwas Besonderes. Und diese nationale Inflation des Selbstwertgefühls hat Ungeheuer hervorgebracht.

Der Narzissmus ist keine Emotion, sondern – wie die Arbeitssucht – eine Störung, die an der Schnittstelle zahlreicher Emotionen angesiedelt ist. Diese Emotionen sind teilweise salonfähig (so etwa das Selbstvertrauen und ein magnetischer Optimismus) und wecken teilweise Geringschätzung (Eitelkeit und Grübeln). Benannt ist diese sehr moderne Störung nach dem mythischen Narziss, einem schönen jungen Mann, der sich in sein Spiegelbild auf der Oberfläche eines Teichs verliebte. Da er sich nicht von seinem Anblick lösen konnte, blieb Narziss am Teich sitzen, bis er an Entkräftung starb.

Ich muss zugeben, dass ich mich in dieser Geschichte wiedererkenne. Als Kind fürchtete ich mich ein wenig vor meinem Spiegelbild, aber als ich selbstsicherer wurde, verwandelte ich mich in einen extrovertierten Erfolgssüchtigen. Die Leute sagten, ich sei aufgeblüht, aber heute denke ich, dass es sich um die Blüte einer Narzisse handelte (diese kleine Pflanze wuchs an der Stelle, an der Narziss gestorben war). Ich begann an mein überschätztes Ich zu glauben. Unter der Oberfläche fühlte ich mich wie ein nervöser Hochstapler, wie ein Hochseilartist ohne Netz. Eines Tages klebte ich mir sogar eine kluge Mahnung des Dichters David Ignatow vor übertriebener Eigenliebe an den Badezimmerspiegel: *Ich sollte mich damit begnügen, einen Berg als Berg und nicht als Sinnbild für mein Leben zu betrachten.* Natürlich ist es nicht unbedingt sinnvoll, eine Warnung an den Spiegel eines Narzissten zu hängen!

Die Normalisierung der Eigenliebe

Historisch wurden die narzisstischen Persönlichkeiten am äußersten Rand eines einschlägigen Spektrums als krank betrachtet. Doch in einer Zeit, in der die Anpreisung der eigenen Person belohnt und das Selbstvertrauen als wünschenswerte Eigenschaft betrachtet wird, wirkt der Narzissmus nicht mehr ganz so unnormal. Wenn die Popkultur die Religion der Gegenwart ist, dann ist der Narzissmus ihre wichtigste Glaubenslehre. In den 50er-Jahren des vergangenen Jahrhunderts wurde eine Studie mit Tausenden Teenagern durchgeführt. Die jungen Leute wurden gefragt, ob sie sich selbst für eine »wichtige Person« hielten. 12 Prozent bejahten die Frage. In den 80er-Jahren antworteten 80 Prozent der befragten Jugendlichen auf dieselbe Frage mit »Ja«. Ist das gut oder schlecht? Ich denke, wir haben das Selbstwertgefühl zu weit getrieben.

Ob der Narzissmus nun als psychische Störung betrachtet werden muss oder nicht: Wir müssen etwas dagegen tun. In diesem Kapitel werden wir uns mit dem »ganz normalen« Narzissmus beschäftigen. Viele Psychologen bezeichnen einen Menschen, der ein realistisches Eigeninteresse verfolgt und einen ausgeprägten Erfolgshunger hat, als »gesunden Narzissten«. Freud war sogar der Meinung, der gesunde Narzissmus sei ein unverzichtbarer Bestandteil der normalen Entwicklung. Michael Maccoby, der Autor von *The Productive Narcissist,* erklärt, dass sich viele herausragende Manager dadurch auszeichnen, dass sie sich nicht mit dem Status quo abfinden und eine überzeugende Vision haben, die es ihnen erlaubt, ihre narzisstischen Eigenschaften zum Wohl ihres Unternehmens einzusetzen. Doch wann wird aus Selbstvertrauen Größenwahn? Wann wird aus der geschickten Selbstdarstellung Bestechlichkeit? Sind Steve Jobs und Richard Branson Narzissten? Und akzeptieren wir ihren Narzissmus einfach, weil sie besonders talentiert sind? Narzissten können charismatisch und kreativ sein, und ihre großen Träume, die ihren Gefolgsleuten schmeicheln, ihre physische Attraktivität und ihr extremes Selbstvertrauen können verlockend sein. Doch der extreme Narzissmus ist zerstörerisch – und zwar nicht nur für den Narzissten, sondern auch für seine Umgebung.

Hier sind einige typische Eigenschaften und Emotionen von Narzissten:

1. eine offenkundige Konzentration auf die eigene Person im Gespräch mit anderen (sie können nicht aufhören, über sich selbst zu sprechen);
2. ein Gefühl der Überlegenheit (sie halten sich für besser als andere, was daran liegt, dass sie ihre Begabungen und Leistungen überschätzen);
3. Besessenheit von Phantasien von unbegrenztem Erfolg, von Macht, Intelligenz, Schönheit oder Liebe;
4. Neid (oft beneiden sie andere oder glauben, andere seien neidisch auf sie; sie achten genau auf ihre Position in der Hackordnung jeder Gruppe, der sie angehören);
5. Anspruchsdenken (sie glauben, einen Anspruch auf eine Sonderbehandlung zu haben, und neigen dazu, die Regeln zu missachten, um ihre Ansprüche durchzusetzen);
6. übermäßige Empfindlichkeit (sie sind leicht verletzt, zeigen das jedoch ungern oder machen es sich nicht einmal bewusst; dennoch neigen sie zu Wut, wenn sie ihre sorgsam konstruierte Fassade und ihre Welt bedroht sehen);
7. mangelnde Empathie oder Furcht vor Vertrautheit und daraus resultierende Schwierigkeiten, enge Beziehungen zu unterhalten;
8. geringe Bereitschaft, die Verantwortung für die eigene Rolle in unangenehmen Situationen zu übernehmen; Neigung zu Schuldzuweisungen;
9. Sie sind empfänglicher für Scham als für Schuldgefühle, da sie eher nach außen als nach innen gewandt sind, es ist jedoch nicht einfach, Scham bei ihnen zu wecken.

Kaum jemand wird bereitwillig zugeben, ein Narzisst zu sein. Es stimmt schon, wir mögen manchmal ein aufgeblasenes Ego haben, aber wir sind mit Sicherheit kein solcher

Egomane wie dieser angeberische Kunde oder dieser selbstgewisse Trainer im Fitness Center. Doch den wirklichen Narzissten mangelt es an Selbsterkenntnis. Oder sie finden so wie ich Begründungen dafür, dass sie sich gelegentlich so verhalten müssen. Aber eine nützliche Gewohnheit verwandelt sich rasch in ein fest verwurzeltes Verhalten, und ehe man sich versieht, lebt man in einem Haus voller Spiegel.

Narzissmus als extremes Selbstwertgefühl

Das Konzept des Selbstwertgefühls ist umstritten: Ist es etwas, das wir anstreben, oder ist es ein Nebenprodukt von Fähigkeiten, Kompetenz und einem gut geführten Leben? Ich war stets der Meinung, je mehr Selbstwertgefühl, desto besser – doch dann las ich *The Narcissism Epidemic* von den Sozialpsychologen Jean M. Twenge und W. Keith Campbell. Diese Lektüre bewegte mich dazu, einen der Bestandteile der Gleichung zu ändern und die »Ich-Fixierung« durch $(\text{Selbstwertgefühl})^2$ zu ersetzen. Die Autoren argumentieren überzeugend, dass die 70er-Jahre (das »Ich-Jahrzehnt«), in denen sich die Förderung des Selbstwertgefühls in der Kindererziehung durchsetzte, über ihr Ziel hinausschossen und eine Kultur des Anspruchsdenkens hervorbrachten.

Die Überzeugung, ein ausgeprägtes Selbstwertgefühl werde junge Menschen zu großen Leistungen befähigen, hat eine Gesellschaft hervorgebracht, deren Mitglieder ihr inneres Gleichgewicht verloren haben. Ein Mensch mit einem authentischen Selbstwertgefühl sorgt sich um andere, während der Narzisst derart auf sich selbst fixiert ist, dass er jede Beziehung zu den Menschen in seiner Umgebung verloren hat – er denkt lediglich darüber nach, was diese Menschen über ihn denken oder wie sie seinen Zwecken dienen können.

Die Formel für den Narzissmus ist die einzige, in der ich

eine Potenz verwende. Potenzen dienen der vereinfachten Darstellung wiederholter Multiplikationen einer Zahl mit sich selbst. So kann man die Multiplikationen von drei Mengen von 5 mit sich selbst – also $5 \times 5 \times 5$ – auch als 5^3 schreiben. Es ist bezeichnend, dass für den Narzissmus eine Potenz herangezogen wird, um zu verdeutlichen, dass das Selbstwertgefühl in seiner extremen Form gefährlich sein kann. Und es ist bezeichnend, dass das Selbstwertgefühl zum Quadrat durch eine Klammer von der übrigen Welt getrennt wird. Die Klammern sind wie Spiegel zu beiden Seiten des Ich, die sich gegenseitig anstarren. Der Narzissmus ist die extremste Form der Einsamkeit. Wenn ein Mensch ein derart übertriebenes Selbstwertgefühl hat, gibt es auf der Bühne (in seinem Leben) kaum Platz für andere Menschen.

Ein mit sich selbst multipliziertes Selbstwertgefühl führt zu einem vom Anspruchsdenken beherrschten Leben – und üblicherweise zu Enttäuschung. Wenn man sich an die Vorstellung gewöhnt, man sei einzigartig, beginnt man natürlich zu glauben, dass man einen Anspruch auf eine Vorzugsbehandlung hat. Ein solches Denken führt dazu, dass ein Mensch auf die augenblickliche Befriedigung seiner Wünsche angewiesen ist, was wiederum Entwicklungen wie die Finanz- und Immobilienkrise der letzten Jahre heraufbeschwört. Die Leute glaubten, sie hätten auch ohne Ersparnisse einen Anspruch auf ein luxuriöses Haus. Und die Banker verzichteten darauf, finanzielle Vernunft zu predigen, sondern finanzierten die große Illusion. Zu den vorherrschenden Emotionen in amerikanischen, irischen und spanischen Vorortsiedlungen, in denen massenweise Häuser gepfändet wurden, zählt der »verletzte Stolz«. Es platzte nicht nur die Immobilienblase, sondern auch die Blase der Anspruchsberechtigung.

Das Anspruchsdenken ist eine extreme Form der Erwartung, und das natürliche Resultat schlecht gesteuerter Erwartungen ist die Enttäuschung. Es ist fast so, als wäre das Anspruchsdenken eine Erwartung zum Quadrat, womit klar ist, dass auf der anderen Seite der Gleichung das Potenzial für große Enttäuschung steht. Und dennoch sehen wir am Arbeitsplatz Menschen mit ausgeprägtem Anspruchsdenken, die keinerlei Interesse für die Personen in ihrer Umgebung haben. Wir begegnen solchen Menschen auf der Straße, wo sie uns die Vorfahrt nehmen, und im Supermarkt, wo sie sich an der Kasse vordrängen. Und wir sehen sie auf allen möglichen Websites Vorträge halten.

Die Ich-Fixierung in der Ära von »Fakebook«

Seit 1927 kürt die Zeitschrift *TIME* alljährlich einen Mann, eine Frau oder eine Idee, die »zum Guten oder Schlechten den größten Einfluss auf die Geschehnisse im vergangenen Jahr genommen hat«. Diese Ehre ist Personen wie Charles Lindbergh, Franklin D. Roosevelt, Corazon Aquino und Michail Gorbatschow zuteil geworden. Im Jahr 2010 wurde Mark Zuckerberg ausgezeichnet, der Schöpfer von Facebook. Doch im Jahr 2006 entschied sich die Redaktion von *TIME* in der Ära des Web 2.0, sämtliche Leser zur »Person des Jahres« zu ernennen. »You« stand auf dem Cover, auf dem ein reflektierender Computerbildschirm abgebildet war, in dem der Leser sein Spiegelbild sehen konnte. So wurdest *Du* daran erinnert, wie wichtig *Du* bist. Tony Long schrieb in *WIRED:* »Was ist das Internet anderes als der Realität gewordene Traum eines Narzissten?«

Willkommen in der Ära des Massennarzissmus. Wir haben die Möglichkeit, uns auf YouTube »selbst zu senden« oder nach Herzenslust Tweets über die belanglosen Details unseres Alltags zu veröffentlichen. Dank des Grand Slam der Ich-Fixiertheit (Facebook) können wir eine unbegrenzte Zahl von Freunden oder Fans um uns sammeln, die sich unsere

Fotos und persönlichen Daten ansehen dürfen. Facebook kann sich in eine Arena verwandeln, in der darum gekämpft wird, wer besser posiert … hier tritt »Ich« gegen »Ich« an. Bei Second Life oder auf ähnlichen Websites können wir uns eine anonyme Ersatzpersönlichkeit oder einen Avatar aussuchen, um unsere Phantasiepersönlichkeit auszuleben.

In der Zeit vor dem Web 2.0 vertraute ich mich wirklichen Freunden an, um ihren Rat einzuholen, in dem Wissen, dass sie die Informationen für sich behalten würden. Ich musste mir keine Gedanken darüber machen, wer unsere Unterhaltung belauschen mochte oder ob das Gespräch für alle Ewigkeit digital gespeichert würde. Und ich hatte nicht das Gefühl, ständig »dabei« sein zu müssen. Ich konnte einfach als ich selbst auftauchen, ohne über die Zusammensetzung des Publikums nachdenken zu müssen.

Heute hat jeder, der sich in der Facebook-Welt bewegt, ein Publikum. Die neue Ära hat ein Maß an Selbstbefangenheit heraufbeschworen, das die Gestaltung unserer Identität prägen könnte. Wenn wir uns unentwegt zur Schau stellen oder eine Rolle spielen, stellt sich die Frage, ob wir uns langsam alle in Pudel verwandeln, die um den ersten Preis in einer Hundeausstellung wetteifern. Es gibt sogar ein neues gesellschaftliches Phänomen, das unter dem Akronym FOMO (»fear of missing out«) läuft: Dies ist das Gefühl der Angst und Einsamkeit, das man empfindet, wenn man auf anderen Facebook-Seiten von den großartigen Erlebnissen seiner Freunde liest – all diese Dinge könnte man selbst tun, wenn man nicht vor Facebook säße.

Vor kurzem war ich bei Freunden eingeladen und unterhielt mich mit ihrer Tochter. In den zwei Stunden, die ich in ihrem Haus verbrachte, hielt sich die junge Frau auf ihrer MySpace-Seite auf, feilte an ihrem Profil und zeigte mir voll Stolz die Identität, die sie der Welt präsentierte (natürlich saß sie ungeschminkt im Pyjama vor dem Computer). Auf die

Frage, warum sie ihre Zeit auf dieser Website verbringe, erhielt ich eine aufschlussreiche Antwort: »Ich muss nirgendwo anders hin, und hier treffe ich alle Leute.« MySpace hat das Einkaufszentrum ersetzt. Und das Einkaufszentrum ist jetzt rund um die Uhr geöffnet.

Peggy Orenstein hat in der *New York Times* unter dem Titel »Ich tweete, also bin ich« die emotionalen Auswirkungen der entstehenden Kultur des »verpackten Ich« beklagt. Beispielsweise ist die Emotion der Empathie unter Hochschulstudenten in den vergangenen Jahren deutlich zurückgegangen, insbesondere seit dem Auftauchen der sozialen Medien. Wir sind derart darauf bedacht, uns der Welt vorteilhaft zu präsentieren, dass wir vergessen, was in anderen Menschen vorgeht – und es kann uns sogar entgehen, was in uns selbst vorgeht. Orenstein zitiert einen Professor am Massachusetts Institute of Technology, der erklärt: »Twitter ist Nach-Außen-Gekehrtheit zum Quadrat.« (Ich liebe mathematische Formeln.)

Werfen Sie die Spiegel weg

Aufgrund seiner Neigung, Fehlschläge zu verinnerlichen, reagiert der Narzisst auf Fehler mit Scham – nicht jedoch mit Schuldgefühlen, die eine normale emotionale Reaktion wären. Schuld empfindet man, wenn man glaubt, einen Fehler begangen zu haben. Scham empfindet man, wenn man glaubt, fehlerhaft zu *sein*. Um diesen schmerzhaften Makel zu vermeiden, neigt der Narzisst dazu, die Schuld für Fehlentwicklungen nach außen zu projizieren. Daher muss man, wenn man in schwierigen Zeiten an der Seite eines Narzissten ist, darauf vorbereitet sein, Dreck wegzuschaufeln oder damit beworfen zu werden.

Vor einigen Jahren, als mein Unternehmen rasant wuchs,

erlebte ich einen emotionalen Absturz. Ich war derart darauf fixiert, die Kontrolle zu behalten und in der Öffentlichkeit stets erfolgreich zu wirken, dass ich mich die meiste Zeit mit Beschäftigungen betäubte (ein typisches Merkmal des Narzissten). In dieser Zeit besuchte ein renommierter Reisejournalist eines unserer neueren Hotels, doch sein Aufenthalt wurde zu einem Debakel. Ich musste immerzu daran denken, was er über diese unangenehme Erfahrung schreiben würde: dass man ihm ein Zimmer zugeteilt hatte, in dem bereits jemand schlief, und dass er in der Badewanne ein Haar gefunden hatte. Zwar neige ich nicht zu jener Raserei, die bei extremen Narzissten zu beobachten ist, aber meine Manager bekamen ihr Fett weg, und die Geschichte wühlte mich sehr auf.

Dann wies mich einer unserer Spitzenmanager, den ich nicht nur als fähigen Mitarbeiter, sondern auch als Freund betrachte, unter vier Augen sehr behutsam darauf hin, dass *ich* derjenige gewesen war, der vergessen hatte, die Reservierung des Journalisten an das Hotel weiterzuleiten. Das Personal hatte keine Möglichkeit gehabt, sich auf den Besuch vorzubereiten. Das war ein Augenblick der Wahrheit für einen Mann mit narzisstischen Tendenzen: Würde es mir gelingen, mein aufgeblasenes Selbstwertgefühl »zurechtzustutzen«? Und war ich, der Gründer und Geschäftsführer des Unternehmens, in der Lage, auf den mit meiner Funktion verbundenen Anspruch zu verzichten und meinen Fehler gegenüber dem Journalisten und meinen Mitarbeitern einzugestehen?

Ich schaffte es, mich bei der Hotelleitung für meinen Fehler und dafür zu entschuldigen, dass ich sie in diese peinliche Lage gebracht hatte. Ich lud den Reiseschriftsteller zum Essen ein, wobei es mir nicht darum ging, ihn mit einer narzisstischen Posse in die Irre zu führen, sondern darum, eine Beziehung zu ihm aufzubauen und ihm zu zeigen, dass mir der unglückliche Beginn seines Aufenthalts bei uns leid tat. Dann setzte ich mich mit dem Manager zusammen, der mir meinen Fehler vor Augen gehalten hatte, und bat ihn um seinen Rat. (Das ist etwas, was ein Narzisst selten tut.) Ich fragte ihn, wie ich ein besserer Unternehmensleiter werden könne, denn ich empfand sowohl Scham als auch Schuld. Er antwortete, ich sei am wirkungsvollsten, wenn ich »bedachte Demut« an den Tag lege, und erklärte mir, wann ich diese Eigenschaft gezeigt hatte – und wann nicht.

Er ließ mich ernüchtert zurück. Gleichzeitig fragte ich mich, wie ich mein Leben anders führen könnte. Die eigene Verwundbarkeit zu akzeptieren, erfordert Mut. Ich beschloss, mein einsames Leben in einem Haus voller Spiegel durch ein Leben zu ersetzen, in dem ich den Ausblick aus dem hundertsten Stock des Hauses genießen würde – an der Seite meiner Kollegen, mit denen ich eine gemeinsame Vision verwirklichen wollte. Ich hoffe, dass die Menschen in meinem Leben – und in meinem Unternehmen – von dieser Entscheidung profitiert haben.

Wenden wir die Formel an

Ziehen Sie die Wurzel aus Ihrem Selbstwertgefühl.
Einige Psychologen glauben, der Narzissmus sei genauso wenig heilbar wie die Persönlichkeit austauschbar ist. Aber Sie können sich sehr wohl dafür entscheiden, Ihre gewohnte Ich-Fixierung teilweise aufzugeben. Dazu müssen Sie zunächst feststellen, wo diese Ich-Fixierung Sie in Schwierigkeiten bringt. Fühlt sich Ihre Ehefrau oder Ihr Ehemann nicht geschätzt und vernachlässigt? Halten die Personen, mit denen Sie arbeiten, Sie für einen Egomanen, der die Dinge nur in seiner eigenen Perspektive sehen kann? Haben Sie die meisten Ihrer Freunde verloren? (Ich meine nicht Bekannte, sondern wirkliche Freunde.) Beginnen Sie mit dem Teil Ihres Lebens,

in dem Sie die meisten Probleme haben. Denken Sie darüber nach, sich einer Rundum-Bewertung durch die Personen in Ihrer unmittelbaren Umgebung zu unterziehen. Am Arbeitsplatz wäre eine anonyme Befragung Ihrer Kollegen und Mitarbeiter denkbar. Zuhause könnten Sie sich von Ihrem Partner oder Ihrer Partnerin darüber aufklären lassen, wie sich Ihre Ich-Fixierung auf Ihre Umgebung auswirkt. Damit Sie sich ändern können, müssen Sie zunächst begreifen, dass Ihr Verhalten oft kontraproduktiv ist. Wenn Sie Glück haben, wird man Ihnen einige Beispiele für Ich-fixiertes Verhalten nennen, mit dem Sie sich schaden: Beispielsweise könnte es sein, dass Sie anderen nicht zuhören, immer Ihre eigenen Vorstellungen durchsetzen wollen oder das Vertrauen anderer Menschen verlieren, weil Sie sich hin und wieder die Wahrheit zurechtbiegen. Wählen Sie ein Verhalten aus, das Sie Ihrer Meinung nach unter Kontrolle bringen können. Machen Sie es zu Ihrer Priorität, sich täglich um die Korrektur dieses Fehlverhaltens zu bemühen, und beobachten Sie, wie die Menschen in Ihrer Umgebung auf Ihr neues, weniger Ich-fixiertes Verhalten reagieren.

Ersetzen Sie Angeberei und Anspruchsdenken durch Demut und Mitgefühl.
Sie wollen Ihren Narzissmus überwinden? Verbringen Sie einen Tag mit einem Narzissten, der glaubt, noch höhere Ansprüche erheben zu können als Sie. Möchte diese Person anderen *dienen* oder glaubt sie, selbst mehr zu *verdienen*? Nun denken Sie an jemanden, den Sie wirklich bewundern. Welche Eigenschaften dieser Person imponieren Ihnen? Im persönlichen Kontakt wirkt besonders die Menschlichkeit einer Person anziehend, nicht ihre »übermenschlichen« Eigenschaften. Obwohl diese Eigenschaften manchmal unseren Neid wecken, fällt uns auf die Frage, wer uns in unserem Leben ein gutes Gefühl gab, eher jemand ein, der Demut und

Mitgefühl gezeigt hat. Wie können Sie sich mit Menschen umgeben, die Ihnen positives Feedback geben werden, wenn Sie Ihre Menschlichkeit zeigen?

Verändern Sie Ihre Umgebung und öffnen Sie Ihre Augen für andere.

Es mag schwierig sein, unser eigenes Wesen zu ändern, aber unsere Situation zu ändern, kann ein Schritt in die richtige Richtung sein. Narzissten neigen dazu, sich in einer Seifenblase einzurichten, in der sie abgeschottet sind und ein Gefühl der Sicherheit genießen. Diese sorgfältig konstruierte Schutzzone muss aufgelöst werden, um die Gewohnheiten eines Narzissten zu durchbrechen. Das gilt auch für den Arbeitsplatz. Haben Sie eine Laufbahn gewählt, in der Sie auf die Bewunderung von Anhängern oder Gefolgsleuten angewiesen sind? Ein befreundeter Politiker begründet seine narzisstischen Eigenschaften stets mit den Erfordernissen seines Jobs (und mit der Bewunderung, die er in der Öffentlichkeit genießt). Entweder Sie wechseln den Job oder ändern Ihre Beziehung zu Ihrer Tätigkeit. Zu jenem Freund sagte ich: »Hast du je die Möglichkeit erwogen, dass dich das schmeichlerische Wahlvolk mehr mögen würde, wenn du einfach authentisch wärst?« Vielleicht müssen Sie auch etwas in Ihrer Partnerschaft ändern. Sind Sie mit einem Menschen verheiratet, der Sie nicht sieht oder keine eigene Stimme hat? Bevor Sie die Beziehung ändern, sollten Sie feststellen, ob Sie und Ihr Partner/Ihre Partnerin ändern können, wie sie aufeinander reagieren. Einigen Sie sich darauf, beim Abendessen die Hälfte der Zeit dem anderen zuzuhören. Und anstatt aus dem Gespräch auszusteigen, sollten Sie dafür sorgen, mindestens zwei oder drei aufmerksame und mitfühlende Fragen zu stellen, die zeigen, dass Sie aufrichtiges Interesse an Ihrem Gegenüber zeigen – aus dem einzigen Grund, dass Sie diesen Menschen lieben. Die Psychologin Jean Twenge hat mir vorgeschlagen, diese Formel durch »minus Sorge um andere« zu ergänzen, da wahre Narzissten mit Ausnahme von sich selbst niemanden wahrnehmen.

Halten Sie nach etwas Ausschau, das größer ist als Sie. Liebe. Natur. Religion. Eine sinnvolle Unternehmung. Die Elternschaft. Eine Erfahrung, die uns verwandelt und uns einen höheren Zweck eröffnet, ist ein Schritt zur Heilung der Ich-fixierten Persönlichkeit. Die meisten Narzissten wollen nichts von Selbsthilfebüchern wissen, während sich andere in spirituelle Narzissten verwandeln, die in der Eigenliebe den Endzweck des Daseins sehen. Ein Freund, der Rabbi Alan Lurie, erklärt: »Die Spiritualität ist für die Ich-fixierte Persönlichkeit ein weiteres Objekt, das sie besitzen will wie Ruhm, Reichtum, ein teures Auto und einen verführerischen Körper.« Das spirituelle Wettbewerbsdenken (»Ich habe eine höhere Ebene erreicht als du«) ist eine Gefahr für den Narzissten, der auf dem Weg der Besserung ist. Ob Ihre Heilung voranschreitet, erkennen Sie daran, ob Sie diese alten Gewohnheiten, die nicht verschwinden wollen, mit Humor betrachten können. Wenn Sie sich angesichts der Natur oder einer religiösen Wahrheit sehr klein fühlen, schränken Sie sich immer noch durch Mauern ein, die Sie um sich errichtet haben. Befreien Sie sich von Ihrem Selbstwertgefühl zum Quadrat, damit Sie die Einheit mit dem Wunderbaren fühlen können,

Der Philosoph Martin Buber, Autor von *Ich und Du,* schrieb: »Wenn zwei Menschen eine authentische und menschliche Beziehung zueinander eingehen, ist Gott die Elektrizität, die zwischen ihnen entsteht.« Sie sind nicht Gott. Wenn Sie glauben, Gott zu sein, kann ich Ihnen versichern, dass Sie eine Maske tragen und in einem Netz aus Täuschungen gefangen sind. Und manchmal ist dieses Netz tatsächlich im

Internet. Wir müssen uns klar machen, dass das Leben im Internet kein wirkliches Leben ist. Ich sehe durchaus den Nutzen sozialer Medien und spiele gelegentlich mit großem Vergnügen auf allen möglichen Websites. Aber diese Foren sind nicht die Hauptspeise, sondern nur Beilagen in meinem Kommunikationsmenü. Ich möchte Twitter als mit ungewöhnlichen Gedanken und Artikeln gefülltes Notizbuch bezeichnen. Ich möchte diese Gedanken festhalten, und anderen dienen sie vielleicht als Anregung. Aber ich tue mein Bestes, um Twitter nicht als Kanzel oder als Instrument zu benutzen, um mir ständige Aufmerksamkeit zu verschaffen. Und Facebook betrachte ich mit gesunder Vorsicht. Die augenblickliche Effizienz elektronischer Reize wird nie die Freude menschlicher Kontakte ersetzen.

Kapitel 14

Integrität = Authentizität × Unsichtbarkeit × Verlässlichkeit

Der Romancier, Gelehrte und christliche Theologe C. S. Lewis erklärte: »Integrität bedeutet, auch dann das Richtige zu tun, wenn niemand hinsieht.« Integrität erfordert kein Publikum. (Dennoch gewann Lewis im Lauf des vergangenen Jahrhunderts ein großes Publikum für seine Bücher, darunter *The Chronicles of Narnia (Die Chroniken von Narnia)*.

Bis etwa zu seinem 30. Lebensjahr war Lewis ein agnostischer britischer Gelehrter. Nach seiner Bekehrung erwarb er sich den Beinamen »Apostel der Skeptiker«, da er selbst die Grundlagen des Christentums in Frage stellte. Lewis genoss sowohl unter Gläubigen als auch unter Agnostikern einen legendären Ruf und lebte seinen Glauben in einem aggressiv säkularen akademischen Umfeld. Oxford war kein fruchtbarer Boden für den religiösen Glauben. Im Zweiten Weltkrieg wurde Lewis mit seinen Vorträgen im Radio, die schließlich in sein bedeutendstes Buch *Mere Christianity* einflossen, zu einer der einflussreichsten Stimmen Englands.

Sein öffentliches Eintreten für den christlichen Glauben schadete seiner akademischen Karriere. Viele Jahre lang verweigerte man ihm einen festen Lehrstuhl. Seine Ansichten wichen auch von denen anderer christlicher Theologen ab, womit er in einer Reihe mit dem medizinischen Missionar Albert Schweitzer stand. Auch dieser war gelegentlich ein Ausgestoßener – und zwar sowohl in Europa als auch in Afrika, wo er als Missionar tätig war. Die Handlungen dieser beiden Männer deckten sich vollkommen mit ihren ethischen

Überzeugungen, egal wo sie lebten und arbeiteten, egal vor welchem Publikum.

Integrität ist die wichtigste Eigenschaft, die wir heute bei unseren Unternehmensführern suchen. Die meisten Manager sind bemüht, moralisch zu handeln und an ethischen Grundsätzen festzuhalten, die den Schwankungen des Lebens standhalten. Ich gelangte einst zu der Überzeugung, dass die Integrität ein schwer zu erklimmender Gipfel war und dass ich einen spirituellen Bergführer brauchte, der mir helfen konnte, mich in der dünnen Höhenluft zu behaupten. Ich habe folgende Bestandteile der Integrität identifiziert: Authentizität, Unsichtbarkeit und Verlässlichkeit. Albert Schweitzer sagte: »Ein Mann muss kein Engel sein, um ein Heiliger zu werden.« Man kann durchaus ein fehlerhaftes, das heißt ein menschliches Wesen sein und dennoch Integrität besitzen.

Das Wort »Integrität« stammt vom lateinischen *integer,* was so viel bedeutet wie »ganz« oder »vollständig«. Integrität ist die Gewissheit der inneren »Ganzheit«, sie ist das Gefühl, dass sich alle Bestandteile unserer Identität zu einem Ganzen zusammenfügen. Es trifft sich gut, dass wir uns direkt im Anschluss an die Auseinandersetzung mit der narzisstischen Welt des Internets mit der Integrität beschäftigen. Albert Schweitzer war Ehemann, Vater, Musiker, Theologe, Arzt, Philanthrop und Philosoph. Heute kann es zu einer Verwirrung der Identitäten kommen, wenn wir uns auf LinkedIn, Facebook, Twitter und einer Vielzahl weiterer Websites herumtreiben, wo wir uns der Welt als sehr unterschiedliche Personen präsentieren können. Nie zuvor war die Integration unserer zahlreichen Persönlichkeiten wichtiger und schwieriger als heute.

Sehen Sie sich Ihre verschiedenen Identitäten an und stellen Sie sich die Frage, ob es Ihnen gelungen ist, sie in eine bestimmte Wesensart, eine Philosophie oder ein Mantra zu integrieren. Sind Sie ständig die verantwortliche Person? Der

Held? Oder sind Sie der Spaßvogel? Der Vermittler? Wenn Ihnen das ein wenig sonderbar vorkommt, können Sie im Internet nach Archetypen suchen (normalerweise werden Sie sechs bis zwölf verschiedene Archetypen finden) und feststellen, welcher besonders gut zu Ihnen passt. Dieses reale Ich ermöglicht es Ihnen, Ihre Identität unabhängig von Ihrer Umgebung zu integrieren. Vor einigen Jahren sagte mir eine kluge Therapeutin, dass sie dann von einer dysfunktionalen Persönlichkeit spreche, wenn bei einem Menschen eine große Kluft zwischen dem öffentlichen Erscheinungsbild und der persönlichen Realität bestehe. Ein Freund von mir bezeichnet dies als »Integritätskluft«.

Die Bestandteile der integren Persönlichkeit

Machen wir ein wenig Mathematik. Ich glaube, dass es drei Variablen gibt, die in Kombination miteinander eine integre Persönlichkeit ermöglichen. Für sich genommen würde keiner dieser drei emotionalen Bestandteile die Integrität ausreichend beschreiben. Obwohl die Integrität unverzichtbar ist, wird ihre Bedeutung oft unterschätzt. Erst wenn wir unsere Integrität verlieren, wird uns klar, dass wir ohne sie nicht leben können.

In Kapitel 12 haben wir die Authentizität als Ergebnis der Verschmelzung von Selbsterkenntnis und Mut definiert. Diese beiden Eigenschaften können wir als »entfernte Verwandte« der Integrität bezeichnen. Wenn jemand ein wahrer Quälgeist ist, der sein Wesen und seine Meinungen stets unverblümt und aufrichtig zum Ausdruck bringt, kann das auch als Prahlerei gedeutet werden. Denken Sie an jemanden (vielleicht an einen politischen Kommentator, den Sie nicht unbedingt mögen), der seine Ansichten authentisch vermittelt, ohne dass Sie ihn unbedingt als vollkommen integer bezeichnen würden. Der Grund ist, dass noch einige Bauteile fehlen.

Einer dieser Bestandteile der Integrität ist die Unsichtbarkeit. Mahatma Gandhi sagte: »Mein Leben ist ein unsichtbares Ganzes, und alle meine Handlungen fließen zusammen ... mein Leben ist meine Botschaft.« C. S. Lewis erklärte, die Integrität bestehe darin, dass man auch dann man selbst sei und das tue, was man für richtig halte, wenn niemand zusehe. Das ist von größter Bedeutung in unserer narzisstischen Welt: ein Mangel an Selbstbefangenheit und der Wunsch, Gutes zu tun, ohne dafür Anerkennung zu brauchen. Die Unsichtbarkeit geht Hand in Hand mit der Demut.

Verlässlichkeit setzt sich zusammen aus Beständigkeit, Gewissenhaftigkeit und der Fähigkeit, sein Wort zu halten. Integrität bedeutet, der Verantwortung gegenüber den eigenen Werten unter allen Umständen gerecht zu werden. Denken Sie an jemanden, der in Ihren Augen Integrität ausstrahlt. Es ist sehr wahrscheinlich, dass diese Person ein bewundernswert beständiges Wesen an den Tag legt und unerschütterlich an einer bestimmten Lebensführung festhält.

Die Integrationskluft tut sich dann auf, wenn mindestens eine dieser drei Eigenschaften verloren geht. Das geschieht oft, wenn wir uns in einer fremden Umgebung befinden, in der unsere Rolle nicht wie normalerweise mit unserer Integrität verschmolzen ist. Aus irgendeinem Grund gelingt es uns nicht, gewohnt aufrichtig oder offen zu kommunizieren (es mangelt uns an Authentizität). Oder wir legen in der Kommunikation ein Verhalten an den Tag, das darauf hindeutet, dass es uns nur um unser Erscheinungsbild geht oder dass wir selbstsüchtig sind (mangelnde Unsichtbarkeit). Oder wir wollen zeigen, dass unsere Absichten authentisch und lauter sind (Unsichtbarkeit), sind jedoch nicht in der Lage, den Worten Taten folgen zu lassen (Mangel an Verlässlichkeit).

Die Integration der Identität

Wir wechseln die Kostüme, um uns den verschiedenen Umgebungen anzupassen, in denen wir uns bewegen. Das kann problematisch werden, wenn zwei Kostüme nicht zusammenpassen. Einmal stellte ich einige Fotos vom Kunstfestival Burning Man auf meine Facebook-Seite, da Freunde Bilder von diesem visuell fesselnden Ereignis sehen wollten. Ich machte mir nicht allzu viele Gedanken darüber. Das Burning Man ist ein einziges Kostümfest, und als Mann, der an Halloween geboren wurde, habe ich keine Hemmungen, an einer Maskerade teilzunehmen oder alberne Kleidung zu tragen. Wie dem auch sei, auf einigen dieser Fotos war ich in einem asiatischen Sarong zu sehen.

Ich hatte nicht bedacht, dass unter meinen Facebook-Freunden auch einige Mitarbeiter waren. So kam es, dass mein Stellvertreter einige Wochen später an mich herantrat, um mir mitzuteilen, dass die Bilder in der Firma von einem Computer zum anderen weitergereicht würden und dass einige Angestellte ein wenig befremdet seien, da ich auf den Fotos mit entblößtem Oberkörper zu sehen sei. Anfangs war mir die Sache ein wenig peinlich, aber als mir jemand vorschlug, die Fotos aus Facebook herauszunehmen, musste ich mich fragen: »Entspricht es eher meiner Identität, die Fotos stehen zu lassen oder sie zu löschen?« Angesichts der Harmlosigkeit der Fotos beschloss ich, sie stehen zu lassen. Ein Journalist, der von der Diskussion Wind bekam, schlug mir vor, gemeinsam mit ihm einen Blog zur Frage der Identität aus Sicht eines Unternehmensleiters in der Internet-Ära zu schreiben. Ich hatte nicht erwartet, dass zehntausende Menschen diesen Blog lesen würden. Wir erhielten Hunderte Kommentare, von denen etwa ein Fünftel negativ waren: Diese Leute hielten mich für einen exzentrischen und verantwortungslosen Unternehmensleiter. Trotz des fortschrittlichen und verspielten Charakters meines Unternehmens hinderte mich meine Identität als Gesicht der Organisation letzten Endes daran, ich selbst zu sein.

Vielleicht sind Sie auch schon einmal in eine Situation geraten, in der Ihre Vorstellung von Ihrer Identität nicht mit dem Bild übereinstimmte, das sich die übrige Welt von Ihnen machte. Die Psychologen beschreiben verschiedene Facetten des Ich: das *tatsächliche* Ich (so wie wir selbst oder andere uns sehen), das *ideale* Ich, das heißt die Eigenschaften, die wir selbst oder andere Menschen sich für uns wünschen, und das *Soll*-Ich, das heißt die Eigenschaften, die wir in unseren Augen oder nach Meinung anderer Menschen besitzen sollten. Ein modernes Beispiel für den Konflikt zwischen dem idealen Ich und dem Soll-Ich wäre das einer zufriedenen berufstätigen Frau, die auf die 40 zugeht und darüber nachdenkt, ob sie ihre Karriere fortsetzen (an ihrem idealen Ich festhalten) oder Mutter werden (das Soll-Ich wählen) soll. Bei einer anderen Frau könnte die Karrierefrau das Soll-Ich und die Mutter das ideale Ich sein.

Eine derartige »Ich-Diskrepanz« beschwört beträchtliches Unbehagen herauf. Wenn unser tatsächliches Ich und das ideale Ich nicht übereinstimmen, sind wir enttäuscht von uns oder empfinden Bedauern. Wenn unser tatsächliches Ich nicht dem Idealbild entspricht, das sich eine andere Person von uns macht, kann dies zur Folge haben, dass wir uns schämen. Wenn eine Lücke zwischen unserem tatsächlichen Ich und der Persönlichkeit klafft, die wir unserer Meinung nach sein sollten, können Schuldgefühle oder Selbstverachtung die Folge sein. Und wenn sich unser tatsächliches Ich nicht mit dem deckt, was wir in den Augen anderer Personen sein sollten, entsteht oft Furcht oder ein Gefühl der Bedrohung. Je größer die Diskrepanz zwischen unserem tatsächlichen Ich und einer der anderen Facetten, desto größer das Unbehagen.

Niemand hat gesagt, Integrität sei leicht zu erreichen. Es

ist schwierig genug, all diese Ichs zu einem einzigen zu verschmelzen, aber die Sache wird noch komplizierter, wenn obendrein die Erwartungen anderer auf uns lasten. Wenn sich jemand in unsere Maske verliebt, haben wir zwei Möglichkeiten: Entweder wir tragen die Maske weiter und riskieren eine Spaltung zwischen unserem eigenen Ich und dem für den anderen Menschen zur Schau getragenen Bild oder wir nehmen die Maske ab und riskieren ein Ende der Beziehung. Einer der Gründe dafür, dass viele Leute nach dem 50. Lebensjahr glücklicher sind als vorher, ist, dass sie in diesem Alter darauf verzichten können, zahlreiche Masken zu tragen.

Tragen Sie Masken, an denen Sie schwer zu tragen haben?

Auf jeden Selbstmord kommen fast 20 Suizidversuche. Das bedeutet, dass in den Vereinigten Staaten jedes Jahr fast eine Million Menschen versuchen, sich das Leben zu nehmen. Eine der wichtigsten Ursachen dafür dürfte sein, dass die Menschen das Gefühl haben, ihrer Identität mangle es an Integrität. Und es gibt kaum Orte, an denen sie ihre Masken abnehmen und ihr Leid mit anderen teilen können. In der San Francisco Bay Area gibt es eine Selbsthilfegruppe mit Namen »Men in Tears«, in der Männer in einer sicheren Umgebung Emotionen nachspüren können, die sie teilweise seit ihrer Kindheit verleugnet haben. Frauen haben nur ein Viertel des Selbstmordrisikos von Männern, während sie fünfmal so oft weinen wie Männer. Forscher haben herausgefunden, dass die Unterdrückung von Emotionen das Herz-Kreislauf-System belastet, Angst auslöst, Gehirnzellen abtötet und das Gedächtnis beeinträchtigt. Je mehr man Traurigkeit und ähnliche Gefühle zurückhält, desto schwerer wird es, Zugang zu den übrigen Emotionen zu finden. Diese Erfahrung habe ich selbst gemacht. Ob Sie John Boehner, den gegenwärtigen Mehrheitsführer im amerikanischen Kongress, mögen oder nicht: Er ist vermutlich ein gutes Rollenvorbild für Männer, da er häufig öffentlich in Tränen ausbricht.

Die Masken, die Männer tragen, wirken sich auf das soziale Leben aus. Mein Unternehmen organisierte ein einziges Mal eine Fokusgruppe, und zwar bei der Entwicklung von Costanoa, dem in Kapitel 5 erwähnten Luxus-Campingplatz. Da es sich dabei um ein neuartiges Konzept handelt, beschlossen wir, die Fokusgruppe zu teilen. Die eine Gruppe bestand aus sieben Männern, die andere aus sieben Frauen. Es ging darum, die Idee von Costanoa in Worten und nach Möglichkeit auch in Bildern darzustellen. Die Teilnehmer hatten 20 Minuten Zeit, um das Informationsmaterial zu der Anlage zu lesen und zu besprechen. In dieser Zeit verließ der Moderator den Raum, aber unser Entwicklungsteam saß hinter einem Spiegel und beobachtete die ahnungslosen Teilnehmer.

Als der Moderator den Raum verließ, setzten sich in der Männergruppe sechs der sieben Teilnehmer abseits der Gruppe hin, um das Material zu studieren. Der siebte sah die anderen an, als wollte er ein Gespräch beginnen, aber die anderen sechs schienen ihn zu ignorieren. In den 20 Minuten sagte keiner der Teilnehmer ein Wort. Nicht, dass diese Männer nicht interessiert gewesen wären. Mehr als die Hälfte machten sich Notizen, aber die soziale Maske einer starken und unabhängigen Person schien jede Interaktion unmöglich zu machen. In der Frauengruppe geschah genau das Gegenteil. Alle Frauen legten ihre Unterlagen zur Seite, machten sich miteinander bekannt, unterhielten sich über ihr Leben und begannen anschließend, an einer gemeinsamen Idealvorstellung von Costanoa zu arbeiten. Die Frauen verwandelten die Anlage ausgehend von ihren gemeinsamen Wünschen in ein Luxuskurbad, während die Männer jeder für sich mehr als 50 Fragen stellten: »Haben Sie an dies oder jenes gedacht?« Die Gruppenleiter erklärten, das sei normal, da es Männern sehr viel schwerer falle, ihr wirkliches Wesen mit dem Bild (der Maske) zu verschmelzen, das andere Männer sich von ihnen machen sollten.

Doch auch Männer sind in der Lage, sich füreinander zu öffnen. Was es bewirken kann, wenn Männer ihre Masken ablegen, sah ich an einem ungewöhnlichen Ort, nämlich im Staatsgefängnis von San Quentin. Ich war eingeladen worden, dort einer gemeinnützigen Organisation, dem Insight Project Project (IPP) bei der Arbeit mit einer Gruppe von 25 »Lebenslänglichen« (bei denen es sich überwiegend um Mörder handelte) zuzusehen. Da ein Mitglied meiner eigenen Familie acht Monate lang unter einer falschen Beschuldigung in San Quentin gesessen hatte, wusste ich, wie furchtbar das Leben in diesem berüchtigten Gefängnis sein konnte. Doch als ich sah, wie diese Gentlemen (ja, es waren Gentlemen!) den Raum betraten und mich direkt ansahen, als sie sich vorstellten, wurde mir klar, dass hier etwas Außergewöhnliches geschah.

Unter dem Einfluss des phänomenalen IPP-Teams hatte sich gezeigt, dass diese hart gesottenen Kriminellen am Ende gar nicht so hart waren. Es war eine bemerkenswerte Sanftheit in ihren Stimmen, als sie sich vorstellten, den Namen ihres Opfers nannten und das Verbrechen beschrieben, das sie begangen hatten. Es war, als wären ihre männlichen Masken geschmolzen und hätten die Gesichter verletzlicher kleiner Jungen preisgegeben. Diese Männer vergossen Tränen und erzählten berührende Geschichten darüber, wie sie Menschen verletzt hatten und was sie nun angesichts ihrer Taten empfanden. Es war, als wäre der Raum verzaubert. Als gegen Ende der Sitzung eine kleine Spinne in den Kreis lief, zeigte einer der Männer ein wenig ängstlich auf das Tier, worauf ein anderer es behutsam aus dem Raum beförderte.

Es kam diesen Männern nicht in den Sinn, die Spinne zu töten.

Unsere Umwelt hat großen Einfluss darauf, ob eine unserer Masken oder unser wahres Ich zum Vorschein kommt. Die Häftlingsgruppe führte mir auch vor Augen, welche Zärtlichkeit und Schönheit hinter einer Maske versteckt sein können. Die Aufgabe besteht darin, uns unserer Masken zu entledigen und authentisch und zuverlässig zu sein, gleich wer uns zusieht.

Wenden wir die Formel an

Analysieren Sie Ihre Integrität.
Viktor Frankls Rat lautete: »Höre auf das, was dir dein Gewissen befiehlt.« Wann nehmen Sie sich die Zeit, auf Ihr Gewissen zu hören? Haben Sie Ringe unter den Augen, weil Ihr Gewissen um zwei Uhr morgens versucht, zu Ihnen zu sprechen? Wenn es Ihnen schwer fällt, Zugang zu Ihrem Gewissen zu finden, sollten Sie sich die folgenden Fragen zu den drei Bestandteilen der Formel stellen:

1. Auf welche Werkzeuge und auf welche Unterstützung – darunter aufrichtige Freunde – greifen Sie regelmäßig zurück, um Ihr authentisches Ich zu erkennen?
2. Wann haben Sie zuletzt etwas Bedeutsames getan, das große Mühe erforderte, ohne dass Sie dafür persönliche Anerkennung erhalten oder erwartet hätten (und ohne dass Sie sich ärgerten, weil Sie keine Aufmerksamkeit erhielten)?
3. Wie würden Sie Ihre verschiedenen Identitäten – als Elternteil, als Ehepartner, als Mitarbeiter oder Arbeitgeber – anhand folgender Frage einordnen: »Wo lasse ich den Worten durchweg Taten folgen?« Gibt es einen Zu-

sammenhang zwischen den Bereichen, in denen Sie beständig sind, und den Identitäten, mit denen Sie gegenwärtig am erfolgreichsten sind?

Machen Sie die Integrität zu einem grundlegenden Bestandteil Ihres Arbeitslebens.

Einer der Lebensbereiche, in denen wir den Widerspruch zwischen unserer persönlichen Realität und dem Bild, das wir in der Öffentlichkeit von uns zeichnen, besonders deutlich spüren, ist unsere Arbeit. Dee Hock baute Visa International auf, jenes Unternehmen, das die gleichnamige Kreditkarte schuf. Hock erklärt, die Integrität sei die wichtigste Voraussetzung für ein gesundes Arbeitsumfeld. Er schlägt vor, im Umgang mit den Mitarbeitern folgendermaßen vorzugehen: »Rekrutieren und befördern Sie Ihre Mitarbeiter zuerst aufgrund der Integrität, zweitens aufgrund der Motivation, drittens aufgrund der Begabung, viertens aufgrund des Verständnisses, fünftens aufgrund der Kenntnisse und zuletzt aufgrund der Erfahrung. Ohne Integrität ist die Motivation gefährdet, ohne Motivation kann sich die Begabung nicht entfalten, ohne Begabung ist das Verständnis beschränkt, ohne Verständnis sind die Kenntnisse nutzlos, ohne Kenntnisse ist die Erfahrung blind.« In Bewerbungsgesprächen fordere ich den Kandidaten auf: »Nennen Sie mir eine Gelegenheit, bei der Ihre Tätigkeit oder die Zugehörigkeit zu einer bestimmten Gruppe nicht mit Ihrem persönlichen Wertsystem vereinbar war. Wie reagierten Sie darauf?« Diese Frage können Sie sich auch stellen.

Sehen Sie sich die MTV-Sendung »If You Really Knew Me …« an.

Yvonne und Rich Dutra-St. John gründeten die gemeinnützige Organisation Challenge Day, um Heranwachsenden dabei zu helfen, sich angesichts des extremen Anpassungsdrucks in diesem Lebensabschnitt in ihrer Haut wohl zu fühlen. MTV griff ihre Arbeit auf und machte eine Fernsehserie daraus. Jede Folge wird an einer anderen amerikanischen High School gedreht, wo wir sehen, welche schlimmen Folgen es hat, eine Maske zu tragen, um ein bestimmtes Bild von sich zu vermitteln, sei es das eines Sportstars, einer Cheerleaderin, eines »Emo« (ein dramatischer oder besonders emotionaler Schüler), eines »Kiffers«, eines Führers, eines »Strebers aus der Schulkapelle« oder eines »Gottesfürchtigen«. Wir verbringen unser emotionales Leben als Erwachsene oft damit, unser empfindsames Innenleben mit dem beherrschten Äußeren anderer Leute zu vergleichen, anstatt auf der emotionalen Ebene in Kontakt zu den Menschen zu treten. Ich verspreche Ihnen, dass Sie, wenn Sie ein oder zwei Folgen der Serie gesehen haben, Ihre nächste Klausur mit einer Übung beginnen möchten, in der es darum geht, folgenden Satz zu vervollständigen: »Würdet ihr mich wirklich kennen, so wüsstet ihr, dass ...«

Bestimmen Sie Ihr tatsächliches Ich, Ihr ideales Ich und Ihr Soll-Ich.
Legen Sie ein Dutzend alte Zeitschriften auf einen Tisch. Nehmen Sie drei Blatt Papier – jeweils eines für jedes Ich – zur Hand und schreiben Sie »Tatsächlich«, »Ideal« und »Soll« darauf. Denken Sie über Ihr tatsächliches, ideales und Soll-Ich im Berufs- oder im Privatleben nach, je nachdem, welches Ihnen im Augenblick emotional bedeutsamer erscheint. Schneiden Sie aus den Zeitschriften Fotos aus, die zu Ihren Ichs passen, und kleben Sie sie auf die entsprechenden Blätter. Wenn Sie damit fertig sind, nehmen Sie drei weitere Blätter, um sich mit dem »tatsächlichen Ich in den Augen anderer«, dem »idealen Ich in den Augen anderer« und dem »Soll-Ich in den Augen anderer« zu befassen. Denken Sie darüber nach, wie Sie in den Augen anderer Menschen tatsäch-

lich sind, wie sich andere Menschen Ihr Wesen wünschen und wie Sie nach Meinung anderer Menschen sein sollten. Wenn Ihnen das zu schwierig oder abstrakt erscheint, können Sie an eine bestimmte Person denken, deren Meinung Ihnen wichtig ist. Schneiden Sie erneut Abbildungen aus, die dem Bild entsprechen, das sich diese Person von Ihrem tatsächlichen, idealen und Soll-Ich macht. Wenn Sie damit fertig sind, haben Sie sechs Blätter vor sich liegen. Inwieweit stimmen diese Bilder überein, und in welchen Punkten sind sie nicht miteinander vereinbar? Versuchen Sie gegenwärtig, Ihre verschiedenen Identitäten miteinander zu integrieren? Was können Sie tun, um sie besser miteinander in Einklang zu bringen?

George Eliot schrieb: »Es ist nie zu spät, der Mensch zu werden, der man hätte sein können.« Und Shakespeare erklärte: »Dies über alles: sei dir selber treu.« Das sind gute Ratschläge für all jene unter uns, die Mühe haben, ihre zahlreichen Identitäten miteinander in Einklang zu bringen. Integrität bedeutet nicht nur, moralisch und ethisch zu sein. Integrität bedeutet, dass wir unser wahres Ich in allen direkten zwischenmenschlichen Beziehungen und virtuellen Lebensbereichen zum Ausdruck bringen. Jene Menschen, denen es am besten gelingt, ein integres Leben zu führen, integrieren nicht nur ihre verschiedenen Identitäten, sondern lernen auch, alle ihre Identitäten so aufzulösen, dass nur noch ihr wahres Wesen übrig bleibt. In Gegenwart eines Menschen, der sein eigentliches Wesen zum Vorschein gebracht hat, fühlen wir jene Reinheit, Unschuld und Weisheit, zu der wir alle bestimmt sind.

TEIL V

Das Streben nach Genügsamkeit

Antike Genügsamkeit
»Genügsamkeit ist natürlicher Reichtum,
Luxus künstliche Armut.«
Sokrates

Historische Genügsamkeit
»Genügsamkeit macht arme Männer reich;
Unzufriedenheit macht reiche Männer arm.«
Benjamin Franklin

Moderne Genügsamkeit
»Zu akzeptieren, wer du bist, heißt genügsam zu sein,
und Genügsamkeit ist der größte Reichtum.«
Vimala McClure

Kapitel 15

Glück = Sich wünschen, was man hat/ Haben, was man sich wünscht

Kaum jemandem wäre es in den Sinn gekommen, Helen als Verkörperung des Glücks zu bezeichnen. Denn sie war noch keine zwei Jahre alt, als sie taub wurde und erblindete. Helen Keller wurde im Jahr 1880 auf einer Plantage in Alabama geboren und lernte schneller als die meisten Kinder gehen und sprechen. Mit gerade einmal 19 Monate erkrankte sie an Meningitis, vielleicht auch an Scharlach. Die Krankheit raubte ihr das Augenlicht und das Gehör.

Helen hätte ihr Leben in Isolation verbringen können, ohne je zu erfahren, was Glück ist. Aber mit Hilfe ihrer hingebungsvollen Lehrerin und späteren Weggefährtin Anne Sullivan überwand sie Behinderungen, die sie von der Welt hätten abschotten können, und verwandelte sich in die erste taubblinde Person, die in den Vereinigten Staaten einen Hochschulabschluss erwarb. Keller wurde eine produktive Autorin und Rednerin und ein Rollenvorbild nicht nur für Menschen mit Behinderungen, sondern für uns alle.

Wenn jemand das Recht gehabt hätte, verbittert zu sein und sich über sein Schicksal zu beklagen, so war das Helen Keller. Stattdessen zeigte sie sich dankbar dafür, dass ihre Gebrechen ihr die Möglichkeit eröffnet hatten, ihre Bestimmung zu finden. Und sie zählte zu den Menschen, die sich eingehend mit der Natur des Glücks beschäftigen: »Viele Menschen haben eine falsche Vorstellung davon, was wirkliches Glück ist. Man erreicht es nicht durch Befriedigung seiner Bedürfnisse, sondern indem man sich einer wertvollen

Aufgabe widmet.« Und sie erklärte: »Wenn sich eine Tür zum Glück schließt, öffnet sich eine andere, aber oft starren wir so lange auf die geschlossene Tür, dass wir die offene nicht bemerken.«

Haben Sie je einen körperlichen oder gesundheitlichen Rückschlag erlebt, der Sie dazu bewegte, eine andere Tür in Ihrem Leben aufzustoßen oder sich den Wert Ihres Lebens wirklich bewusst zu machen? Ein Freund von mir verlor vorübergehend den Geschmackssinn, was ihn lehrte, seine übrigen Sinne und seine Gesundheit umso mehr zu schätzen. Sei es, dass ich mir beim Basketballspielen die Hand brach oder mir auf einer Reise in eine unterentwickelte Weltregion aggressive Darmparasiten zuzog: Die größten Bedrohungen für meine Gesundheit waren Weckrufe. Sie brachten mir mein Wohlergehen und mein Glück zu Bewusstsein.

Das Glück trägt viele Kostüme. Tony Hsieh, der ehemalige Leiter von Zappos und Autor von *Delivering Happiness,* ist der Ansicht, dass man die meisten Manifestationen des Glücks einer von drei Kategorien zuordnen kann. Dies sind Vergnügen, Leidenschaft und Bestimmung. Da ist zum einen das flüchtige Glück des Partygirls oder Rockstars. Dieses Glück ist verspielt, vergnüglich und voll von Genüssen (solche Menschen sind moderne Verkörperungen des mythischen Dionysos, des griechischen Gottes des Weins, der Ekstase und des »rituellen Wahnsinns«). Doch das Vergnügen beruht oft auf äußeren Reizen, weshalb man unentwegt dem nächsten Hochgefühl nachjagt. Sodann ist da das leidenschaftliche Glück, das uns voll Begeisterung in den Fluss des Lebens eintauchen lässt. Und schließlich gibt es ein Glück in Form einer gelassenen Klarheit oder einer gesegneten Bestimmung. Wenn es uns gelingt, uns von unseren persönlichen Bedürfnissen zu lösen, finden wir dieses Glück in einer Quelle, die bedeutsamer ist als wir selbst.

Das Glück ist mittlerweile ein wirtschaftliches und politisches Ziel. Zahlreiche Länder entwickeln Bruttoglücksindexe, um den finanziellen Maßstab des Bruttoinlandsprodukts zu ergänzen. Das reizende kleine Land Bhutan im Himalaja zieht vier Säulen, neun Schlüsselindikatoren und 72 verschiedene Maßstäbe heran, um die Glücksfaktoren einzustufen. Die Regierung Bhutans ist die erste, die das Glück zu messen versucht, aber die Orte mit den glücklichsten Menschen auf der Welt sind Skandinavien und Costa Rica. Facebook hat sogar eine Anwendung zur Messung des Glücks in aller Welt eingeführt (http://apps.facebook.com/gnh_index). Wir mögen alle auf der Suche nach dem Glück sein, aber es ist manchmal schwer zu bestimmen, was Glück eigentlich ist und wie man es erreicht.

Die meiner Meinung nach beste Beschreibung des Glücks stammt aus Rabbi Hyman Schachtels Buch *The Real Enjoyment of Living* aus dem Jahr 1954. Darin finden wir folgende kluge Feststellung: »Glücklich zu sein bedeutet nicht, zu haben, was man sich wünscht, sondern sich zu wünschen, was man hat.« Der gute Rabbi schöpfte vermutlich aus den jüdischen religiösen Schriften des Talmud, wo es heißt: »Wer ist reich? Derjenige, der mit seinem Los zufrieden ist.« Vielleicht nahm er auch eine Anleihe bei Sokrates, der sagte: »Wer nicht zufrieden mit dem ist, was er hat, wäre auch nicht zufrieden mit dem, was er gern hätte.« Viele religiöse Führer haben erklärt, dass derjenige, der sich wünscht, was er hat, so denkt, handelt und fühlt, als wäre das gewöhnliche Dasein heilig. Sich zu wünschen, was man hat, ist also eigentlich eine tiefe spirituelle Praxis.

Neigen Sie dazu, das Glück als Bestimmungsort oder Objekt zu betrachten – oder als Besitz möglichst vieler Objekte? Wir denken oft, dass wir das Glück erreichen werden, wenn wir unsere Instinkte oder Sehnsüchte befriedigen. Und warum auch nicht? Ist das Streben nach Glück nicht in der amerikanischen Verfassung und in der menschlichen DNA verankert? Tatsächlich genießen wir es sehr, Ziele zu verfolgen und Dinge zu erwerben. Aber oft macht uns die Vorstellung von etwas oder das Streben danach glücklicher als sein tatsächlicher Besitz.

Wollen oder haben

Diese Gleichung hat etwas von einer Denksportaufgabe. Was ist der Unterschied zwischen *Sich wünschen, was man hat* und *Haben, was man sich wünscht*? (Einige Freunde reduzieren diese Formel lieber auf *Haben* dividiert durch *Wünschen*.) Forscher der Universität von Pennsylvania und der Universität Stanford haben 12 Millionen persönliche Blogs studiert, um festzustellen, wie sich die Bedeutung des Glückskonzepts verschiebt und welche anderen Gefühle das Glück begleiten. Das am häufigsten in Zusammenhang mit dem Glück genannte Gefühl war das der »Genügsamkeit«, und die Mehrheit der mit dem Glück einhergehenden Emotionen hingen mit Dankbarkeit, Frieden oder der Zufriedenheit mit der eigenen Lebenssituation zusammen – all diese Zustände würden zu der Überschrift »Sich wünschen, was man hat« passen. Eine kleine Zahl passte zur Kategorie »Haben, was man sich wünscht«, darunter die freudige Erwartung. Jüngere Menschen verbinden das Glück eher mit Begeisterung und mit der Zukunft, während ältere dazu neigen, es mit Wohlbefinden in der Gegenwart gleichzusetzen.

Das könnte auch Teil der Erklärung für jene »U-Kurve« im empfundenen Wohlbefinden sein, die der *Economist* im Jahr 2010 in einer Titelgeschichte beschrieb. Den Höhepunkt erreicht das Glück bei Erwachsenen zwischen dem 18. und dem 21. Lebensjahr. Von da an lässt es nach, bis es zwischen dem 46. und 50. Lebensjahr einen Tiefpunkt erreicht, während die Angst auf einen Höhepunkt steigt. Doch überraschenderweise nimmt unser Glück von da an wieder stetig zu, so dass wir jenseits der 80 tatsächlich glücklicher sind als mit 20 Jahren. Es gibt also etwas, auf das wir uns freuen können!

Wie bei jeder Formel, die eine Division beinhaltet, muss man auch bei dieser den Zähler erhöhen und den Nenner verringern. In dieser spezifischen Gleichung sind einige buddhistische Prinzipien am Werk. Der völlige Verlust des Bedürfnisses, Dinge zu besitzen (dieses Bedürfnis ist der Nenner) würde das Glück in dieser Gleichung auf den absoluten Höchstwert steigen lassen. Aber einige der glücklichsten Menschen, die ich kenne, haben den umgekehrten Zugang gewählt: Sie haben einen unstillbaren Hunger nach materiellem Besitz. Aber sie haben gelernt, dieses Bedürfnis mit einem gesunden Maß an Zufriedenheit mit ihrem Besitz auszugleichen.

Vielleicht sollten wir »Haben, was man sich wünscht« als Erfolg und »Sich wünschen, was man hat« als Glück definieren. Erfolg und Glück werden oft irrtümlich für Zwillingsbrüder gehalten. Tatsächlich ist der Erfolg eher eine Maximierungs- oder Optimierungsstrategie, während das Glück eher mit Zufriedenheit und Wertschätzung zu tun hat. Die Verfechter der positiven Psychologie haben in klinischen Studien nachgewiesen, dass ein wesentliches Element des Glücks in der Fähigkeit besteht, Dankbarkeit zu empfinden und auszudrücken. Und sie haben gezeigt, dass »Maximierer«, das heißt vom Erfolg motivierte Menschen, im Allgemeinen weniger glücklich sind als »Satisfazierer«. Glückliche Menschen konzentrieren sich nicht auf das »bessere Leben«, sondern auf das »gute Leben«.

Daher könnte eine alternative Glücksformel lauten:

Glück = Dankbarkeit/Wunscherfüllung

Wer das Geschenk des Glücks als etwas von Natur aus Flüchtiges betrachtet, der empfindet eher in diesem Augenblick Dank dafür. Glücklichen Menschen ist das Anspruchsdenken der Narzissten fremd. Sie betrachten das Leben als eine mit Eiscreme gefüllte Schüssel, die in der Sonne steht: Man genießt besser das Eis, das man vor sich stehen hat, als sich auf die Suche nach der Schokoladensauce zu machen. Zu viele Menschen lassen sich entgehen, was ihnen das Leben gibt, weil sie damit beschäftigt sind, ihre Strategie zur Maximierung des Ertrags aus ihren zahlreichen Aktivitäten zu planen.

Haben, Nichthaben, Wünschen und Brauchen

Manche Leute bauen ihr Leben auf dem Glauben auf, dass sie mit mehr Geld glücklicher sein werden. Bis zu einem bestimmten Punkt trifft das zu. Aber dieser Punkt ist bei einem jährlichen Familieneinkommen von etwa 75 000 Dollar erreicht. Es ist wahr, ein »Habenichts« ist beträchtlichem Stress ausgesetzt: Zwar haben Forscher herausgefunden, dass ein geringeres Einkommen an sich keine Ursache für Unglück ist, aber es konfrontiert einen Menschen mit eine Reihe von Problemen, über die sich Menschen mit Geld keine Sorgen machen müssen.

Aber Forscher der Universität Princeton haben in einer Studie herausgefunden, dass bei Personen mit einem Jahreseinkommen von mehr als 75 000 Dollar das individuelle Temperament und die Lebensumstände größeren Einfluss auf die Zufriedenheit mit dem Leben haben als das Geld. Wie im ersten Kapitel dieses Buchs erwähnt, hängt unser Glück nur zu etwa 10 Prozent von unseren Lebensumständen ab (etwa von unserem Einkommen), während 40 Prozent mit unseren beabsichtigten Aktivitäten oder mit unserer Denkweise zusammenhängen. Aber besonders bemerkenswert ist, dass 50 Prozent unseres Glücks offenbar angeboren sind, ganz so wie die erblich angelegte Körpergröße oder die Neigung zum Übergewicht.

Allerdings entdeckten die Forscher in Princeton ein weiteres positives Nebenprodukt eines höheren Einkommens: Je mehr Geld jemand verdient, desto eher hat er das Gefühl, dass sich sein Leben gut entwickelt. Studien zeigen, dass die meisten Menschen mit weniger Geld zufrieden wären, sofern sie mehr verdienen würden als ihr Nachbar. Der Besitz von Statussymbolen, die unsere soziale Stellung im Vergleich zu anderen bestimmen, ist zu einem wichtigen Kriterium für die Bestimmung unseres Wohlbefindens geworden. Was würden Sie vorziehen: Würden Sie lieber 100 000 Dollar in einer Umgebung verdienen, in der die meisten Leute ein Einkommen von 150 000 Dollar erzielen, oder würden Sie mit 75 000 Dollar zufrieden sein, wenn die Menschen in Ihrer Umgebung 50 000 Dollar verdienen? Vor dieser Wahl stehen viele Menschen in Industrienationen, die im Ruhestand die Möglichkeit haben, sich in einem ärmeren Land niederzulassen. (Das ist einer der Gründe, warum in Ländern wie Mexiko, Costa Rica und Panama in den Küstenorten immer neue Siedlungen für Rentner aus den Vereinigten Staaten aus dem Boden schießen.)

Wir klettern in die Tretmühle der Erwartungen, um dem Glück nachzujagen. Und wir verfolgen ein bewegliches Ziel, da wir mit einem Auge danach schielen, was andere erreichen, und das andere auf unsere eigenen wachsenden Wünsche richten. Doch je mehr wir uns auf das Ziel des Glücks konzentrieren, desto deutlicher verfehlen wir es. Denn auf dem Weg dorthin vermengen wir unsere unerfüllbaren Wünsche mit unseren tatsächlichen Bedürfnissen.

Diesem Streben nach Glück liegt der »Wenn-dann-Glaube« zugrunde. Es steckt fast eine Gleichung hinter diesem Glauben: *Wenn* wir bekommen, was wir uns wünschen, *dann* werden wir automatisch glücklicher, reicher oder schöner sein. Erinnern Sie sich daran, dass Sie sich einmal derart auf etwas konzentrierten, dass Sie wirklich glaubten, es werde Sie glücklich machen? War dieses Ziel die Mühe wert? Manchmal ist das der Fall, aber oft eben auch nicht. Man muss nur die Lottogewinner fragen: Normalerweise sind sie nach einigen Jahren wieder so glücklich oder unglücklich wie vor dem Geldsegen, denn in ihrem neuen Leben sind sie mit einer Vielzahl neuer Entscheidungen, Herausforderungen und Wünsche konfrontiert. In einer Studie wurden Familien mit vier Mitgliedern 36 Jahre lang beobachtet, um festzustellen, was eine solche Familie benötigte, um »zurechtzukommen«. Wie sich herausstellte, stieg das Einkommen, das als notwendig erachtet wurde, um die Bedürfnisse der Familie zu erfüllen, im Gleichschritt mit dem tatsächlichen Familieneinkommen. Das wird manchmal als »Regel des Doppelten« bezeichnet, da wir uns gewöhnlich etwa das Doppelte dessen wünschen, was wir haben. Das ist ein Teil der Erklärung dafür, dass die Menschen heute trotz gestiegener Realeinkommen nicht glücklicher sind als vor 50 Jahren.

Dem konservativen Kolumnisten George Will zufolge ist ein Bedürfnis im heutigen Amerika »ein 48 Stunden alter Wunsch«. Das Ergebnis, so Will, ist eine »Vermengung von Bedürfnissen und Wünschen«, die zu einer »Tyrannei des Überflüssigen« führt. Es wird immer etwas geben, das man nicht hat. Welche Dinge in Ihrem Leben brauchen Sie in Wirklichkeit nicht? Ziehen Sie sich mit einem Blatt Papier an einen Ort zurück, an dem Sie ungestört sind, und denken Sie ein wenig nach: »Welches sind die zehn grundlegenden Bedürfnisse in meinem Leben?« Die ersten vier kann ich Ihnen vorgeben (sie bilden die Grundlage von Abraham Maslows Hierarchie der Bedürfnisse): Wasser, Nahrung, Schlaf, Atemluft. Wenn eines dieser physiologischen Bedürfnisse nur kurze Zeit nicht befriedigt wird, sterben Sie. Stellen Sie sich vor, Sie könnten eines dieser Bedürfnisse nicht mehr erfüllen – oder Sie würden wie Helen Keller zwei Ihrer fünf Sinne verlieren –, und es wird Ihnen klar werden, was ein wirkliches Bedürfnis ist. Schreiben Sie nun die sechs übrigen Bedürfnisse auf. Empfinden Sie es als befreiend, dass Ihre Bedürfnisse so einfach zu befriedigen sind?

Als nächstes machen Sie sich eine Liste jener zehn Dinge, die Sie sich im Augenblick am sehnlichsten wünschen. Ein solcher Wunsch könnte darin bestehen, 10 Kilo abzunehmen. Oder ein neues Auto zu kaufen. Oder ein größeres Haus. Oder vielleicht wünschen Sie sich einfach ein wenig mehr Liebe von Ihrem Partner oder Ihrer Partnerin. Es ist vollkommen in Ordnung, Wünsche zu haben, aber in vielen Fällen ist es unmöglich, sie vollkommen zu erfüllen. Gerade wenn wir erreicht haben, was wir wollten, stellen wir fest, dass unser Nachbar schlanker oder wohlhabender ist als wir oder von seiner Frau mehr geliebt wird. So funktioniert das Spiel, das wir im Geist spielen … und wir spielen es seit vielen Jahren.

Es ist an der Zeit, es mit einem anderen Spiel zu versuchen. Der englische Essayist John Lubbock schrieb: »Glück ist etwas, das man üben muss, wie das Geigespielen.« Was wäre, wenn der Schlüssel zum Glück einfach darin bestünde, diese Emotion zu üben, anstatt ihr nachzulaufen?

Glück = Übung/Streben

Wie übt man, glücklich zu sein? Der erste Schritt besteht einfach darin, sich klar zu machen, wonach man sucht. So wie man seine Schlagtechnik beim Golf üben kann, kann man auch das Glücklichsein üben. In *The How of Happiness: A New Approach to Getting the Life You Want (Glücklich sein: Warum Sie es in der Hand haben, zufrieden zu leben)* beschreibt Sonja Lyubomirsky verschiedene Methoden, die jedermann in sein Leben einbauen kann. Unter anderem schlägt sie vor, regelmäßig Dankbarkeit zu äußern, mit Zuversicht an die Zukunft zu denken, die kleinen Freuden des Lebens zu genießen, Lebensziele und langfristige Bestrebungen beharrlich zu verfolgen und die Beziehungen zu anderen Menschen als etwas zu pflegen, das so wichtig ist wie die Atemluft.

Wie ich diese Formel auf die harte Tour verstehen lernte

Wie in Kapitel 8 erwähnt, widerfuhren mir am 19. August 2008 das Leben und beinahe auch der Tod, während ich meinen Wünschen nachjagte. Ich sah in meinem Herzstillstand ein klares Beispiel für einen göttlichen Eingriff: Die höhere Macht rief mir in Erinnerung, dass ich ein wenig mehr schätzen sollte, was mir das Leben gegeben hatte, und aus der Tretmühle der Wunscherfüllung aussteigen musste.

Ich nahm mir den Hinweis zu Herzen und stellte fest, dass diese Gleichung in meinem Fall ein wenig »nennerlastig« war. Also tat ich drei Dinge, um den Zähler zu vergrößern: Erstens trat ich die Leitung meines Unternehmens an unseren sehr fähigen Betriebschef ab. Zweitens machte ich mir eine Liste jener Verpflichtungen, die meinem Leben nicht länger dienten. Die Folge war, dass ich mich zum Beispiel aus dem Vorstand einer gemeinnützigen Einrichtung zurückzog und ein TV-Abonnement für die Footballsaison kündigte. Und es bedeutete, weniger oder überhaupt keine Zeit mehr mit Menschen zu verbringen, die keine Freude in mein Leben brachten.

Diese Entscheidungen verschafften mir Zeit für die Dinge, die ich liebte – und für die bis dahin zu wenig Platz in meinem Leben gewesen war. Ich verbrachte nun mehr Zeit mit meinem Sohn und seinen drei entzückenden Kindern. Ich widmete mich intensiv der Meditation und dem Yoga. Ich machte mir klar, in welche Freundschaften ich investieren sollte, und beschloss, mich meinen vier engsten Freunden mehr zu widmen. Und ich gewöhnte mir wieder an, einmal pro Vierteljahr ein dreitägiges Saftfasten einzulegen. Manchmal lernt man am besten zu schätzen, was man hat, indem man es sich entzieht. Die erfrischenden Fastentage (die mir seelische Flügel verleihen) machen mir klar, wie wenig ich eigentlich brauche, um glücklich zu sein.

Wenden wir die Formel an

Ziehen Sie einmal im Jahr Bilanz, um festzustellen, ob Sie sich wünschen, was Sie haben. Martin Seligman, ein wichtiger Vertreter der positiven Psychologie und Autor des bahnbrechenden Buchs *Authentic Happiness (Der Glücksfaktor)*, schlägt eine jährliche Übung vor, die er als »Januarrückblick« bezeichnet: Kurz nach Neujahr beschäftigt er sich einen Tag lang ausschließlich mit der Frage, wie zufrieden er in folgenden Lebensbereichen ist: Liebe, Beruf, Finanzen, Spiel, Freunde, Gesundheit, Produktivität und allgemeines Wohlbefinden. Anschließend analysiert er seine »Laufbahn«, um seine Entwicklung in den verschiedenen Bereichen im Lauf des vergangenen Jahres zu beurteilen. Bei meiner jährlichen Überprüfung füge ich die Kategorien Familie und Spiritualität hinzu, und nehme mir ein wenig Zeit, um jeweils ein Element pro Kategorie auszukosten und mir auszumalen, wie das Leben ohne diesen Bestandteil aussähe. Beispielsweise kann man seine Beziehung zur Gemeinde oder spirituellen Gemeinschaft überdenken. Schließen Sie die Augen und fragen Sie sich: »Wie wäre das Leben ohne diese Beziehung?« Wenn Sie bei diesem Gedanken feststellen, dass dieses Element eine große Lücke hinterlassen würde, sollten Sie diese jährliche Analyse nutzen, um sich bewusst zu machen, wie inspirierend diese Geschenke des Lebens sind.

Genießen Sie das Glück mit glücklichen Menschen.
Was wäre, wenn die Zeitschrift *Forbes* ihre jährliche Liste der 400 reichsten Menschen der Welt durch eine Liste der 400 glücklichsten Menschen ergänzen würde? Vielleicht sollten wir beginnen, etwas Wertvolleres als den finanziellen Reichtum zu messen. Was, wenn Sie vier Freunde, Kollegen oder Familienmitglieder auflisten sollten, die besonders glückliche Menschen sind? Wenn das möglich ist, sollten Sie ein wenig Zeit mit diesen Menschen verbringen. Dabei werden Sie feststellen, dass diese Personen dem Wert über dem Bruchstrich größere Aufmerksamkeit widmen als dem Nenner. Denken Sie darüber nach, was Sie von jeder dieser vier Personen lernen können, und beginnen Sie, diese Lektion »anzuwenden« und ihre Auswirkungen auf Ihr Leben zu bewerten. Eric Hoffer hat geschrieben: »Wenn die Menschen tun können, was ihnen gefällt, ahmen sie normalerweise andere Menschen nach.« Auch das Glücklichsein hat sich als ansteckend erwiesen. Nicholas Christakis von der Universität Harvard hat nachgewiesen, dass der Freund eines Freundes unseres Freundes mehr Einfluss auf unser Glück hat als zusätzliche 5 000 Dollar in der Geldbörse. Wenn unser Freund glücklich ist, ist die Wahrscheinlichkeit, dass wir glücklich sein werden, um 15 Prozent höher. Jedes Mal, wenn die glückliche Person ein Glied weiter von uns entfernt ist, schwindet dieser Einfluss um 5 Prozent. Wir wussten, dass Gähnen und Lachen ansteckend sein können. Jetzt wissen wir, dass auch das Glück ansteckend ist.

Schaffen Sie ein geeignetes Umfeld für Glück.
In *Choosing the Right Pond* empfiehlt uns der Ökonom Robert H. Frank, den »Teich«, in dem wir leben wollen, sehr

sorgfältig auszusuchen, da unsere Bezugsgruppe erheblichen Einfluss auf unsere Wünsche und Bedürfnisse haben wird. Wenn wir uns mit Freunden oder Kollegen umgeben, die immerzu auf der Jagd nach schimmernden neuen Objekten sind, fühlen wir uns in diesem Teich möglicherweise minderwertig, wenn wir nicht ebenfalls nach dem Besitz solcher Dinge streben. Ich persönlich weiß, dass ich mir die Suche nach dem Glück erschwere, indem ich mich mit anderen ehrgeizigen Unternehmensleitern umgebe. Viele meiner Freunde sind Künstler und befinden sich oft in Geldnot. Ich selbst leide oft unter Zeitnot. Einen Nachmittag mit einem dieser Freunde zu verbringen, hilft mir stets zu erkennen, dass es uns im Leben in Wahrheit nicht an Geld, sondern an Zeit mangelt: Wenn wir sterben, so nicht, weil uns das Geld ausgegangen ist, sondern weil unsere Zeit abgelaufen ist. Diese Freunde helfen mir auch zu sehen, dass man, wenn man sein Geld nicht für Besitz, sondern für Erfahrungen ausgibt, weniger dazu neigt, sich unablässig mit den Nachbarn zu vergleichen, da Erfahrungen schwerer zu messen und zu vergleichen sind. Dazu kommt, dass man Erfahrungen mit anderen teilt, und die emotionale Bindung – und die bleibenden Erinnerungen – wirken sich ebenfalls positiv auf unser Glücksempfinden aus.

Versuchen Sie, dankbarer zu sein.
Wenn die Vertreter der positiven Psychologie Recht mit ihrer Einschätzung haben, dass die Dankbarkeit der wichtigste Bestandteil des Glückskuchens ist, sollten Sie das Rührgerät einschalten. Allerdings rät die Glücksforscherin Sonja Lyubomirsky davon ab, allzu viel Dankbarkeit in den Teig zu rühren, da der Kuchen sonst zu süß würde. Sie können Ihr Glück erhöhen, indem Sie ein Dankbarkeitstagebuch führen, das Ihnen die Augen dafür öffnen wird, was Sie besitzen. So wird es Ihnen leichter fallen, wirklich zu schätzen, was Ihnen

das Leben gibt. Noch besser wäre es, bei der wöchentlichen Eintragung im Dankbarkeitstagebuch eine Notiz dazu zu machen, dass Sie im Lauf der nächsten Woche den Menschen, die Sie in Ihrem Tagebuch erwähnen, persönlich Ihre Dankbarkeit ausdrücken sollten. Die Dankbarkeit ist das wirksamste Mittel, um sich in Erinnerung zu rufen, dass man sich wünschen sollte, was man hat.

Dieses Kapitel sollte mit einem Warnhinweis abgeschlossen werden: HÜTE DICH DAVOR, DEM GLÜCK NACHZUJAGEN.

Das Glück stellt sich ein, weshalb es keinen Sinn hat, es zu suchen. Nehmen Sie sich den Rat der französischen Dichterin Colette zu Herzen, die schrieb: »Was für ein wunderbares Leben ich hatte! Ich wünschte nur, ich hätte das früher erkannt.« Das Glück umgibt uns, selbst wenn es uns ausweicht. Es geht einfach darum, es als das zu sehen, was es ist: Wir müssen begreifen, dass unser Leben voller kostbarer Geschenke ist, deren Wert wir oft erst sehen, wenn wir sie verloren haben.

Kapitel 16

Freude = Liebe – Furcht

Die Ärzte nahmen an, Sean Stephenson werde bei der Geburt sterben. Doch gegen jede Wahrscheinlichkeit überlebte er. Bis zu seinem 18. Lebensjahr hatte er aufgrund einer seltenen Erbkrankheit namens Osteogenesis Imperfecta (der »Glasknochenkrankheit«) mehr als 200 Knochenbrüche erlitten, die sein Größenwachstum auf weniger als einen Meter beschränkt hatten. Sean, der bei jedem Sturz, ja sogar bei einem starken Niesen eine schwere Verletzung erleiden konnte, hätte sein Leben geschützt vor jeder Gefahr in einer Blase verbringen können. Stattdessen wurde er zu einem der bekanntesten Motivationstrainer der Welt, zu einem klinischen Psychotherapeuten, Autor, Marketingberater und Mitarbeiter des Weißen Hauses unter Präsident Bill Clinton.

Wie schaffte es dieser (nur im physischen Sinn) kleine Mann, der sein ganzes Leben an einen Rollstuhl gefesselt war, um sich eine faszinierende, mit Freude erfüllte Welt zu errichten? (Wenn Sie seine Tanzvideos noch nicht gesehen haben, sollten Sie unbedingt auf YouTube nach Sean Stephenson suchen, um sich von der Freude dieses Mannes anstecken zu lassen, der mittlerweile über 30 ist.) Stephenson ist davon überzeugt, dass Liebe und Furcht einander ausschließen. Er erklärt, die meisten von uns trügen »Furchtscheuklappen«, um uns vor einer Welt zu schützen, die uns verletzt hat. Doch dieser auf dem Mangel beruhende Zugang zum Leben lässt keinen Raum für die allgegenwärtige Liebe. Stephenson sagte mir im Gespräch: »Ich blieb am Leben, weil ich meinen Herzmuskel entwickelte. Ich machte mir die Liebe zur Gewohnheit. Wir wachsen nicht, indem wir lediglich die Menschen lieben, die gut zu uns sind. Wir wachsen, indem wir lernen, auch jene zu lieben, die weniger liebenswert sind, jene, deren Leben von Furcht erfüllt ist. Es ist noch niemandem gelungen, die Furcht mit noch mehr Furcht zu überwinden. Wenn ich eine Entscheidung aus Liebe fälle, bedaure ich es nie. Wenn ich eine Entscheidung aus Furcht fälle, bedaure ich es fast immer.«

Sean hätte ein Leben führen können, in dem die Furcht seine Beziehung zu seiner Gesundheit, zu seinem Wohlstand und zu seinen Beziehungen beherrscht hätte. Stattdessen wurde er zu einem erfolgreichen Unternehmer – er drehte sogar gemeinsam mit Miss Fitness Universe ein Fitnessvideo. Viele Menschen, die ähnliche Probleme haben wie Sean Stephenson, haben jede Hoffnung auf ein erfolgreiches Leben aufgegeben. Doch Sean führt abgesehen von seinen beruflichen Erfolgen eine wunderbare Beziehung zu einer klugen und schönen Frau, die körperlich vollkommen gesund ist. Ihre Beziehung ist ein Modell dafür, wie gute Partnerschaften aussehen können. Sean erklärt: »Ein von Liebe motiviertes Leben zu führen, erzeugt positive Bewegung. Es ist wie überbordende Freude oder der Wunsch, auf der Straße zu tanzen. Die Freude ist die dauerhafteste und stärkste Emotion im Leben, weil sie gleichbedeutend mit Liebe ist.«

Die Freude ist eine Einstellung des Herzens. Und die Ironie will es, dass wir Freude finden können, wenn wir bereit sind, die Suche nach dem Glück aufzugeben. Ein Lottogewinn mag uns Glück bringen, aber die Geburt eines Kindes erfüllt uns mit Freude. J. D. Salinger schrieb: »Der größte Unterschied zwischen Glück und Freude ist, dass das Glück ein Feststoff und die Freude eine Flüssigkeit ist.«

Das Glück mag uns lächeln lassen, aber die Freude ist wie eine »Ganzkörper-Emotion«. Sie ist spontan und hält dennoch an. Wir sagen oft, dass jemand »seine Freude nicht zurückhalten« konnte oder »überschäumende Freude« empfand. Während wir das Glück einem glücklichen Umstand verdanken können, scheint die Freude einer Quelle tief in unserem Inneren zu entspringen. Das Glück ist äußerlich, die Freude innerlich.

»Furcht ist nicht in der Liebe, sondern die völlige Liebe treibt die Furcht aus«

Dieses Bibelzitat beschreibt, was ich als »die Liebesblase des Lebens« bezeichnen möchte. Denken Sie an ein Tortendiagramm. Die Torte besteht aus nur zwei Teilen: Liebe und Furcht. Eine Kraft verdrängt die andere. Dies sind die beiden treibenden Kräfte des Lebens. Viele Wissenschaftler glauben, dass alle anderen Emotionen direkte Abkömmlinge dieser beiden unversöhnlichen Gegner sind. Der Autor Gregg Braden erklärt: »Die Emotion ist die Energiequelle, die uns vorantreibt. Liebe und Furcht sind die Kräfte, die uns antreiben, jene Hindernisse zu überwinden, die zwischen uns und unseren Zielen, Träumen und Sehnsüchten stehen.« Und mein Held, der Psychologe Abraham Maslow, war der Ansicht, dass ein Mensch in jeder gegebenen Situation zwei Optionen habe: Er könne einen Schritt weitergehen, um sich zu entwickeln, oder einen Schritt zurück, um sich in Sicherheit zu begeben.

Der Biologe Bruce Lipton erklärt, aus evolutionärer Sicht hätten wir stets zwei Möglichkeiten: Wachstum oder Schutz. Täglich gehen in unserem Körper Milliarden Zellen zugrunde. Die biologischen Mechanismen von Wachstum und Schutz können nicht simultan optimal arbeiten. Die Furcht löst mehr als 1400 bekannte physische und chemische Reaktionen aus und aktiviert mehr als 30 verschiedene Hormone und Neurotransmitter. Bei derart hektischer Aktivität fällt es dem Körper schwer, sich nebenher auf das Wachstum (oder die Liebe) zu konzentrieren. Die Furcht ist ein aggressiver Widersacher der Freude.

Der Druck des modernen Lebens sorgt dafür, dass wir unentwegt mit Kampf-oder-Flucht-Entscheidungen konfrontiert sind. Und wenn wir uns ständig im – von der Furcht bedingten – Zustand des Selbstschutzes befinden, kann unser Körper keine das Leben fördernde Energie aufbauen.

Wenn Sie von Ihrem Arbeitsleben besessen sind – was oft auf Kosten des Privatlebens geht –, sind Sie möglicherweise versucht, dieses Kapitel zu überspringen. Das wäre ein Fehler. Diese Formel hat im beruflichen Kontext ebenfalls Relevanz.

In vielen Unternehmen ist die Furcht die häufigste Emotion und wirkt sehr ansteckend; das gilt insbesondere in wirtschaftlichen Krisenzeiten. Die Furcht demotiviert und hat eine zersetzende Wirkung auf Kreativität und Innovation. Auf unser Arbeitsleben übertragen, könnte diese Formel etwa so aussehen:

Innovation = Kreativität – Zynismus

Innovation ist Freude. Kreativität ist Liebe. Und der Zynismus, der Konformität hervorbringt, entspringt der Furcht. Unternehmen, die in diesen Teufelskreis der Furcht geraten, büßen jene Kreativität ein, die eine innovative Organisation dazu bewegt, sich dem Fortschritt der Welt anzupassen. Die in der Furcht gefangenen Unternehmensdinosaurier werden im 21. Jahrhundert aussterben. Deshalb sind Freude, Liebe und Furcht für das Arbeitsleben ebenso wichtig wie für das Liebesleben.

Als Liebe getarnte Furcht

Die Verliebtheit kann sich anfühlen wie ein Gemisch aus Liebe und Furcht. Anfangs öffnen wir unser Herz und fühlen die Weite, die uns mit Freude erfüllt. Dann kommen die Befürchtungen: Sind wir vielleicht nicht gut genug für den Menschen, in den wir uns verliebt haben? Ist dieser Mensch vielleicht nicht vertrauenswürdig? Die Verliebtheit kann eine köstliche, aber auch erschreckende Mischung von Freude und Furcht sein. Es gibt ungezählte Beispiele für verheiratete Paare, die einander in der Phase der größten Verwundbarkeit begegnet sind – die ideale Voraussetzung für eine Mischung aus Liebe und Furcht.

Eine bekannte Studie über Liebe und Furcht wurde unter dem Titel »Liebe auf einer Hängebrücke« bekannt. Für die Studie verwendeten Donald Dutton und Arthur Aron zwei Brücken in British Columbia: Eine war sicher und relativ leicht zu überqueren – sie spannte sich in geringer Höhe über einen ruhigen Strom –, während die andere für Abenteuerlustige gemacht war: Diese Hängebrücke schwankte 70 Meter über Felsen und Stromschnellen im Wind und ließ das Herz jedes Menschen, der sie zu überqueren wagte, im Hals schlagen.

Ein attraktives weibliches Mitglied des Forscherteams trat an die männlichen Versuchspersonen, die eine der beiden Brücken überquerten, heran, wenn sie etwa in der Mitte der Brücke angelangt waren. Die Frau stellte sich als Psychologin vor, die eine Studie durchführe, zeigte den Männern ein Foto einer Frau, die sich mit einer Hand das Gesicht bedeckte und die andere ausgestreckt hatte, und bat die Versuchsteilnehmer, niederzuschreiben, was ihnen beim Anblick dieses Fotos in den Sinn kam. Der angebliche Zweck der Übung war, die Wirkung der natürlichen Schönheit auf die Kreativität eines Menschen zu untersuchen. Jenen Männern, die bereit waren, an der Studie teilzunehmen und mitten auf der Brücke eine Kurzgeschichte zu schreiben, nannte die attraktive Forscherin ihren Namen und ihre Telefonnummer, damit sich die Versuchsteilnehmer später nach den Ergebnissen der Studie erkundigen konnten.

Dutton und Aron stellten fest, dass die Männer auf der gefährlich wirkenden Brücke durch deren Höhe stärker stimuliert wurden und eher dazu neigten, diesen Reiz als »Liebe auf den ersten Blick« zu missdeuten. Die Folge war, dass sie die attraktive Forscherin eher anriefen, um sich mit ihr zu verabreden (die Hälfte der Männer, die über die gefährliche Brücke gegangen waren, riefen die Frau an, während das nur ein Achtel der Männer taten, die die sichere Brücke überquert hatten). Wenn unsere Emotionen besonders stark werden, verwechseln wir leicht Liebe und Furcht. Unser Nervensystem registriert eine physiologische Reaktion – einen beschleunigten Puls, einen Adrenalinschub, eine hohe Aufmerksamkeit, starkes Schwitzen und vielleicht ein flaues Gefühl in der Magengegend – und schreibt es der Zuneigung zu einer Person zu, obwohl es sich in Wahrheit um Furcht handelt. Vielleicht ist das der Grund dafür, dass wir uns *ver*lieben: Es liegt an dieser köstlichen Verwirrung, die uns ein Leben lang rätselhaft bleiben kann. Haben Sie je Furcht mit Liebe verwechselt oder umgekehrt?

Furcht und Freude des Unternehmertums

Sämtliche zuvor genannten körperlichen Symptome – Adrenalinschub, Schweißausbruch, Erschöpfung – traten bei mir auf, als ich im Jahr 1986 über die Gründung meines eigenen Unternehmens nachdachte. Ich war schon als Teenager auf dem besten Weg zu einer großen Karriere gewesen, hatte mein Grundstudium in Stanford abgeschlossen und war an der Wirtschaftsfakultät der Universität angenommen worden. Während meines MBA-Studiums war ich Vorsitzender des Real Estate Club und erhielt einige ausgezeichnete Stellenangebote von den besten Immobilienfirmen des Landes. Aber ich entschloss mich, für einen eigenbrötlerischen Projektentwickler in San Francisco zu arbeiten – für ein Drittel des Gehalts, das man mir andernorts angeboten hatte. Der Grund dafür war, dass ich ein kreativer und unternehmerischer Immobilienentwickler werden wollte, und der beste Weg, dieses Handwerk zu erlernen, schien zu sein, bei einem Meister des Fachs in die Lehre zu gehen. Ich wollte dieses Handwerk von der Pike auf lernen.

Doch nach einem Jahr in diesem Job wurde mir klar, dass ich meine Tätigkeit nicht liebte. Diese Erkenntnis war ein Schock für mich, denn ich war sicher gewesen, den richtigen Weg eingeschlagen zu haben, als ich einträgliche und prestigeträchtige Stellen abgelehnt hatte, um in einem Kellerbüro die schwierige Renovierung eines großen historischen Gebäudes zu leiten. Im Alter von 24 Jahren kam ich mir verloren vor. Wenn man seine Berufung nicht in der Arbeit findet, macht man sich normalerweise anderswo auf die Suche. Ich begann zu lernen, wie man Drehbücher schreibt, und ließ mich zum Massagetherapeuten ausbilden. Nun war ich auf dem besten Weg, der erste Masseur mit einem Stanford-Abschluss zu werden.

Als mein 26. Geburtstag näher rückte, entschloss ich mich, einen letzten Versuch zu unternehmen, meine Ausbildung zum Immobilienexperten in einer nicht auf das Geschäftliche beschränkten Branche zu nutzen, die gastfreundlicher und kreativer war. Ich wollte eine Kette von Boutique-Hotels aufbauen, und in der Hoffnung, eine Million Dollar bei Investoren aufzutreiben, fasste ich den Kauf einer billigen Absteige in Tenderloin ins Auge, einem verrufenen Stadtteil von San Francisco. Dieses Haus war alles andere als glamourös. Natürlich hielten mich die vernünftigen Freunde, mit denen ich an der Stanford Business School studiert hatte, überwiegend für verrückt. Ich besaß keinerlei Erfahrung im Hotelgewerbe. Ich hatte nie ein Unternehmen geleitet. Dieses Hotel war bankrott und sollte zwangsversteigert werden. Sein wichtigster Firmenkunde waren ein Subjekt namens Vinnie und »seine Mädchen«. Es genügt zu sagen, dass das Etablissement zur Mittagszeit die meisten Gäste anlockte, obwohl es dort kein Restaurant gab. Einer meiner engsten Freunde brachte es auf den Punkt: »Chip, ich weiß nicht, ob du furchtlos oder einfach nur blöd bist, aber ich muss dir sagen, dass dies hier ein dunkler Fleck in deinem Lebenslauf sein wird.«

Die Wurzel der Furcht ist die Bindung. Wenn wir etwas fürchten, so deshalb, weil wir uns an ein Ergebnis klammern, das wir sehen oder nicht sehen wollen. Unsere Furcht ist direkt proportional zu dem Einfluss auf unser Leben, den wir diesem Ergebnis zuschreiben. Ich hatte mein ganzes bisheriges Leben als Erwachsener damit verbracht, mich auf eine Karriere in der Wirtschaft vorzubereiten, und nun sagten mir meine Freunde und Ratgeber, ich sei drauf und dran, mein Leben oder, was noch schlimmer schien, meinen Lebenslauf zu zerstören.

Ich wandte mich an Art Norkus, einen knurrigen Bandleader, der zugleich der Besitzer des Motels war, das ich kaufen wollte. Er war nicht unbedingt so gebildet oder vertrauenswürdig wie viele der Leute, die meine Furcht anfachten, und natürlich war es in seinem Interesse, mich dazu zu bewegen, ihm seine erbärmliche Immobilie abzunehmen. Er saß in der kitschigen Suite des Motels, nuckelte an seinem Gin Tonic (um 15 Uhr nachmittags) und überfiel mich mit folgender Frage: »Wovor fürchten Sie sich am meisten im Leben?« Ich suchte angestrengt nach einer Antwort und stieß hervor: »Wahrscheinlich davor, ein Versager zu sein.« Art schüttelte den Kopf und grinste mich verschmitzt an: »Dann suchen Sie sich einen Job in einer Firma, Söhnchen. So werden Sie sich erfolgreich fühlen, bis Sie etwa 50 sind, um sich anschließend scheiden zu lassen, sich eine junge Freundin zu suchen, einen Sportwagen zu kaufen und sich ein Toupet aufzusetzen. Sie werden der Welt einen erfolgreichen Mann vorspielen, aber in Ihrem Inneren werden Sie sich als Versager fühlen, weil Sie den sicheren Weg gewählt haben. Das ist der Grund dafür, dass sich all diese Manager mittleren Alters Harleys kaufen. Das soll ihnen das Gefühl geben, sich nicht verkauft zu haben.«

Ich wusste nicht, was ich sagen sollte, aber seine Botschaft fiel bei mir auf fruchtbaren Boden. Dann fragte er mich erneut: »Also wovor fürchten Sie sich nun *wirklich* am meisten?« Ich bat seine Frau, die hinter der Bar stand, mir auch einen Gin Tonic zu mischen. Nachdem ich mir ein wenig Mut angetrunken hatte, rieselten die folgenden Worte aus meinem Mund: »Ich glaube, am meisten fürchte ich mich davor, mich selbst zu enttäuschen, davor, meine Träume nicht zu verfolgen, davor, dass ich ersticken werde in dem Bemühen, die Erwartungen anderer Leute zu erfüllen.« Art lächelte und sagte: »Chip, befreien Sie sich von Ihrer Furcht, und Sie werden schockiert erkennen, wie befreiend das wirkt. Auf der anderen Seite werden Sie wahrscheinlich die Liebe Ihres Lebens finden … was immer das für Sie ist.«

An jenem Nachmittag entschloss ich mich ein für alle Mal, mich nicht länger daran zu klammern, dass ich ein Stanford-Absolvent war, der eines Tages ein Unternehmen leiten sollte. Ich würde ein Motelier (ja, nicht einmal ein Hotelier) sein, denn ich liebte dieses Gebäude, und jedes Mal, wenn ich durch den Hof ging und mir ausmalte, was ich daraus machen könnte, bekam ich eine Gänsehaut. Und als sich die Furcht verflüchtigte, rückte an ihre Stelle die Liebe zu diesem verrückten Projekt. Und dahinter steckte die Lebensfreude.

Wenden wir die Formel an

Schreiben Sie eine Anleitung zu einem Leben in Furcht. Manchmal besteht die beste Methode zur Bekämpfung der Furcht darin, sich vor Augen zu halten, wie widersinnig die Befürchtungen in ihrer Extremform sind. Nehmen wir an, Ihre Formel für die Freude steht auf dem Kopf, weil Ihre Furcht vor finanzieller Unsicherheit sie vollkommen lähmt. Nun müssen Sie eine Reihe von Trainingsschritten planen, die jemand anderem helfen würden, zu verstehen, wie besessen Sie von Geldfragen sind. Ein Freund von mir stellte eine solche Trainingsliste auf, nachdem er festgestellt hatte, dass die Furcht vor dem finanziellen Absturz die Liebe aus seinem Leben verdrängte. Probieren Sie diese Liste aus und fragen Sie sich, wie viele Punkte für Sie relevant sind:

1. Entwerfen Sie ein düsteres Bild von Ihrer Zukunft.
2. Stellen Sie sich vor, dass jedes mögliche finanzielle Problem zum schlimmsten Ergebnis führt.
3. Nehmen Sie an, dass Sie das Ergebnis nicht beeinflussen können.
4. Überzeugen Sie sich davon, dass Sie zum Scheitern verurteilt sind.
5. Fügen Sie den befürchteten Fehlschlägen weitere finanzielle Verpflichtungen hinzu.
6. Stellen Sie sich vor, sämtliche »Dinge« und Freiheiten im Augenblick des Zusammenbruchs zu verlieren.
7. Nehmen Sie an, dass Ihre Familie nicht ohne Sie über die Runden kommen kann und es Ihnen übel nehmen wird, wenn Sie sie zu Opfern auffordern.
8. Studieren Sie ein, wie Sie Ihrer Familie mitteilen werden, dass Sie ruiniert sind.
9. Spielen Sie dieses Horrorszenario jedes Mal durch, wenn Sie drauf und dran sind, Fortschritte zu machen.

Als sich mein Freund einmal dieser geistigen Endlosschleife bewusst geworden war, wurde ihm klar, dass dies ein Rezept für Stress und Leiden war. Und er erkannte, dass die meisten Punkte in seiner Trainingsanleitung auf falschen oder maßlos übertriebenen Vorstellungen beruhten. Um ein Muster der Furcht ändern zu können, muss man es zunächst sichtbar machen.

Schauen Sie sich etwas bei Roosevelt ab.
Anfang 1933 wandte sich Franklin D. Roosevelt nach seinem Wahlsieg inmitten der Weltwirtschaftskrise an die Nation und erklärte: »Nur ein einfältiger Optimist kann die düstere Wirklichkeit leugnen.« Doch er sprach auch über Glück und Freude: »Das Glück besteht nicht im Besitz von Geld, sondern in der Freude über eine Leistung, in der Begeisterung über einer kreative Bemühung. Wir dürfen die Freude und die moralische Anregung, die uns die Arbeit schenkt, nicht mehr der blinden Jagd nach flüchtigen Gewinnen opfern.« Und natürlich sagte er die berühmten Worte: »Das einzige, was wir fürchten müssen, ist die Furcht selbst – den namenlosen, unvernünftigen, unbegründeten Schrecken, der die Anstrengungen lähmt, die erforderlich sind, um den Rückschritt in Fortschritt zu verwandeln.« Was können wir daraus lernen? In schwierigen Zeiten müssen wir realistisch sein, aber wir dürfen nicht zulassen, dass uns die Furcht lähmt. Wenn Sie Zweifel haben, müssen Sie sich auf die Dinge konzentrieren, die Ihnen Freude bereiten, denn diese Dinge werden Ihnen am ehesten die Chance eröffnen, Furcht durch Liebe zu ersetzen. Die Frage, die ich mir stelle, wenn ich in dunkler Furcht gefangen bin, lautet: »Wo in all dem verbirgt sich die Liebe?« Das ist eine seltsame Frage, wenn man am Boden ist, aber allein die Erkenntnis, dass die Liebe siegen kann, wird Ihnen helfen, die schwere Decke der Furcht abzuwerfen, die Ihre Entwicklung umhüllt und erstickt.

Wenden Sie das Gesetz der Anziehung an.
Furcht ruft Furcht hervor, Liebe weckt Liebe. Millionen Menschen haben ihr Leben geändert, indem sie ihr Denken änderten. Emotionen lösen bei Menschen und in Organisationen eine Dynamik aus. Das kollektive Denken kann bei Sportmannschaften eine Sieges- oder Niederlagenserie auslösen. Wenn Sie Ihre Beziehungen zu anderen Menschen auf der Liebe aufbauen, können Sie Erfolge feiern, die für einen von der Furcht beherrschten Menschen unerreichbar bleiben werden. Nützliche Hinweise dazu, wie Sie die Liebe in der Welt nutzen können, finden Sie in *The Law of Attraction* von Esther und Jerry Hicks. Wenn Sie Liebe wollen, müssen Sie lernen, Liebe zu geben. Wenn Sie Aufmerksamkeit und Wertschätzung wollen, zeigen Sie Aufmerksamkeit und Wertschätzung.

Tun Sie etwas nur aus Freude.
Wenn Sie die Furcht in dieser Gleichung auf Null senken, hat die Freude den Wert der Liebe. Die Suche nach Liebe kann vergeblich sein, aber indem Sie Freude finden, können Sie das Tor zur Liebe aufstoßen. Vor einigen Jahren entschloss ich mich, zum 20. Geburtstag meines Unternehmens ein Freudenfest zu veranstalten. Wir luden 10 000 Frauen aus Kalifornien mit dem Namen Joy zu einer Party in unserem luxuriösen Hotel *Vitale* im Hafen von San Francisco ein. Den ersten 25 Frauen, die unsere Einladung annahmen, schenken wir eine anschließende Übernachtung, damit sie eine Pyjamaparty feiern konnten. Als ich die Idee einigen Managern vorschlug, waren sie skeptisch: Warum sollten wir Geld für eine Gruppe von Personen ausgeben, die nicht einmal unsere Kunden waren? Doch wir bemühten uns seit zwei Jahrzehnten, der Verantwortung gerecht zu werden, die wir übernommen hatten, als wir unserem Unternehmen den Namen dieser positiven Emotion gegeben hatten. Am Ende füllten wir einen

Saal mit Freude – 125 Frauen namens »Freude« waren mit ihren Partnern, Kindern und Freunden gekommen. Es war wunderbar, mit anzusehen, wie diese Fremden innerhalb kürzester Zeit Beziehungen knüpften, weil sie alle »Freude« waren. Sie vergossen viele Tränen der Freude. Es war eine einzige große Blase voller Liebe, und zwar nicht nur für die Joys und ihre Familien, sondern auch für unsere Mitarbeiter, denen vor Augen geführt wurde, was unser Firmenname bedeutete und was unsere Aufgabe war: Freude in die Welt zu bringen. Und auch das »Gesetz der Anziehung« wurde bewiesen, denn die Berichte über das Fest machten die Runde, was dem Hotel ein lukratives neues Geschäft eröffnete: eine Klausurtagung eines Unternehmens, die mehr einbrachte, als die Party gekostet hatte. Als ich in jener Nacht nach Hause ging, war mein Herz voller Liebe, und alle Furcht war in weite Ferne gerückt. Wie kann es leichtsinnig sein, sich der Freude hinzugeben? Vielleicht findet man einfach Liebe.

Ende der 70er-Jahre schrieb Gerald Jampolsky ein bahnbrechendes Selbsthilfebuch über dieses Thema. Ausgehend von *A Course in Miracles,* einem Handbuch für die spirituelle Wandlung, erklärte Jampolsky in *Love is Letting Go of Fear,* dass wir einen Großteil unseres Lebens damit verbringen, die Außenwelt als Verursacher allen Übels und uns selbst als Opfer zu betrachten. Haben wir einmal begriffen, dass wir keineswegs mit innerer Leere konfrontiert sind, wenn wir uns von allen historischen Einflüssen lösen, die Furcht in uns wecken, sondern dass wir auf diese Art Liebe finden werden, so sind wir eher bereit, unsere Gewohnheiten zu ändern und der Liebe den Vorzug vor der Furcht zu geben. Liebe ist wie ein elektrischer Strom. Wir können diesen Strom ein- oder ausschalten, je nachdem, ob wir in der Dunkelheit der Furcht leben wollen oder nicht. Und wenn wir ein Leben voller Liebe führen, steigt die überschäumende Emotion der Freude in uns auf.

Kapitel 17

Gedeihen* = Häufigkeit des Positiven/ Häufigkeit des Negativen

(* wobei das Gedeihen einem Wert von 3,0 oder mehr entspricht)

Im April 1964 erklärte Nelson Mandela vor Gericht: »Ich habe mein Leben dem Kampf des afrikanischen Volks gewidmet. Ich habe gegen die Beherrschung durch die Weißen gekämpft, und ich habe gegen die Beherrschung durch die Schwarzen gekämpft. Mein Ideal ist eine demokratische und freie Gesellschaft, in der alle Menschen in Harmonie zusammenleben und die gleichen Möglichkeiten haben werden. Ich hoffe, für dieses Ideal leben und es verwirklichen zu können. Aber wenn es sein muss, bin ich bereit, für dieses Ideal zu sterben.« Der Richter ersparte Mandela die Todesstrafe und verurteilte ihn wegen Hochverrats zu lebenslanger Haft. Mandela sollte die nächsten 27 Jahre in einer kleinen Zelle ohne Toilette oder fließendes Wasser verbringen. 18 Jahre lang musste er Zwangsarbeit leisten. Dieser Mann hatte kaum Anlass zu positivem Denken. Doch Nelson Mandela ist heute die vielleicht bekannteste Verkörperung des Optimismus.

Eine positive Einstellung erfordert eine bewusste Entscheidung. Und Nelson Mandela wäre der Letzte, der bei dem Gedanken daran, wie er sein Schicksal bewältigte, zur Selbstverklärung neigen würde. Doch anstatt in Selbstmitleid, Bedauern oder Groll zu schwelgen oder andere negative Emotionen zu hegen, für die er durchaus eine plausible Begründung gehabt hätte, verwandelte Mandela sich in den Inbegriff des positiv denkenden Menschen. In den Jahren der Haft auf Robben Island wurde er zum Vorbild für Selbstrespekt,

Respekt für andere, Mitgefühl und unerschütterliche Zuversicht. So inspirierte er alle Menschen in seiner Umgebung. Sein Beharrungsvermögen und seine positive Einstellung veränderten das Leben seiner Mithäftlinge. Während er für das südafrikanische Volk zum Helden wurde, wandelte er sich in aller Stille von einem Gefangenen zu jemandem, der andere in seinen Bann schlug. Er wurde für die Häftlinge wie für die Wärter zum Lehrer, Mentor, Führer und Freund.

Nach seiner Freilassung und dem Nobelpreis richtete Mandela im Jahr 1995 die »Kommission für Wahrheit und Versöhnung« ein, um die von Weißen und Schwarzen begangenen Verbrechen zu klären und das Tor zur Vergebung aufzustoßen. In seiner Funktion als Präsident Südafrikas ernannte er Erzbischof Desmond Tutu zum Leiter der Kommission, die sich der Untersuchung der Menschenrechtsverstöße widmete und öffentliche Anhörungen abhielt, in denen die Opfer ihre Geschichten erzählen konnten, rehabilitiert wurden und Entschädigungen erhielten, während die Täter Rechnung über ihre Verbrechen ablegten und statt Strafen Vergebung erhielten. Die bahnbrechende Kommission war nicht unumstritten. Aber dieser revolutionäre Versuch, die Wunden der südafrikanischen Gesellschaft und der einzelnen Beteiligten mit positivem Denken zu heilen, zeigt deutlich, was angesichts von unerträglichem Schmerz und Leiden möglich ist.

Die Dichterin Maya Angelou beschreibt, wie sie sich persönlich entfaltet: »Ich habe gelernt, dass das Leben weitergeht und gleich was geschieht oder wie schlimm es heute scheint, morgen besser sein wird. Ich habe gelernt, dass der Umgang eines Menschen mit folgenden drei Umständen viel über ihn verrät: Wie reagiert er auf einen regnerischen Tag, den Verlust seines Gepäcks und eine verknotete Lichterkette für den Weihnachtsbaum? … Ich habe gelernt, dass man jeden Tag die Hand ausstrecken und jemanden berühren sollte … Ich habe gelernt, dass die Menschen vergessen werden, was du gesagt hast, dass sie vergessen werden, was du getan hast, aber dass sie nie vergessen werden, wie sie sich in deiner Gegenwart gefühlt haben.«

Ist es nicht so? Oft hängt unser Urteil über unser Leben davon ab, welche Gipfel wir unter unseren einzigartigen Umständen erreichen oder welche Talsohlen wir durchschreiten müssen. Doch es sind die gewöhnlichen Details des Lebens und unsere Erfahrung dieser Details, die unser Leben auf dieser Erde bereichern. Unsere Einstellung zum täglichen Kampf durch den Feierabendverkehr wird letzten Endes vielleicht größeren Einfluss auf unser Leben haben als unsere Reaktion auf einen einmaligen gesundheitlichen Rückschlag, der uns für einige Monate traumatisiert.

Im Jahr 2000 brachte eine Gallup-Studie zum Vorschein, dass amerikanische Bundesstaaten, deren Bevölkerung eine positive und zuversichtliche Einstellung zum Leben hatte, wirtschaftlich besser gediehen als Staaten mit einer eher negativ denkenden Bevölkerung. Forscher haben festgestellt, wie wichtig eine positive Einstellung ist. Diese Entdeckung ist relativ neu, da sich die Psychologen in der Vergangenheit eher auf die Fehlentwicklungen als darauf konzentriert haben, was die Menschen richtig machen.

Im Jahr 1998 veröffentlichte die Psychologin Barbara Fredrickson eine Arbeit mit dem Titel »What Good Are Positive Emotions?«, die die Grundlage für ihr späteres Buch *Positivity (Die Macht der guten Gefühle)* wurde. In der Vergangenheit wurde den negativen Emotionen ein evolutionärer Nutzen zugeschrieben, da sie dem Menschen das Überleben erleichtern. Die Vorteile positiver Emotionen waren weniger offensichtlich, wenn man einmal von ihrem Einfluss auf den Fortpflanzungswunsch absieht.

Fredrickson zeigte, dass positive Emotionen unser Gesichtsfeld erweitern und so zu einem wünschenswerten Zustand führen. (Sie konzentrierte sich auf die Emotionen

Freude, Dankbarkeit, Gelassenheit, Interesse, Hoffnung, Stolz, Vergnügen, Inspiration, Ehrfurcht und Liebe.) So weckt beispielsweise die Freude das Bedürfnis, zu spielen und schöpferisch tätig zu werden. Interesse (Neugier) bewegt uns dazu, die Welt zu entdecken und Neues zu lernen, während uns Gelassenheit die Möglichkeit eröffnet, unsere gegenwärtigen Umstände zu genießen und in eine neue Sicht unserer selbst und der Welt zu integrieren. Während die negativen Gefühle unser Blickfeld verengen, eröffnen uns positive Emotionen Möglichkeiten und erlauben es uns, ein großes Reservoir an Eigenschaften oder Begabungen zu erschließen.

Diese Forschungsergebnisse sind durch Erkenntnisse aus der Arbeitswelt bestätigt worden. Managementtheoretiker haben empirisch nachgewiesen, dass eine positive Einstellung die Produktivität am Arbeitsplatz erhöht, da sie eine dynamische »Aufwärtsspirale« in Gang setzt. Das sehen wir im Sport, in unseren Partnerschaften und in unserer Beziehung zu uns selbst. Positive Emotionen sind der Schlüssel zu Belastbarkeit.

Die Verschmelzung von Emotionen und Formeln

Je mehr Barbara Fredrickson über den Einfluss einer positiven Einstellung herausfand, desto größer wurde ihr Bedürfnis, ein Werkzeug zu entwickeln, anhand dessen sie den Wert positiver Emotionen bestimmen konnte. Sie nahm Kontakt zu Marcial Losada auf, der ein mathematisches Modell entwickelt hatte, das zeigte, warum manche Arbeitsgruppen erfolgreich waren und andere nicht. Losada beobachtete verschiedene Teams und ermittelte in ihren Sitzungen bestimmte Schlüsselvariablen: Waren die Wortmeldungen der Teilnehmer positiv oder negativ? Bezogen sie sich auf sich selbst oder auf andere? Stellten sie Fragen, um zu lernen, oder verteidigten sie einen Standpunkt? Nachdem er zahlreiche Unternehmen studiert hatte, gelangte Losada zu dem Ergebnis, dass ein Verhältnis von etwa drei positiven zu einer negativen Emotion erforderlich war, um ein Team erfolgreich zu machen. Hat eine Gruppe eine solche positive Grundeinstellung, so schlug sich dies in einer größeren Zufriedenheit von Mitarbeitern und Kunden sowie in einer höheren Rentabilität nieder.

Fredrickson gelangte gestützt auf die Evolutionstheorie und Experimente zum selben Ergebnis: Wenn die Zahl der positiven Emotionen oder Einflüsse jene der negativen etwa um das Dreifache übersteigt, kommt es zu einem Domino- oder Kaskadeneffekt, der zu dem führt, was ich als »Siegesdynamik« bezeichnen möchte: Gute Dinge lösen weitere gute Dinge aus.

Der Psychologe John Gottman, ein international anerkannter Eheberater, ist beim Studium von Paaren zu ähnlichen Ergebnissen gelangt. In seinem Buch *The Mathematics of Marriage* zeigt er, dass das Verhältnis zwischen positiven und negativen Affekten (den Affekt kann man als »beobachtbaren Ausdruck der Emotion« definieren) in stabilen Paaren bei 5 zu 1 liegt, während es bei Paaren, die kurz vor der Scheidung stehen, 0,8 zu 1 beträgt. Nachdem er sich ein 15-minütiges Video von einer Unterhaltung eines Ehepaars angesehen hat, kann Gottman mit einer Trefferquote von etwa 90 Prozent voraussagen, ob diese Ehe Bestand haben oder in den nächsten Jahren zerbrechen wird. Dabei stützt er sich auf das Verhältnis von positiven und negativen Affekten. Eine einfache Methode, diese Formel anzuwenden, besteht darin, in Ihrer Ehe oder Beziehung das Verhältnis zwischen Lachen und Lächeln auf der einen Seite und Diskussionen und ärgerlichen Blicken auf der anderen zu bestimmen.

In Anlehnung an das konfuzianische Konzept des *Jen,* das die vielschichtige Mischung aus Menschlichkeit, Wohlwollen und Freundlichkeit beschreibt, hat der Psychologe Dacher

Keltner das »Jen-Verhältnis« entwickelt: Jemand, der *Jen* zeigt, ist in der Lage, das Gute in sich selbst, anderen Menschen und dem Leben zutage zu fördern. Daher enthält das Jen-Verhältnis im Zähler (dem Wert über dem Bruchstrich) die Zahl der Gelegenheiten in einem bestimmten Zeitraum, bei denen wir wohlwollend gehandelt und eine positive Wirkung auf andere Menschen gehabt haben, während wir im Nenner (unter dem Bruchstrich) die Zahl der Gelegenheiten finden, bei denen wir selbstsüchtig oder übelwollend gewesen sind.

All diese Erkenntnisse werden von den wegweisenden Forschungsergebnissen der Psychologen Daniel Kahneman und Amos Tversky bestätigt. Sie haben gezeigt, dass Verlust oder negative Affekte zwei- bis viermal größere Auswirkungen auf uns haben als ähnlich starke positive Erfahrungen. Die schädlichen Folgen negativer Affekte für unsere Psyche sind sehr viel größer als die vorteilhaften Wirkungen positiver Affekte. Das ist der Grund dafür, dass wir bei der positiven Einstellung ein Verhältnis von 3 zu 1 oder sogar 5 zu 1 anstreben müssen, da eine negative Emotion eine Handvoll positiver Gefühle zunichte machen kann.

Wenden wir diese Erkenntnisse auf unser Arbeitsleben an. Wenn wir einen Augenblick der Beklemmung empfinden, der das Ergebnis jener Kombination von Angst und Frustration ist, die an einem von der Furcht beherrschten Arbeitsplatz herrscht, müssen wir drei positive Erfahrungen sammeln, um diese Qual wettzumachen. Zu solchen Erfahrungen zählen ein produktives Mittagessen mit dem Vorgesetzten, zwei Stunden ungestörter Arbeit an einem Lieblingsprojekt oder die Lektüre positiver Kundenbewertungen, die uns zeigen, dass wir auf dem richtigen Weg sind. Das klingt einfach, aber Barbara Fredricksons Forschungsergebnisse zeigen, dass mindestens 80 Prozent der Menschen das Verhältnis von 3 zu 1 nicht erreichen. Doch man kann schon einiges bewirken, indem man sich einfach dieses Ziel setzt.

Eine positive Einstellung ist unvereinbar mit dem Zustand der Verleugnung

Nun, da Sie wissen, dass die positive Einstellung einfach auf dem Verhältnis von 3 zu 1 beruht, könnten Sie versucht sein, die Regeln ein wenig abzuwandeln. Vielleicht denken Sie: »Ich muss lediglich positiv denken und alles Negative, dem ich in meinem Leben begegne, einfach ignorieren.« Aber ich habe nicht ohne Grund Nelson Mandela den Vorzug vor einem Guru des positiven Denkens gegeben. Mandela stand vor anscheinend unüberwindlichen Hindernissen, aber als Friedensstifter und politischer Führer wählte er die Substanz statt der Oberfläche und die Bewusstheit statt der Verleugnung. Er nutzte die negativen Umstände sogar, um sich das Positive in seinem Leben vor Augen zu halten.

Wir müssen zwischen positivem Denken und positiven Emotionen unterscheiden. Das positive Denken *kann* positive Emotionen hervorbringen, aber dafür gibt es keine Garantie. Nimmt positives Denken die Form unrealistischer Erwartungen an, so kann es sogar zersetzend wirken. Bei hohen Erwartungen droht ein direkt proportionales Maß an Enttäuschung. Barbara Fredrickson hat festgestellt, dass unechtes positives Denken falsche positive Emotionen auslösen und schädliche Auswirkungen haben kann – ein Beispiel dafür ist, dass man sich selbst einredet, etwas gut zu können, obwohl man es in Wirklichkeit nicht kann. Die Skeptikerin Barbara Ehrenreich, die Autorin von *Bright-Sided: How the Relentless Promotion of Positive Thinking Has Undermined America,* glaubt, dass das vorgetäuschte positive Denken in der amerikanischen Wirtschaft, Religion und Psychologie derart allgegenwärtig ist, dass die Vereinigten Staaten kurz davor stehen, sich in ein Land orwellscher Prägung zu verwandeln.

Die Fähigkeit, die Risiken zu erkennen, sich einen Weg zur Bewältigung dieser Risiken vorzustellen und zu beurteilen, ob diese Lösung vernünftig ist, kann uns dabei helfen, die Angst zu verringern, ohne dass wir zwangsläufig in eine Abwärtsspirale des negativen Denkens geraten müssten. Hätten die Ingenieure, die die Titanic bauten, und die Crew, die den Ozeanriesen auf seiner verhängnisvollen Jungfernfahrt steuerte, ihr »unsinkbares Schiff« nur ein wenig kritischer gesehen. In den Rettungsbooten war nur für die Hälfte der Passagiere Platz, da man einen Untergang des Schiffs für *undenkbar* hielt. Doch genau diese Denkart führte zu einer unvorstellbaren Katastrophe. Es hilft uns nicht, das »Undenkbare« zu leugnen. Aber es hilft uns auch nicht, in der Auseinandersetzung damit zu verharren. Für ein positives Leben bedarf es verschiedener Handlungen, Verhaltensweisen und Bedingungen, von denen wir dauerhaft profitieren können. Die vereinfachende Vorstellung, unser Verstand allein könne uns in eine positive emotionale Situation versetzen, genügt nicht. Besonders deutlich wird das in einer Krise.

Denken Sie an eine Zeit, in der Sie von einer schlechten Erfahrung oder einem katastrophalen Ereignis gelähmt waren und von negativen Gedanken und Gefühlen überschwemmt und erdrückt wurden. Zumeist genügt es nicht, das negative Denken mit positiven Gedanken zu bekämpfen. Wenn der Verstand unkontrolliert in eine Richtung strebt, ist es praktisch unmöglich, ihn ausschließlich unter Einsatz geistiger Energie in die Gegenrichtung zu lenken. Zumeist führt dieses rein verstandesmäßige Verhalten zu folgender Gleichung:

Furcht + Grübeln = Panikattacke

Aber wenn Sie einen Schritt zurücktreten und sich vorstellen, welche Maßnahmen Sie ergreifen könnten, dann können Sie positive Emotionen auslösen, die mit dem Schenken und der Liebe zu tun haben. Auch Praktiken, die in normalen Zeiten positive Emotionen wecken, darunter das Gebet und regelmäßige Bekundungen der Dankbarkeit, können sich in einer Krise als sehr hilfreich erweisen. Es ist in jedem Fall schwierig, eine Krise zu überstehen, und es wird noch schwieriger, wenn man sich in dieser Belastungssituation vollkommen neue Gewohnheiten anzueignen versucht – auch wenn diese Gewohnheiten die Bedingungen schaffen können, unter denen man seine positiven Emotionen finden wird.

Eine Änderung der Gewohnheiten kann die Emotionen verändern

Indem Sie die »psychische Hygiene« Ihres Unternehmens ändern, können Sie die Welt verändern. Der Begriff, der aus Abraham Maslows Tagebüchern stammt, beschreibt das immaterielle kulturelle und psychologische Kapital einer Organisation ziemlich gut. Weiß ein Unternehmen, wie es sich in schwierigen Zeiten verjüngen kann? Oder entfacht der psychische Schweiß aus den Poren aller Angehörigen des Unternehmens ein metaphorisches Feuer am Arbeitsplatz?

Im Jahr 2002, auf dem Höhepunkt der New Economy-Krise, entschloss ich mich, die psychische Hygiene meines Unternehmens zu verbessern, indem ich den Abschluss der wöchentlichen Sitzungen des Topmanagements neu gestaltete. Diese atemlosen zweistündigen Sitzungen waren brutal. Wir taten alles Menschenmögliche, um Entlassungen zu vermeiden, aber wir waren mit den Nerven am Ende, weil es an vielen Standorten schwierig war, die Gehälter zu bezahlen, und die Einnahmensituation der Hotels wurde von Monat zu Monat schlechter.

In dieser Situation entschloss ich mich, am Ende unserer Sitzungen etwas Neues zu probieren: Jedes der 15 Mitglieder des Führungsgremiums sollte einen Mitarbeiter auswählen, der besondere Anerkennung verdiente. Der Betriebsleiter wies auf das besondere Engagement des Pagen Joe hin, der im Hotel *Rex* zwei 16-Stunden-Schichten am Stück absolviert hatte, als der einzige Aufzug des Hotels ausgefallen war und die Gäste ihr Gepäck über die Treppe tragen mussten – und zwar teilweise bis in den siebten Stock. Joe leistete diese Extraarbeit obendrein zu einer Zeit, als er Besuch von Verwandten hatte. Zwar verdiente er etwas zusätzliches Geld mit den Überstunden, aber er opferte auch wertvolle Zeit mit der Familie.

Anfangs zögerten unsere Manager ein wenig, solche Beispiele für besonderen Einsatzwillen und Charakterstärke hervorzuheben. Aber im Lauf der Zeit freundeten sie sich mit dem Gedanken an und bald endeten unsere wöchentlichen Managementsitzungen mit einer positiven Erfahrung, die sich in einer Zeit, als wir unter großem Stress standen, sehr vorteilhaft auf unsere psychische Hygiene auswirkte. Diese lockere zehnminütige Übung brachte drei positive Elemente zum Vorschein: Erstens erinnerte sie unsere Manager daran, dass es auch in den wirtschaftlichen Turbulenzen, die uns durchschüttelten, Beispiele dafür gab, dass unsere Mitarbeiter unser erklärtes Unternehmensziel verfolgten, täglich ein wenig Freude in das Leben anderer Menschen zu bringen. So hart diese Zeiten auch waren: Dieser positive Impuls gab uns die Hoffnung, dass wir nicht im Dunkeln tappten und dass unsere Arbeit nicht umsonst war.

Ein zweiter positiver Impuls ging von Joe aus, einem Mitarbeiter, der überrascht war, dass der Manager seines Hotels überhaupt bemerkt hatte, dass er innerhalb von zwei Tagen 32 Stunden gearbeitet hatte. Nachdem Joe einen donnernden Applaus von der versammelten Unternehmensspitze erhalten hatte, trat einer unserer Manager an ihn heran, um ihm persönlich zu danken, was dazu führte, dass Joe in den folgenden Tagen eine überschäumend positive Einstellung an den

Tag legte. Und seine gesamte Umgebung – seine Kollegen, die Hotelgäste und seine Familie – konnten sehen und fühlen, wie diese positive Haltung auf Joe wirkte. Da wir empfohlen hatten, das »Dankeschön« sollte nicht vom Betriebsleiter, sondern aus einer anderen Abteilung kommen (beispielsweise vom Marketingleiter), lösten wir einen positiven Impuls aus, der zwei Abteilungen erreichte. Die Wahrheit ist, dass in einer Rezession häufig Schuldzuweisungen zu hören sind. Der Betrieb macht dem Marketing Vorwürfe. Das Marketing hält den Verkauf für den Hauptverantwortlichen. Der Verkauf prangert die IT-Abteilung an. Die IT-Abteilung gibt der Finanzabteilung die Schuld. Und alle zusammen beschuldigen sie die Personalabteilung. Indem man über die Abteilungsgrenzen hinweg Leistungen anerkennt, kann man die Mauern niederreißen, die in Phasen rasanten Wachstums und in Zeiten großer Belastung errichtet werden.

Die positive Einstellung muss sich nicht in bedeutsamen Gesten äußern. Man kann auch im persönlichen Leben oder in einem Unternehmen neue Gewohnheiten annehmen, die positive Impulse aussenden und einen »Schmetterlingseffekt« auslösen. Je höher man in einer Unternehmenshierarchie steht, desto eher kann man eine tiefgreifende und bleibende Wirkung erzielen, indem man in der Organisation eine positive Einstellung zeigt.

Wenden wir die Formel an

Machen Sie Barbara Fredricksons Test zur positiven Einstellung und bedienen Sie sich der übrigen Hilfsmittel auf ihrer Website.

Auf Fredricksons Website *www.positivityratio.com* finden Sie einen einfachen Test mit 20 Fragen, anhand dessen Sie feststellen können, wie positiv Ihre Einstellung wirklich ist.

Wie jeder Test zeigt Ihnen auch dieser nur, wo Sie sich augenblicklich befinden; daher sollten Sie ihn im Laufe mehrerer Wochen wiederholt machen. Die zehn wichtigsten Emotionen, die eine positive Einstellung fördern, sind Freude, Dankbarkeit, Gelassenheit, Interesse, Hoffnung, Stolz, Vergnügen, Inspiration, Ehrfurcht und Liebe. Eine negative Einstellung begünstigen vor allem die folgenden Emotionen: Wut, Scham, Verachtung, Missfallen, Peinlichkeit, Schuld, Hass, Traurigkeit, Furcht und Stress. Als ich den Test zum ersten Mal machte, stellte ich zu meiner Enttäuschung fest, dass ich nicht auf den Wert von 3,0 kam. Ab diesem Wert befindet man sich in einer positiven Aufwärtsspirale. Als ich meine Ergebnisse überprüfte, wurde mir klar, dass der Nenner (die negativen Emotionen) gravierende Auswirkungen auf das Ergebnis hatte. In Zeiten hektischer Aktivität, wenn ich mir meines allgemeinen emotionalen Zustands und der einzelnen emotionalen Bestandteile, die zu diesem Zustand führen, kaum bewusst bin, unterziehe ich mich diesem Test, der mir ziemlich rasch zeigt, was in meinem Inneren vorgeht.

Nehmen Sie sich einen Tag Zeit für eine Bestandsaufnahme Ihrer positiven und negativen Emotionen.
Stecken Sie sich an diesem Tag mindestens 30 Gummibänder in die Hosentasche. Holen Sie jedes Mal, wenn Sie im Lauf des Tages eindeutig positive oder negative Gedanken oder Gefühle bemerken, ein Gummiband aus der Hosentasche und ziehen Sie es entweder über das linke (positive Gedanken oder Gefühle) oder das rechte Handgelenk (negative Gedanken oder Gefühle). Es ist nicht nötig, dass Sie sich wegen negativer Gedanken rügen. Machen Sie sich lediglich eine »Notiz«, indem Sie ein Gummiband über das rechte Handgelenk ziehen. Achten Sie darauf, Ihren normalen Tagesablauf nicht zu unterbrechen, denn wenn Sie sich zu sehr auf Ihr Innenleben konzentrieren, wird die Übung nicht funktionieren. Se-

hen wir uns an, wie es geht: Eine Freundin ruft an, um Ihnen zu erzählen, dass sie in ihrer Firma befördert worden ist. Wenn Sie merken, dass Sie auf diese Nachricht eindeutig mit Anerkennung und Liebe reagieren, ziehen Sie ein Gummiband über Ihr linkes Handgelenk. Spüren Sie jedoch, dass Neid in Ihnen aufsteigt, so kommt das Gummiband um das rechte Handgelenk. Am Abend zählen Sie die Gummibänder ab. Sind Sie in die Nähe des Verhältnisses von 3 zu 1 gekommen? Gab es Tageszeiten, zu denen Ihre Einstellung besonders positiv oder negativ war? Waren Ihre Gefühle bei manchen Erfahrungen so stark, dass Sie eigentlich mehrere Bänder auf einmal hätten anlegen müssen?

Wahrscheinlich werden Sie zu Ihrer Überraschung feststellen, dass es schwierig ist, das Verhältnis von 3 zu 1 zu erreichen. Ich habe die Erfahrung gemacht, dass ich meine negative Einstellung zurückdrängen kann, indem ich die Reaktion durch eine Analyse ersetze: Anstatt sofort mit Neid zu reagieren, versuche ich herauszufinden, warum diese Emotion in mir aufsteigt. Diese Neugier hilft mir, meine oft heftigen Reaktionen mit ein wenig Humor zu betrachten, was mich davor bewahren kann, ein weiteres Gummiband über mein rechtes Handgelenk ziehen zu müssen.

Suchen Sie ein besonders negatives Element in Ihrem Leben und nehmen Sie es mit einer positiven Einstellung in Angriff. Nehmen wir an, Sie hassen die tägliche Reise zur Arbeit und zurück. Wie können Sie das Pendeln durch eine positive Erfahrung ergänzen? Könnten Sie während der Fahrt in der U-Bahn mit einem Audio-Programm eine neue Sprache erlernen? Könnten Sie jeden Tag während der dreißigminütigen Autofahrt zwei Freunde (natürlich per Freisprechanlage) anrufen? Denken Sie an die positiven Welleneffekte, die das in Ihrem Leben haben kann. Ein anderes Beispiel: Sie kehren jedes Mal enttäuscht aus dem Familienurlaub zurück, da Sie zu viel Geld ausgegeben und die meiste Zeit mit Verwandten verbracht haben, die Sie kaum kennen oder nicht mögen. Wählen Sie aus der Liste der zehn positiven Emotionen zwei aus, auf die Sie sich in den nächsten Weihnachtsferien mit der Familie konzentrieren werden. Wie wäre es, mehr *Interesse* an der Familiengeschichte Ihrer Schwiegermutter oder an der Bierkrugsammlung Ihres Onkels zu zeigen? Sind Sie kreativ genug, sich einige gute Fragen auszudenken, mit denen Sie diese Menschen wirklich kennenlernen können? Eine weitere Emotion, auf die Sie sich konzentrieren könnten, ist die *Dankbarkeit.* Wie können Sie bei diesem Familientreffen Dankbarkeit zeigen, ohne übergeschnappt zu wirken? Versuchen Sie es einmal. Sie werden überrascht sein, wie angenehm sich die Beziehungen und die Situation entwickeln werden.

Wenden Sie Gottmans Erkenntnisse auf Ihre Beziehung an. John Gottman hat herausgefunden, dass eine Verhaltenstherapie bei Eheproblemen am ehesten dann Erfolg hat, wenn eine von drei Strategien angewandt wird. Die ersten beiden Strategien dienen dazu, den Zähler zu erhöhen, während die dritte geeignet ist, den Nenner zu verringern: 1. Erhöhen Sie im Alltag in Zeiten, in denen es keine Konflikte zwischen Ihnen und Ihrem Partner/Ihrer Partnerin gibt, die positiven Affekte. 2. Erhöhen Sie die positiven Affekte in einem Konflikt: Suchen Sie mitten in einer Auseinandersetzung oder in einer schwierigen Zeit nach Möglichkeiten, eine positive Bindung herzustellen. 3. Verringern Sie die negativen Affekte während eines Versuchs, einen Konflikt zu lösen: Sagen Sie nichts, was Sie später bereuen werden. Ein Freund und seine Frau pflegen jeden Abend ein kleines Ritual, um Gottmans 5:1-Regel für liebevolle Beziehungen zu erfüllen. Bevor sie sich schlafen legen, sagen sie einander fünf Dinge, die ihnen an diesem Tag wirklich gefallen haben, oder etwas Allgemeines über ihre positiven Eigenschaften. Die positive Einstellung zu trainieren, bevor man zu Bett geht, kann die Beziehung festigen. Das ist umso wichtiger, wenn Sie Kinder haben oder haben wollen, denn Gottman hat herausgefunden, dass sich die Zahl der Ehekonflikte nach der Geburt des ersten Kindes um das Neunfache erhöht! Vielleicht sollten Sie diese Übung daher nach einer anstrengenden Nacht auch am Morgen machen.

Rick Hanson erklärt, unser Gehirn sei »Tesa für die negative Einstellung und Teflon für die positive Einstellung«. Damit ist gemeint, dass negative Einflüsse im Bewusstsein hängenbleiben, während positive davon abperlen wie Wasser von einer Pfanne mit Antihaftbeschichtung. Daher kommt es oft darauf an, welche Perspektive man einnimmt. Selbst in den schlechtesten Zeiten versuche ich, mir Folgendes vor Augen zu halten: »Wie wäre mein Leben verlaufen, wenn ich noch nie einen Fehler begangen hätte?« Kann ich aus dieser negativen Erfahrung vielleicht eine positive Lehre ziehen? Damit sind wir wieder bei der ursprünglichen Gleichung:

Verzweiflung = Leiden – Sinn.

Wenn Sie Zweifel haben, sollten Sie sich vor Augen halten, dass die Entdeckung eines Sinns eine Abkürzung zur positiven Einstellung ist. Und das führt uns zu unserer nächsten Formel, in der es um den Glauben geht.

Kapitel 18

Glaube = Überzeugung/Intellekt

Wenn man Zweifel hat, sollte man Rat bei jemandem suchen, der weiser ist als man selbst. Ich hätte nicht versucht, dem Glauben auf den Grund zu gehen oder eine Formel für eine derart grundlegende Frage aufzustellen, ohne zuvor einen Experten um Rat zu bitten. Im Oktober 2010 hatte ich das Glück, zwei Tage mit dem Dalai Lama zu verbringen, der an der Universität Stanford Gespräche mit Forschern des Center for Compassion and Altruism Research and Education führte. An einem Tag erhielt eine Gruppe von etwa zwei Dutzend Personen Gelegenheit, ihm Fragen zu stellen.

Tenzin Gyatzo, der im Alter von 15 Jahren als Reinkarnation des Dalai Lama anerkannt worden war, führte das tibetische Volk weniger als ein Jahrzehnt. Dann musste er vor der chinesischen Invasionsarmee nach Indien fliehen, wo er eine Exilregierung bildete. Das vergangene halbe Jahrhundert hat Seine Heiligkeit damit verbracht, für die Rechte Tibets einzutreten und den tibetischen Buddhismus in der Welt zu verbreiten. Er zeigt auch großes Interesse an der Neurowissenschaft, die Erkenntnisse darüber liefert, wie die Meditation die Gehirnfunktionen verändern kann.

Ich fragte Seine Heiligkeit, ob Glaube und Vernunft unvereinbar seien. Er antwortete, jeder religiöse Führer, der meine, man müsse seinen Verstand vollkommen ausschalten, um den Glauben finden zu können, sei auf dem falschen Weg. Er rief mir in Erinnerung, dass Buddha zu seinen Anhängern gesagt hatte: »Seid mir nicht nur aus Glauben ergeben, sondern ergründet.« Aber wenn wir uns zu sehr auf unseren Intellekt verlassen, können wir den Zugang zur Weisheit unseres Herzens verlieren. Aus dieser Weisheit speist sich der Glaube. Der Intellekt stützt sich auf die Vernunft des Geistes. Die Überzeugung ist die Schnittstelle von Herz und Verstand.

Der richtige Weg zum Glauben führt über einen wachen Verstand und ein geschultes Herz. Bedauerlicherweise leiden die meisten Menschen unter einem Mangel des Herzens oder des Verstands, da sie zu sehr auf blinden Glauben oder reine Vernunft vertrauen. Für den Dalai Lama bedeutet die Erkundung des Geistes – der Zweck aller Religionen –, dass man neue Fähigkeiten des Verstands und des Herzens entdeckt.

Ist es möglich, dass der gleichzeitige Aufstieg des religiösen Fundamentalismus und des Atheismus einfach Reaktionen aufeinander sind? Der eine konzentriert sich zu sehr auf den Glauben, der andere übermäßig auf Vernunft, Intellekt oder Zweifel. Für mich leben Glaube und Zweifel in derselben Straße in einander gegenüberliegenden Häusern. Der Glaube scheint stets zu lächeln, aber die Nachbarn fragen sich, ob er ganz bei Trost ist. Der Zweifel ist zu oft mürrisch und offenbar immerzu in kalte, rationale Gedanken versunken. Der Glaube ergibt sich. Der Zweifel ringt mit der Welt. Ein Gleichgewicht von Glaube und Zweifel hält uns davon ab, zu tief in Naivität oder Zynismus zu versinken. Sie sind Zwillinge. In meinen Augen ist der Krieg zwischen Gläubigen und Nicht-Gläubigen einfach ein Passionsspiel, in dem es um ein Geheimnis geht. Wie viel Gewissheit brauchen wir? Die Mehrheit der Menschen steht zwischen denen, die von der absoluten Wahrheit der buchstäblichen, grundlegenden Glaubenssätze ihrer Religion überzeugt sind, und denen, die sicher sind, dass es keinen Gott gibt.

Dieser Formel müsste man statt eines kurzen Kapitels ein mehrbändiges Werk widmen. Daher will ich im Kontext der Auseinandersetzung mit der Genügsamkeit hier nur meine persönliche Einschätzung des Glaubens darlegen. Ich weiß nicht, ob sie Ihnen nützen wird. Ich selbst finde im Glauben Zufriedenheit und Erhebung des Herzens und des Verstands. Manche werden sagen, dass ich, wie Jean-Paul Sartre meinte, lediglich ein »Loch in der Form von Gott« fülle, um mich vor dem Unerklärlichen, dem Unzeitigen und meiner menschlichen Zerbrechlichkeit zu schützen. Doch ich sehe im Glauben keinen unzulänglichen Versuch, die Sinnlosigkeit des Lebens zu überdecken. Im Gegenteil: Für mich bedeutet Glaube, zu verinnerlichen, was wirklich sinnvoll ist im Leben.

Klären wir die Definitionen

Definieren wir die Begriffe, bevor wir mit der Diskussion beginnen – obwohl uns die Sprache einengen kann, wenn es um diese grundlegenden Bestandteile des Lebens geht. Die Begriffe »Glaube« und »Überzeugung« werden oft synonym verwendet. Aber der Glaube beruht auf dem Vertrauen in Wahrheiten, für die es kaum unanfechtbare Beweise gibt, während die Überzeugung zumindest zum Teil auf empirischen Belegen beruht. Atheisten wie Richard Dawkins und Sam Harris erklären, der Glaube sei »Überzeugung ohne Beweis«. Der Motivationstrainer Gregg Braden definiert den Glauben als eine »Gewissheit, die darauf beruht, dass wir akzeptieren, was sich unser Verstand als wahr *vorstellt* und was unser Herz als wahr *empfindet*«.

Wenn wir Musik hören, können wir uns des Verstands bedienen, um den gesungenen Text zu verstehen oder die Noten zu lesen. Aber dieses Wissen allein genügt nicht, um unser Herz zu erbauen, wenn wir ein bestimmtes Musikstück hören. Die Griechen sprachen hier von der *noesis*, vom *unmittelbaren Bewusstsein*. Der Glaube scheint an einem Ort zu entspringen, der jenseits des Herzens oder des Verstands liegt, denn er schließt all unsere Sinne einschließlich des sechsten Sinns der Intuition ein.

Der Sozialwissenschaftler George Vaillant erklärt, der Glaube beruhe auf der Emotion des Vertrauens, während die Überzeugung – die den sechs Sinnen entspringen könne – tatsächlich auf Kognition beruhe. Wir alle glauben an oder vertrauen auf bestimmte Dinge, auch die Atheisten, die an ihren Verstand, die Natur, das Universum und alle möglichen Dinge glauben. Wir neigen dazu, den Glauben mit religiösen Fragen zu verbinden, aber es gibt verschiedenste Möglichkeiten, zwischen Glauben und Überzeugung zu unterscheiden. Beispielsweise kann ich am Fuß einer Kletterwand stehen und zu jemandem sagen: »Ich bin überzeugt davon, dass die Klettertechniken, die ich gerade erlernt habe, funktionieren werden.« Aber wenn ich in 15 Metern Höhe in der Wand hänge, denke ich vielleicht (auch wenn ich es nicht sage): »Ich glaube an diese Klettertechniken.« Vielleicht ist der Glaube eine Überzeugung, für die man tatsächlich den Kopf hinhält. Je nachdem, wie wir unseren Verstand einsetzen, werden wir vielleicht überhaupt nie in diese Wand klettern.

Sie können sich folgende einfache Frage stellen: »Woran glaube ich?« Und um die Sache interessanter zu machen: »Was ist der Unterschied zu dem, wovon ich überzeugt bin?« Ich habe den festen Glauben, dass die Stromkabel in der kleinen Gartenhütte, die ich zum Schreiben nutze, sicher sind, obwohl ich der letzte Mensch bin, den man als Elektriker einstellen sollte. Ich bin davon überzeugt, dass die Elektriker, die die Anlage installiert haben, zuverlässig sind und dass die Leute vom Bauamt ihre Arbeit gründlich überprüft haben, bevor sie die Nutzung der Hütte als Wohnraum genehmigten. In einem weniger industrialisierten Land wäre mein Glaube vielleicht nicht so stark, da ich nicht allzu leicht von der Sachkenntnis anderer Leute zu überzeugen bin.

Unser Glaube kann beeinflusst werden, wenn sich unsere

Überzeugungen ändern. Die Hinweise auf eine zunehmende Erderwärmung sind so überzeugend, dass unser Glaube an die Stabilität der Jahreszeiten und die Konstanz der Temperaturen erschüttert ist. Denken Sie an etwas, an das Sie fest glauben, und Sie werden den Zusammenhang mit einem System von Überzeugungen sehen, die diesen Glauben unterstützen.

Die Religionsforscherin Karen Armstrong warnt in ihrem ausgezeichneten Buch *The Case for God (Im Kampf für Gott)*, der Glaube (und die Religion) sei »nie dazu bestimmt gewesen, Antworten auf jene Fragen zu liefern, die die menschliche Vernunft bewältigen kann«. Dafür ist der Verstand da. In den Augen der alten Griechen gab es stets zwei Möglichkeiten, das Leben zu betrachten: anhand des *Mythos* oder anhand des *Logos*. Beide wurden als unverzichtbar betrachtet, aber der Mythos lieferte metaphorische Erklärungen für das, was schwer zu verstehen oder zu erklären und oft ungreifbar war. Der Logos war das geistige Vermögen, die Vernunft, die das Erkennbare erklären konnte. Doch heute leben wir in einer von der Vernunft beherrschten Welt, in der ein Mythos normalerweise einfach als unwahr gilt. Wir hetzen Logos und Mythos in einem Ring aufeinander, und in diesem Kampf kann der ätherische Glaube wenig gegen die muskelbepackte Vernunft ausrichten.

Glaube und Überzeugung wurden miteinander verknüpft, als wären sie ein und dasselbe. Tatsächlich sind sie keine Zwillinge, sondern Vettern.

Das bringt die Formel durcheinander. Machen wir uns klar, wie die Mathematik funktioniert. Wenn wir davon ausgehen, dass die Überzeugung eine Mischung von Herz und Verstand ist, und wenn wir dem Herzen (das wir als Glauben definieren) einen Wert von 3 und dem Verstand (den wir als Intellekt definieren) einen Wert von 4 geben, so würde diese Gleichung wie folgt aussehen:

3 = 3x4/4
oder:
3 = 12/4

Aber wenn wir den Verstand (das heißt von den Vieren in der linken Gleichung) streichen, so bleibt uns 3 = 3 oder Glaube = Überzeugung. So schätzen viele Atheisten religiöse Menschen ein, als Gläubige ohne Intellekt. Natürlich gibt es zahlreiche religiöse Intellektuelle und intellektuelle Gläubige. Ich bewundere seit jeher die Quantenphysiker, die Philosophie und Physik studiert haben, was ein schweigendes Eingeständnis ist, dass das eine nicht ohne das andere existieren kann. Die Tatsache, dass der Intellekt in der Formel unter dem Strich steht, bedeutet nicht, dass ein intelligenter Mensch nicht vom Glauben erfüllt sein kann. Die einzelnen Bestandteile der Gleichung deuten eine »Vorliebe« für Glauben, Überzeugung oder Intellekt an. Ein sehr vernunftbetonter Mensch mag eine geringere Neigung zum Glauben haben, aber das bedeutet nicht, dass intelligente Menschen nicht glauben können; und es bedeutet nicht, dass gläubige Menschen keinen hohen Intelligenzquotienten haben können.

Albert Einstein sagte einmal: »Das schönste und tiefste Gefühl, dass wir erleben können, ist die Erfahrung des Mystischen. Sie ist die Quelle der wahren Kunst und Wissenschaft. Derjenige, dem dieses Gefühl fremd ist, ist so gut wie tot. Zu wissen, dass das, was unergründlich für uns ist, wirklich existiert und sich uns als höchste Weisheit und strahlendste Schönheit zeigt, die unsere dumpfen Fähigkeiten nur in ihren primitivsten Formen verstehen können – dieses Wissen, dieses Gefühl steht im Mittelpunkt jeder wahren Religiosität. In diesem und nur in diesem Sinne zähle ich mich zu den tiefreligiösen Menschen.« Auf diese Verwunderung muss sich der moderne Glaube besinnen.

Auch eine Zeit, in der der Logos stets die Oberhand über

den Mythos behält, bringt diese Formel durcheinander. Es ist, als würde man jemandem am Valentinstag eine Formel schicken. Es gibt sehr viel bessere Möglichkeiten, jemandem seine Liebe zu zeigen.

Was uns der Glaube zu bieten hat

Es gibt Grenzen für den Glauben, so wie es Grenzen für die Vernunft gibt. Der Glaube mag uns nicht alle Antworten liefern, und gelegentlich zeigt er vielleicht eine gesegnete Unkenntnis des Gegenstands. Aber selbst der sehr überzeugende Intellektuelle Sam Harris räumt ein: »Der Glaube versetzt viele von uns in die Lage, Schwierigkeiten mit einem Gleichmut zu ertragen, der in einer nur von der Vernunft erleuchteten Welt kaum vorstellbar wäre. Wie gehen Sie mit dem Unvernünftigen im Leben um? Suchen Sie Halt in Ihrem Glauben? Und wenn ja, im Glauben an was?

Die Wissenschaft kann uns helfen zu verstehen, dass wir eine Krankheit haben, und unter Umständen kann sie diese Krankheit auch heilen. Sie kann uns zeigen, warum wir die Emotionen empfinden, die uns angesichts der Krankheit bewegen. Sie kann uns helfen, unser Verhalten in dieser Krise zu verstehen. Sie kann unsere Angst verringern, indem sie die Unsicherheit verringert. Aber sie enthält uns den Trost vor, dass diese Prüfung einen tieferen Sinn hat.

Wie wir in Kapitel 5 (Bedauern) gesehen haben, überschätzen die Menschen die Notwendigkeit der Gewissheit und vermeiden Risiken, um keine Verluste zu erleiden. Der Glaube verleiht uns ein gewisses Maß an Zuversicht, dass wir – wenn unsere Überzeugung wirklich auf unseren sechs Sinnen beruht – die Sicherheitszäune niederreißen und ein freieres Leben führen können, da wir wissen, dass alles, was uns widerfahren wird, göttlich inspiriert ist. Es gibt zahlreiche Belege dafür, dass Placebos bei bestimmten gesundheitlichen Problemen gut wirken, was teilweise dem Glauben zu verdanken ist, der unserer Überzeugung entspringt, dass man uns ein wirksames Medikament verschrieben hat. Forscher haben gezeigt, dass allein die Aufmerksamkeit, die uns die Ärzte widmen, und in manchen Fällen die Begeisterung für eine bestimmte Behandlung die Heilungschancen erhöhen kann. Der Glaube kann in unserem Leben Wunder wirken. Doch es gibt Zeiten, da wollen wir mehr als ein Placebo.

Was kann uns der Glaube nicht bieten? Wissenschaft und Religion widmen sich verschiedenen Bereichen: Die erste beschäftigt sich mit Tatsachen, die zweite mit Werten. Wenn die Forschung zeigt, dass die Chancen auf Heilung meiner Herzkrankheit bei einer Operation zehnmal höher sind als beim Einsatz eines Placebos, so wird mein Verstand bei der Entscheidung über die Behandlungsmethode die Führung übernehmen. Ich möchte sicher sein, dass die Flugzeugmechaniker, die eine ältere Maschine warten, eine Sicherheitsüberprüfung anhand einer logischen, vernünftigen Checkliste durchführen, *bevor* wir abheben. Und ich möchte nicht nur glauben, dass meine Bank meine Ersparnisse sicher aufbewahrt. Ich brauche die Überzeugung, dass die gesetzlichen Vorschriften ein verantwortungsvolles Verhalten der Finanzinstitute gewährleisten.

Das Forum on Religion & Public Life des Pew Research Center führt regelmäßige Umfragen zu den religiösen Kenntnissen der Amerikaner durch. Nun sollte man annehmen, dass jene, die am meisten über die religiösen Lehren und die Geschichte der Religion wissen, auch die religiösesten Menschen sind. Aber der Verstand ist nicht umsonst der Nenner in unserer Glaubensformel: Die Gruppen, die am meisten über die Religion wissen, sind die Atheisten und Agnostiker, die 20 Prozent mehr Kenntnisse besitzen als fundamentalistische Protestanten. Wenn es um die religiösen Kenntnisse geht, ist der Intellekt umgekehrt proportional zum Glauben.

Der Glaube heilt Besessenheit

Haben Sie je festgestellt, dass sich Ihr Denken angesichts einer schwierigen Situation endlos im Kreis dreht? Vielleicht bereuen Sie eine Entscheidung, oder Sie haben ein schwieriges Gespräch geführt, das Sie wieder und wieder in Gedanken durchspielen? Wahrscheinlich bleiben Sie am Nenner dieser Formel hängen, und möglicherweise geht es um eine Frage, die nicht vom Logos beantwortet werden kann, sondern des Mythos bedarf. Als engagierter, übermäßig verantwortungsbewusster Unternehmensleiter neige ich zu der Überzeugung, dass ich fast jedes Problem unter Einsatz von Vernunft und Logik selbst lösen kann. Aber wenn ich sehe, dass sich eine Aufgabe in eine Obsession verwandelt, muss ich mir eingestehen, dass das Gebet an die Stelle der Besorgnis treten muss, selbst wenn dies unvereinbare Gegensätze sind.

An einem Sonntagmorgen im November 2009 lag ich mit weit aufgerissenen Augen auf dem Bett. Ich hatte mir jede Linie an der Schlafzimmerdecke eingeprägt, denn ich hatte in den vergangenen Nächten nur wenige Minuten geschlafen. Ich hatte das Gefühl, dass das Gebäude meines Lebens rund um mich einstürzte. Mein Unternehmen hing finanziell am Tropf, da es in einen Liquiditätsengpass geraten war – und die schwache Wintersaison stand erst bevor. Meine Suche nach einem geeigneten Finanzpartner war von der sich vertiefenden Rezession zunichte gemacht worden. Ich empfand die Identität des Unternehmensleiters, die nicht mehr zu mir passte, als Gefängnis, aber ich betrachtete es als meine

Pflicht, für das Unternehmen eine Lösung zu finden, die unsere Mitarbeiter und Investoren zufrieden stellen würde.

Elisabeth Kübler-Ross schrieb: »Menschen sind wie Buntglasfenster. Sie leuchten und schimmern, wenn die Sonne scheint, aber wenn die Nacht anbricht, muss ein Licht in ihrem Inneren brennen, um ihre Schönheit sichtbar zu machen.« Meine Meditationslehrerin, die 80-jährige Salliji, half mir, das Licht in meinem Inneren zu entdecken, indem sie mir beibrachte, zunächst meinen von der Suche nach einer Lösung besessenen Geist zu beruhigen. Salliji rief mir in Erinnerung, dass ich nicht die Summe meiner Erfolge oder meiner Emotionen war, und half mir zu sehen, dass der Intellekt allein meine Probleme nicht lösen würde. Doch vor allem half sie mir mit Meditationstraining und weisen Ratschlägen, wieder Zugang zu einem System von Überzeugungen zu finden und mich darauf zu besinnen, dass ich nicht der Mittelpunkt des Sonnensystems war. Meine kleinen Missgeschicke und meine Pechsträhne waren zweifellos schmerzhaft, aber Salliji zeigte mir, dass die Freude dem Bedürfnis entspringt, andere glücklich zu machen, und dass alles Leiden in der Welt daher kommt, dass wir nur unserem eigenen Glück Bedeutung beimessen.

So begriff ich an jenem Morgen, dass es an der Zeit war, mich einer liebenden Gemeinschaft anzuschließen. Ich zog mich an und machte mich auf den Weg zur methodistischen Glide Memorial Church in San Francisco, deren Vorstand ich fast ein Jahrzehnt angehört hatte. Reverend Cecil Williams ist ein Gemeindeoberhaupt, das sich im schwierigen Viertel Tenderloin (wo ich mein erstes Hotel eröffnete) einen Namen gemacht hat. Seine Kirche versorgt die Bedürftigen mit einer Million Mahlzeiten im Jahr und bietet fast 100 verschiedene Sozialprogramme an. Ich liebe die Glide Memorial Church, aber ich hatte viele Monate davor zurückgeschreckt, meine Hand auszustrecken und die Unterstützung der Gemeinde in Anspruch zu nehmen. Ich war daran gewöhnt, allein zu leiden.

An jenem Morgen geschahen zwei wunderbare Dinge. Erst drückte mir eine gebrechliche Frau an der Tür ein abgewetztes Flugblatt in die Hand. Ich warf einen Blick auf die Schlagzeile: »Tenderloin-Aktivist Steve Conley gestorben.« Sie sah mir direkt in die Augen und sagte: »Er hätte so viel von Ihnen lernen können.« Verrückt! Mein Name ist Stephen. In Anbetracht meines Zustands wirkte das so, als sagte sie mir, dass ich gestorben sei und etwas von mir selbst lernen sollte. Am Ende des Gottesdienstes (der dort als »Feier« bezeichnet wird) baten mich Reverend Williams und seine Frau Jan zu einem Gespräch in ihren Privaträumen, da sie mich in Kirchenangelegenheiten um Rat bitten wollten. Zum Abschied umarmte mich Jan und sagte mir, sie habe das Gefühl, die Dinge in meinem Leben würden sich zum Besseren wenden; dabei hatten wir kein Wort über meine Sorgen verloren. Der Autor Eckhart Tolle schreibt: »Das Leben wird dir jene Erfahrungen schenken, die der Entwicklung deines Bewusstseins am besten dienen.« Ich verließ die Kirche in der Gewissheit, dass die glücklichen Wendungen des Schicksals in meinem Leben Wunder wirken konnten, auch wenn ich keinen Einfluss darauf hatte.

Wenn ich mit einer Obsession ringe oder wenn etwas an meinem Gewissen nagt, nutze ich zwei Emotionen zu gleichen Teilen: Erstens bediene ich mich der Neugier und versuche herauszufinden, was ich aus der Erfahrung lernen kann. Wenn mich die Situation geistig und seelisch derart auszehrt, muss es doch eine wichtige Lehre geben, die ich daraus ziehen kann. Die Neugier befreit mich aus einer Haltung, in der ich nur reagieren kann oder emotional aufgewühlt bin, und ermöglicht es mir, das größere Bild zu sehen. Sodann greife ich auf den Glauben zurück. Die Neugier kann mir helfen, mich aus dem zirkulären Denken zu befreien, aber ich kann mich geistig nicht von der Situation lösen. Der Glaube gibt mir Raum zum Atmen. Er sagt zu mir: »Chip, vertraue darauf, dass dies keine Strafe, sondern ein Geschenk ist. Versuche nicht, vorschnell die Antwort zu finden.« Wenn ich voller Zweifel oder von der Situation besessen bin, greife ich daher zu folgender Formel:

Neugier + Glaube = Frieden.

Wenden wir die Formel an

Finden Sie die richtige Beziehung zur Überzeugung und stellen Sie ein Gleichgewicht zwischen Herz und Verstand her. Die Überzeugung ist der Angelpunkt dieser Formel. Grundlage für die Überzeugung ist, das Sie zwischen dem, was Ihnen Ihr Herz zuflüstert, und den logischen Argumenten Ihres Verstands ein Gleichgewicht herstellen. Achten Sie darauf, wie Sie das Wort »Überzeugung« verwenden. Wenn Sie sagen »Ich bin davon überzeugt, dass«, spricht normalerweise die Stimme Ihrer Vernunft über etwas, das Sie wissen. Wenn Sie sagen »Ich habe den festen Glauben, dass«, sprechen Sie eher von einer Gewissheit, die nicht auf äußeren Beweisen beruht, sondern Ihrem Herzen entspringt. Das Bekenntnis von Nicäa, das unter den Christen die meiste Anerkennung genießt, beginnt mit den Worten »Wir glauben an …«, und der Ursprung des Wortes »Credo« ist eine Kombination zweier alter Worte für »geben« und »Herz«. Im Bekenntnis von Nicäa geht es also darum, mit ganzem Herzen zu glauben. Wie oft sind Sie von etwas überzeugt, wie oft glauben Sie an etwas? Wenn beide Einstellungen gemischt sind, gelingt es Ihnen wahrscheinlich gut, die Kluft zwischen Glauben und Intellekt zu überbrücken.

Beantworten Sie Zweifel mit dem Glauben.
Die Dichterin Madeleine L'Engle wurde einmal gefragt: »Glauben Sie ohne jeden Zweifel an Gott?« Ihre Antwort: »Ich glaube mit all meinen Zweifeln an Gott.« Wie bereits erwähnt, gehen Glaube und Zweifel genau wie Herz und Verstand eine symbiotische Beziehung ein. Sorgen machen mir Menschen, die für längere Zeit zu weit in die eine oder andere Richtung gehen. Der Zweifel, ein fester Bestandteil des menschlichen Wesens, ist eine bewundernswerte Eigenschaft, denn er lehrt uns Demut – die jenen frommen Fernsehpredigern fehlt, die mit absoluter Gewissheit verkünden, eine Naturkatastrophe sei von den Sünden der betroffenen Menschen heraufbeschworen worden. Diese Prediger wissen viel über Himmel und Hölle, aber kaum etwas über alles, was dazwischen liegt. Ich bete um gesunden Zweifel an einem derart voreingenommenen Glauben. Aber manchmal treiben uns unsere Zweifel in einen endlosen Teufelskreis. In solchen Zeiten müssen wir unsere Zweifel dem Glauben an etwas opfern, das größer ist als wir – sei es das Vertrauen in eine göttliche Kraft, der Glaube an den Wert der Liebe und der Menschlichkeit oder einfach an die Objektivität des Schicksals. Manchmal ist die Sorge schlimmer als das Schicksal.

Praktizieren Sie, anstatt zu predigen.
Die Gläubigen, die ich am meisten bewundere, benutzen die Religion dazu, ihr Verhalten zu ändern. Ihren Glauben zu verstehen ist gleichbedeutend damit, ihn zu leben. Die Taten sprechen eine deutlichere Sprache als die Worte. Zu den Gemeinsamkeiten aller organisierten Religionen zählt ein tiefer Respekt für das Mitgefühl, der von der Goldenen Regel abgeleitet ist, die Konfuzius fünf Jahrhunderte vor Jesus Christus aufstellte. Die mit dem renommierten TED-Preis ausgezeichnete Karen Armstrong hat die »Charta des Mitgefühls« entworfen, die unter www.charterforcompassion.org im Internet

zu finden ist. Wenn Sie den Glauben in die Tat umsetzen wollen, sollten Sie diese Charta und die Geschichten darüber lesen, wie Menschen das Mitgefühl in der Welt verwirklichen.

Finden Sie den Zauber.
Der transzendentalistische Dichter Ralph Waldo Emerson schrieb: »Unser Glaube kommt für Augenblicke, unsere Laster sind ständig bei uns. Doch diese Augenblicke sind von einer Tiefe, die uns zwingt, ihnen größere Wirklichkeit zuzuschreiben als allen anderen Erfahrungen ... Ich bin jeden Augenblick gezwungen, einen höheren Ursprung als den Willen anzuerkennen, den ich meinen eigenen nenne.« Emerson fand diese Augenblicke oft in der Natur. Wie wir im Kapitel über die Neugier gesehen haben, stößt die Ehrfurcht ein Tor zur Erkenntnis von etwas auf, das größer ist als wir selbst, und gibt uns den Glauben, dass jenseits unseres erbärmlichen, übersättigten Lebens das Göttliche existiert – selbst wenn es nur die majestätische Natur ist. Die Kelten sprachen von »dünnen Stellen«, an denen der Schleier zwischen Realität und Göttlichem leichter zu zertrennen ist. Wo sind Ihre dünnen Stellen? Ob es sich nun um einen Glauben an Gott oder um einen weltlicheren Glauben handelt, der die Reinheit und Schönheit in unserem Leben bewahrt: es ist tröstlich zu wissen, dass es im Universum eine Kraft gibt, die sehr viel größer ist als wir.

Eine der »dünnen Stellen« im modernen Leben ist sonderbarerweise das Sportstadion. In *All Things Shining* erklären Hubert Dreyfus und Sean Dorrance Kelly, dass uns die realsten Dinge im Leben zumeist in einer Erfahrung der mitreißenden Begeisterung begegnen, und das geschieht oft, wenn wir von der Dynamik einer großen Gruppe erfasst werden. In diesen Augenblicken ist unser Glaube an etwas, das größer ist als wir, am stärksten.

Der Dokumentarfilm »Amazing Grace« über die Nationalhymnen enthält Aufnahmen aus dem Londoner Wembley Stadion. Der Fernsehjournalist Bill Moyers spricht hinter der Bühne mit der Opernsängerin Jessye Norman über den Film, während draußen Rock'n'Roll-Gruppen ein zwölfstündiges Konzert geben. Der Zwiespalt zwischen Chaos und Gnade ist unübersehbar. Dann ist der Zeitpunkt für Normans Auftritt gekommen. Der Zuschauer denkt an einen grausamen Scherz mit der grandiosen Sängerin. Betrunkene Fans zünden ihre Feuerzeuge an und verstummen, als die Operndiva ohne Begleitmusiker auf die Bühne schlendert. Sie beginnt a capella »*Amazing grace, how sweet the sound* …« zu singen. Plötzlich sind 70 000 Menschen, von denen die wenigsten diese Sängerin kennen, von der Anmut dieses Augenblicks verzaubert. Und als Norman zum dritten Vers kommt, beginnt das Publikum in Demut die Worte mitzusingen, die all diese Menschen vor langer Zeit einmal gehört haben. Die Raserei hat das Stadion verlassen, und aus dem Chaos erhebt sich die Gnade.

Inmitten all der Wirren und Härten unseres Lebens gibt es einen Ort des ruhigen Glaubens, an den Sie sich – gleich ob Sie religiös sind oder nicht – zurückziehen können, um Ihre Seele zu beschwichtigen und sich weniger einsam in der Welt zu fühlen. Was auch immer unsere Mythen, Metaphern oder Rituale sein mögen, der Glaube ist etwas, das über uns hinausgeht und das Mitgefühl ins Universum bringt.

Kapitel 19

Weisheit = $\sqrt{\text{Erfahrung}}$

Vielleicht finden Sie diese Gleichung ein wenig beängstigend: Die Weisheit entspricht der Quadratwurzel der Erfahrung. Klingt ein wenig komplex. Aber vertrauen Sie mir. Lesen Sie dieses Kapitel. Trösten Sie sich damit, dass Katharine Graham, die Eigentümerin und Herausgeberin der *Washington Post* (und ungekrönte Königin der Hauptstadtgesellschaft) fast drei Jahre ähnlich empfand, nachdem sie plötzlich und ohne jede Vorbereitung auf diesen einflussreichen Posten gesetzt worden war. In Ihrem mit dem Pulitzerpreis ausgezeichneten Buch *Personal History (Wir drucken!)* verwendet sie immer wieder den Ausdruck »von der Furcht gelähmt«. Katharines Freundin Meg Greenfield, die Chefredakteurin der Zeitung, gab Graham denselben Rat, den ich Ihnen in diesem Kapitel geben möchte: »Du kannst aufgeben. Diese Entscheidung liegt bei dir. Und ausgehend davon kannst du so lange bleiben, wie du möchtest.«

Katharine Graham entstammte einer reichen Unternehmerfamilie und hätte es nicht nötig gehabt, arbeiten zu gehen. Ihr Mann Philip übernahm den Familienbetrieb, obwohl er an manischer Depression litt. Anfang der 60er-Jahre gestand er seiner Frau, dass er eine Affäre mit einer Reporterin von *Newsweek* hatte. Er wurde in einer psychiatrischen Anstalt wegen Depression behandelt, nahm sich schließlich jedoch das Leben. Inmitten dieses emotionalen Sturms übernahm Katharine Graham die Führung des Unternehmens und wurde sich zu einer Zeit, als es keinerlei weibliche Rollenvorbilder im Management gab, zur herausragenden Managerin in den Vereinigten Staaten.

Weniger als ein Jahrzehnt später übernahm die *Washington Post* eine Führungsrolle bei der Aufdeckung der unaufrichtigen Politik des Weißen Hauses im Vietnamkrieg und des Watergate-Skandals. Die Berichterstattung stellte Grahams Entschlossenheit und ihre Fähigkeit zu schwierigen Entscheidungen auf die Probe. In ihren Memoiren und in Interviews gestand sie, dass sie oft von Selbstzweifeln und Unsicherheit geplagt wurde. Aber sie fand in ihrem Inneren die richtigen Antworten und den nötigen Mut, selbst wenn das bedeutete, »einem Präsidenten die Stirn zu bieten«. Das Ergebnis war der Rücktritt von Richard Nixon.

Während sie sich in Washington zu behaupten versuchte, erwies sich Graham als scharfsinnige Beobachterin des Lebens: »Niemand kommt um das Älterwerden herum, aber man kann produktiv altern.« Ihre Lebenserinnerungen sind ein aufrichtiges Buch über die Suche nach Weisheit durch Erfahrung.

In einer biblischen Geschichte ist die Weisheit eine Frau, die ihr Haus auf einem Hügel errichtet hat und alle Nachbarn zu einem Fest einlädt: »Kommt, esst von meinem Brot und trinkt von dem Wein, den ich gemischt habe! Verlasset die Torheit, so werdet ihr leben, und geht auf dem Wege der Klugheit.« Die Weisheit ist das Licht, das unser Leben erleuchtet, eine unverzichtbare Eigenschaft, die ohne große Ankündigung kommt. Die Weisheit kann von schockierender Aufrichtigkeit sein, so etwa in der Geschichte, in der König Salomon einen Streit zwischen zwei Frauen beilegt, die beide behaupten, die leibliche Mutter eines Kindes zu sein. Als er vorschlägt, das Kind mit dem Schwert zu teilen und jeder der Frauen eine Hälfte zu geben, beweist er, dass er durch den Nebel des Konflikts die Wahrheit erkennen kann: Die Mutterschaft geht mit Opferbereitschaft einher.

Weise zu sein bedeutet, nach Wahrheit und Erkenntnis zu suchen und sein gesammeltes Wissen in den Dienst des Gemeinwohls zu stellen. Platon bezeichnete die Weisheit als »höchstes der menschlichen Dinge«, und Aristoteles definierte sie als Kenntnis der Ursachen oder der Gründe, aus denen Dinge eine bestimmte Form haben. In *Practical Wisdom: The Right Way to Do the Right Thing* skizzieren Barry Schwartz und Kenneth Sharpe die aristotelische Anleitung zum guten Leben. Wäre es eine Gleichung, so würde das gute Leben vermutlich die individuelle Erfahrung mit Empathie, Vernunft und moralischer Tugend verknüpfen. Leider hindern uns viele Regeln und Gesetze des modernen Lebens daran, das Richtige zu tun, und wir finden nur selten genug Zeit, um gründlich über die klügste Vorgehensweise nachzudenken.

Wir neigen zu der Annahme, dass die Weisheit alternden Philosophen vorbehalten ist. Vielleicht haben wir in einer emotionalen Krise auch noch die vage Hoffnung, einen weisen Freund zu finden. Doch Aristoteles war davon überzeugt, dass die praktische Weisheit jedem Menschen zugänglich sei und die höchste individuelle und gesellschaftliche Tugend darstelle. Dazu Schwartz: »Aristoteles interessierte sich weniger für die allgemeine Debatte über die Frage, ob die Wut gut oder schlecht ist oder für die abstrakte Frage nach der Natur des »Guten«. Ihm ging es um die konkrete Frage, was unter *bestimmten* Umständen zu tun sei: auf wen man wie lang auf welche Art und zu welchem Zweck wütend sein sollte ... Das hing von unserer Fähigkeit ab, die Situation *wahrzunehmen,* die geeigneten *Gefühle* oder Wünsche zu hegen, über die richtige Vorgehensweise unter diesen Umständen *nachzudenken* und zu *handeln.*«

Nachdem ich über die wesentliche Eigenschaft der Weisheit nachgedacht und meine engen Freunde Dan Raussell und Sandeep Sood zu Rate gezogen hatte, die beide bessere Mathematiker sind als ich, wurde mir klar, dass die Weisheit keine Additions-, sondern eine Subtraktionstugend ist. Kluge Menschen filtern aus den Informationen wichtige Erkenntnisse heraus, während andere in einem Dschungel von Wissen die Orientierung verlieren. T. S. Eliot schrieb: »Wo ist die Weisheit, die wir im Wissen verloren haben? Wo ist das Wissen, das wir in der Information verloren haben?« Und das schrieb Eliot ein halbes Jahrhundert vor dem Beginn der »Wissensära«, lange bevor wir uns angewöhnten, von einer »Überflutung von Informationen« zu sprechen.

Vereinfachende Weisheit

Die meisten amerikanischen Zwölfjährigen besitzen heute mehr wissenschaftliche Kenntnisse als die berühmtesten Philosophen der Antike. Jedes Kind weiß heute, dass die Erde rund ist und sich um die Sonne dreht, und das ist mehr, als Aristoteles wusste. Aber die weisen Männer hatten stets ein Talent dafür, Muster zu erkennen und allgemeingültige Wahrheiten daraus abzuleiten. Der Psychologe Paul Ekman, der sich auf die Analyse von Gesichtsausdrücken spezialisiert hat (auf seinen Erkenntnisse beruht die Idee für die Fernsehserie »Lie to Me«), weiß nach einem Blick in ein Gesicht, welche Emotionen sich hinter dem Ausdruck der betreffenden Person verbergen. John Gottman muss einem Ehepaar nur 15 Minuten bei einer Unterhaltung zusehen und kann bemerkenswert genau voraussagen, ob und wann sich dieses Paar scheiden lassen wird.

Teilweise beruhen solche Erkenntnisse auf dem »Bauchgefühl«, denn unser enterales Nervensystem im Gewebe unseres Verdauungstrakts enthält mehr als 100 Millionen Neuronen. Wir alle haben schon die Erfahrung gemacht, dass uns unser Verstand ausgehend von logischen Denkvorgängen eine Sache sagt, während unser Bauch uns etwas ganz anderes zuruft, wobei er sich auf etwas so Flüchtiges wie die Intuition stützt. Die Wissenschaft hat eine Vielzahl von Einflüssen identifiziert, die sich auf unser Bauchgefühl auswirken, aber zu den am häufigsten genannten zählt die Erfahrung mit ähnlichen Situationen. Mit anderen Worten: Wir entwickeln im Lauf unseres Lebens unser eigenes einfaches System zur Mustererkennung, das wir fast unbewusst auf die Menschen und Situationen anwenden, denen wir begegnen.

Weisheit bedeutet, in der Komplexität des Lebens – mit all seinen Ablenkungen – das Wesentliche zu erkennen. Das gilt gleichermaßen für unser Privat- und für unser Arbeitsleben. Die Qualität des Kundendienstes unseres Unternehmens ist nicht schlecht, weil bei der Betreuung eines wichtigen Kunden ein gravierender Fehler gemacht worden ist. Vielmehr fügen sich wiederholte Maßnahmen und ungelöste Probleme zu einem Verhaltens- und Denkmuster zusammen, das die Kundendienstkultur schwächt. Ein Übergewicht von 30 Pfund ist nicht auf ein Dutzend Krapfen zurückzuführen, die man an einem schicksalhaften Morgen gegessen hat. Die überschüssigen Pfunde sind das Ergebnis Hunderter Entscheidungen über Essverhalten und Bewegung im Lauf von Monaten oder Jahren. Deshalb engagieren wir Berater und Trainer. Sie sind nicht unbedingt klüger als wir, aber sie sind objektiver und können daher die Muster in unserem Verhalten erkennen.

In der mathematischen Formel für die Weisheit kann es daher nicht darum gehen, Intuition mit Erfahrung, Aufmerksamkeit, Altruismus und fünf weiteren positiven Eigenschaften zu addieren. Die Schönheit der Weisheit liegt in ihrer Einfachheit. Der einzige Bestandteil, der in fast allen wissenschaftlichen Studien zur Weisheit auftaucht, ist die Erfahrung. Daher gehen wir davon aus, dass Menschen, die ein paar Jahrzehnte auf dem Buckel haben, eher weise sein werden als jüngere Leute.

Was wäre, wenn die Weisheit die Quadratwurzel der Erfahrung wäre? Die Formel klingt zweifellos gut. Sehen wir uns ein Beispiel für eine Quadratwurzel an. 3 mal 3 ist gleich 9. Man kann auch sagen, dass 3 die Quadratwurzel von 9 ist (indem man 3 »zum Quadrat nimmt«, das heißt mit sich selbst multipliziert, erhält man 9). Nimmt man 9 zum Quadrat, so erhält man 81. Und multipliziert man 81 mit sich selbst, so ist das Ergebnis 6 561. Wie Sie sehen, wachsen diese Zahlen ziemlich schnell. Aber die Wurzel von all dem ist die einfache Zahl 3, denn nachdem man einige Male die Wurzel aus 6 561 gezogen hat, kommt man auf 3. Genauso finden wir die Wurzel einer vertrackten Situation in unserem Leben in einer einfachen Wahrheit: Der Unternehmenschef kürzt das Budget für Kundendienstschulungen, und die Folge sind unzufriedene Kunden und schwindende Einnahmen. Wir sind nicht glücklich mit unseren Lebensumständen, was dazu führt, dass unsere Ernährungsdisziplin nachlässt und dass wir die Bewegung vernachlässigen, was eine Gewichtszunahme und gesundheitliche Probleme zur Folge hat. Die Erfahrung ist das Resultat von Tausenden oder Millionen winzigen Handlungen, die sich zu einem Leben zusammenfügen. Aber die Weisheit sucht die Wahrheit im Kern all dieser Aktivität.

Weisheit bedeutet, erkennen zu können, dass der Komplex unseres Lebens – die Summe unserer Erfahrungen – im Grunde auf etwas zurückzuführen ist, das wesentlich für unser Dasein und die Art und Weise ist, wie wir unsere Erfahrungen in Angriff nehmen. Um eine Hollywood-Analogie zu verwenden: Weisheit bedeutet, durch die Matrix sehen zu können und zu begreifen, wie wir selbst und alles um uns herum funktioniert. Leider sind viele Menschen nicht bereit, jene Brille aufzusetzen, die ihnen einen Blick auf die Wurzeln ihrer Erfahrung eröffnen würde. Vielleicht gewinnen wir den Eindruck, dass wir angesichts einer Reihe von Herausforderungen einfach härter arbeiten müssen. Unsere mathematische Formel für das Leben ist eine einzige lange Abfolge von

Additionen. Aber die hier beschriebene Weisheitsformel besagt eigentlich das Gegenteil: Wenn wir mit den größten Herausforderungen konfrontiert sind, müssen wir die Wurzel ziehen, anstatt zu addieren.

Wenn wir weise genug sind, unsere eigene Erfahrung zu betrachten, können wir die Quadratwurzel – die Wurzel der Erfahrung – ermitteln, so dass wir nicht nur weise, sondern auch heroisch sein und diese Weisheit nutzen können, um die richtigen Schritte zu tun und grundlegende Veränderungen in unserem Leben herbeizuführen.

Mein Freund Sandeep rief mir die Parabel von dem reichen Mann in Erinnerung, der Raubkatzen liebte und einen berühmten Zen-Tuschemaler bat, ihm eine Katze zu zeichnen. Der Meister willigte ein und sagte seinem Auftraggeber, er solle drei Monate später wiederkommen. Doch als der Mann nach Ablauf dieser Frist zurückkehrte, wurde er wieder und wieder vertröstet. Als ein Jahr verstrichen war, konnte sich der Künstler dem Drängen nicht mehr widersetzen, holte einen Pinsel hervor und zeichnete mit Anmut und Leichtigkeit in einer einzigen fließenden Bewegung eine Katze. Es war das wunderbarste Bild, das der Mann je gesehen hatte. Doch sein Staunen wich rasch der Wut. »Dieses Bild zu malen, hat dich nur 30 Sekunden gekostet! Warum hast du mich ein Jahr lang warten lassen?!« Wortlos öffnete der Maler einen Schrank, und es fielen Tausende gute, schlechte und missratene Zeichnungen von Katzen heraus. Wie können Sie ein Zen-Meister sein und das Geheimnis Ihres Lebens lüften?

Die verschlungenen Wege der Erkenntnis

Diese Formel erfordert noch einen weiteren Bestandteil, aber ich wollte Sie nicht gleich am Anfang des Kapitels mit diesem Element erschrecken. In der beschriebenen Quadratwurzelgleichung nimmt die Weisheit mit wachsender Erfahrung zu, wobei sich der Zuwachs jedoch stetig verlangsamt. Tatsächlich haben viele von uns eine steile Lernkurve und erreichen um die Lebensmitte ein Plateau. Aber es gibt auch jene, die Kapitel 10 dieses Buchs gelesen haben, meisterhaftes Können erwerben und den »Flow« finden. Bei diesen Personen muss sich der Zuwachs an Weisheit nicht zwangsläufig verlangsamen. Stattdessen machen sie gelegentlich sprunghafte Fortschritte, wenn sie sich neue Lehren und Erkenntnisse aneignen.

Wenn wir unsere Weisheitsformel auf diesen mathematischen Fakten aufbauen, ist sie zwar gut, aber immer noch unvollständig. Es gibt in unserem Leben Momente, in denen wir ein »Aha-Erlebnis« haben. Solche Erkenntnisse, die eher seltene Erfahrungen sind, vertiefen unsere Weisheit mit plötzlichen, zumeist augenblicklichen Durchbrüchen, die unser Denken verändern. Das bedeutet, dass die Weisheit nicht nur davon abhängt, wie wir unsere Erfahrung einsetzen, sondern auch davon, wie wir unsere Fähigkeit zur Sammlung von Erkenntnissen nutzen.

Für die Mathematiker unter Ihnen bedeutet das: $W = \sqrt{(E)} + \text{Erkenntnis}(z_i)$. Die Erkenntnis wird zum Zeitpunkt z_i gewonnen, wobei wir eine bedeutsame Erkenntnis oder viele kleinere sammeln. Das habe ich der Einfachheit halber in der Formel für dieses Kapitel nicht berücksichtigt, aber es deckt sich mit der Tatsache, dass Fortschritte in verschiedensten Disziplinen nicht zwangsläufig bis in alle Ewigkeit kontinuierlich erfolgen und vorhersehbar sind. In der Biologie wird vom »Punktualismus« gesprochen, wenn eine Spezies unvorhersehbar und revolutionär Evolutionssprünge macht.

Doch wenden wir uns der eigentlichen Frage zu: Wie können wir ein Treibhaus der Erkenntnis bauen, in dem sich unsere Weisheit rascher entfalten kann? Erstens müssen wir uns vor Augen halten, dass Erkenntnisse zumeist darauf beruhen, dass Daten oder unverbundene Menschen oder Situationen auf eine Art und Weise miteinander verknüpft werden, die bis dahin unvorstellbar war. So muss es Reed Hastings ergangen sein, als er auf die Idee kam, seinen DVD-Versand Netflix als Alternative zur Blockbuster-Kette zu starten. Diese Erkenntnis kam ihm, als er begriff, wie unsinnig es war, 40 Dollar Überziehungsgebühr für eine DVD im Wert von 10 Dollar zu bezahlen, die mehrere Wochen im Haus herumgelegen hatte.

Meinem Freund Dr. Dan Russell kam die Erkenntnis, dass man die Gleichung durch »Erkenntnis« ergänzen konnte, während einer Wanderung an der Küste. Die Natur stimuliert die Erkenntnis. Ich selbst habe die Erfahrung gemacht, dass mir beim Laufen am Strand immer wieder vom Endorphin angeregte Erkenntnisse durch den Kopf schießen. Einige meiner Freunde ziehen das Wasser vor und denken gerne unter der Dusche nach, wenn sie auf der Suche nach intuitiver Orientierung sind. Viele Unternehmen ermutigen ihre Manager, Ausflüge in den Zoo, ins Museum oder an andere Orte zu unternehmen, um bei der Arbeit weniger genutzte Hirnregionen – üblicherweise die rechte Hälfte – zu stimulieren. Und manche Menschen sehen das beste Mittel zur Beruhigung ihrer Seele und ihres Gehirns in der Meditation.

Wie mir die Weisheit einen neuen Lebensweg zeigte

Für viele Unternehmer ist ihr Betrieb wie ein Kind, und einige von uns (so auch ich) durchschneiden nie die Nabelschnur, sondern genießen unbewusst das Gefühl, dieses Baby weiterhin zu ernähren. Ich dachte früher, ich würde mein Unternehmen wie Sam Walton bis zu meinem 75. Lebensjahr leiten, und viele Jahre empfand ich diesen Gedanken als erhebend. Dann musste ich während des schmerzhaften Abschwungs, der die verwundbare globale Hotelindustrie überraschend traf, einmal mehr meine Rüstung anlegen, um in die Schlacht zu ziehen – so wie ich es einige Jahre früher nach dem Platzen der Dotcom-Blase getan hatte.

Was diesen zweiten Abschwung im ersten Jahrzehnt des 21. Jahrhunderts von der ersten Krise unterschied, war die Tatsache, dass sich mein Unternehmen gerade anschickte, innerhalb von 21 Monaten 15 neue Hotels zu eröffnen – genau zu dem Zeitpunkt, als die Einnahmen der Hotels in amerikanischen Ballungszentren um 25 Prozent pro Jahr sanken. Es kostete mich viel Kraft, das Unternehmen durch diese unglückliche Expansion zu führen.

Wir brauchten zusätzliches Betriebskapital, um den Sturm zu überstehen, und wir brauchten Wachstumskapital, um unser Gedeihen in der Zukunft zu gewährleisten. Also nahm ich im Jahr 2009 Gespräche mit verschiedenen »Weißen Rittern« auf, um einen Investor oder ein Unternehmen zu finden, das mit *Joie de Vivre* fusionieren wollte. Diese Kontakte hielt ich vor meinen Managern geheim, um sie nicht zu beunruhigen. Während ich versuchte, die Widrigkeiten zu bewältigen und unsere Zukunftschancen zu erhöhen, wurde mir klar, dass ich reif für einen Karrierewechsel war. Der Beruf des Unternehmensleiters war nicht länger meine Berufung. In dieser stürmischen Zeit wurde ein Kämpfer gebraucht, der das Unternehmen führen konnte wie ich in der vorangegangenen Krise. Dieses Eingeständnis fiel mir schwer, und ich musste dafür auf die Weisheit meines Bauchgefühls zurückgreifen, aber – wie bei jeder wesentlichen Erkenntnis – war mir bewusst, dass dies sowohl für mich als auch für mein Unternehmen das Beste war.

Aber dass ich diese Erkenntnis hatte, bedeutete noch nicht, dass ich auch Lösungen parat gehabt hätte. In dieser wirtschaftlichen Katastrophe hörte ich immer wieder, dass die gerissenen Investoren entweder lohnende Beute oder ein

Wrack zum Ausschlachten suchten. *Joie de Vivre* (JdV) war ein erfolgreiches Unternehmen, aber es war keine nationale Marke. Aufgrund unseres rasanten Wachstums erzielten wir praktisch keine Nettoeinnahmen – wir waren also keine lohnende Beute. Und wir waren nicht bereit, uns von einem Geierfonds ausschlachten zu lassen, der auf der Suche nach sterbenden Unternehmen war. Es blieb mir kaum eine Wahl. Alle Optionen, die uns blieben, bedeuteten, dass das Unternehmen von einem anderen übernommen werden würde, was zahlreiche Entlassungen und vermutlich den Verlust des Namens und der Identität von JdV zur Folge haben würde. Oder ich musste mich für fünf weitere Jahre als Geschäftsführer verpflichten, um die Privatinvestoren davon zu überzeugen, dass sich eine Wette auf das Unternehmen lohnen würde. In mehr als zwei Jahrzehnten an der Spitze von JdV hatte ich so viel Erfahrung gesammelt, dass ich weise genug war, einen Partner zu suchen, aber es fehlte mir eine Erkenntnis dazu, wie ich zwischen diesen gleichermaßen erschreckenden Alternativen wählen sollte.

Diese Erkenntnis kam bei einer Wanderung mit meiner Freundin Vanda, die auch eine Managementtrainerin ist. Als ich mich über meine missliche Lage und darüber beklagte, dass die Verantwortung für mehr als 3000 Mitarbeiter schwer auf mir lastete, half mir Vanda zu erkennen, dass sämtliche Optionen darauf hinausliefen, entweder die Bedürfnisse von JdV (einen Privatinvestor finden) oder meine persönlichen Bedürfnisse zu erfüllen (eine Fusion, die es mir erlauben würde, die Leitung des Unternehmens abzugeben). Keine der Optionen würde beide Probleme lösen. Vanda riet mir dazu, eine Liste der fünf wichtigsten Eigenschaften zu erstellen, die ein guter Partner mitbringen sollte. Allerdings sollte ich diese Eigenschaften von zwei verschiedenen Standpunkten aus betrachten: Was wäre gut für das Unternehmen und was wäre gut für mich. Anschließend sollte ich ein Gitter mit fünf mal fünf Feldern zeichnen und diese Eigenschaften auf zwei Achsen eintragen, um zu beurteilen, inwieweit die potenziellen Partner diese Merkmale aufwiesen. Das Diagramm half mir zu sehen, dass diese Optionen unvereinbar waren: Entweder ich erhielt meine Freiheit und weidete mein Unternehmen aus, oder ich rettete das Unternehmen, verpflichtete mich jedoch, fünf Jahre lang etwas zu tun, was ich nicht mehr liebte und das mich von meiner Berufung abhielt – womit ich mich praktisch selbst ausweiden würde.

Ein wenig blinder Glaube (und beträchtliche emotionale Unterstützung meines Vaters) weckten in mir die Überzeugung, dass es mir gelingen würde, einen Investor zu finden, der sowohl meine persönlichen als auch die Bedürfnisse meines Unternehmens erfüllen konnte. Doch die Zeit wurde knapp, uns ging das Geld aus. Dann erhielt ich aus heiterem Himmel einen Anruf von einem Geschäftspartner, der erfahren hatte, dass wir das Unternehmen oder einen Mehrheitsanteil verkaufen wollten. Ich war seinem Chef, dem Milliardär John Pritzker (dessen Vater vor mehr als einem halben Jahrhundert das Hyatt Hotel gegründet hatte), nie persönlich begegnet, aber ich hatte nur Gutes über ihn und seinen menschlichen, intuitiven und humorvollen Zugang zur Unternehmensführung gehört. Pritzkers Firma *Geolo Capital* erschien erst sehr spät auf der Bildfläche, aber da mich Weisheit und Erkenntnis wenige Wochen vorher dazu bewegt hatten, das Entscheidungsgitter zu entwerfen, war ich darauf vorbereitet, ihr Angebot praktisch über Nacht anzunehmen. Eine derart komplexe Transaktion hätte leicht ein halbes Jahr oder länger dauern können, aber indem wir uns auf das Wesentliche konzentrierten, konnten wir den Verkauf relativ rasch über die Bühne bringen. Im Juni 2010 hatte ich einen neuen Partner, und an dem Tag, als der Verkauf bekannt gegeben wurde, läutete ich an der New Yorker Börse die Glocke.

Meine Erfahrung als Unternehmensleiter und die Lehren,

die ich daraus gezogen hatte, machten mich weise genug, um zu wissen, dass ich mein Unternehmen verkaufen oder einen Mehrheitspartner an Bord holen musste, nachdem ich JdV seit seiner Gründung vor zwei Jahrzehnten praktisch allein besessen hatte. Aber erst die Erkenntnis, dass ich eine Lösung finden musste, die sowohl meine als auch die Bedürfnisse des Unternehmens erfüllen würde, ermöglichte es mir, die goldene Gelegenheit zu erkennen, die sich durch eine glückliche Fügung des Schicksals eröffnete. Da *Geolo Capital* kein so nahe liegender Partner war wie einige andere Interessenten, hätte ich mir diese Gelegenheit möglicherweise entgehen lassen, hätte mir Vanda nicht die Brille der Erkenntnis gereicht, mit der ich durch die Matrix schauen und John Pritzkers Angebot richtig einschätzen konnte.

Wenden wir die Formel an

Machen Sie das Gelassenheitsgebet zu einer täglichen Praxis. Reinhold Niebuhr war einer der wichtigsten amerikanischen Theologen des 20. Jahrhunderts, und welch rätselhaften, ungewöhnlichen Reiz seine Lehren ausüben, erkennt man daran, dass ihn sowohl Barack Obama als auch John McCain zu ihren bevorzugten Religionsphilosophen zählen. Niebuhr gilt als Autor des *Gelassenheitsgebets:* »Herr, gib mir die Gelassenheit, Dinge *hinzunehmen,* die ich nicht ändern kann, den *Mut,* Dinge zu ändern, die ich ändern kann, und die *Weisheit,* das eine vom anderen zu unterscheiden.« Wie uns Viktor Frankl in der ersten Formel gelehrt hat, bedeutet Gelassenheit, dass man die Konstanten des Lebens akzeptiert und die Variablen in Frage stellt. Es bedarf der Weisheit, um zu erkennen, was eine Konstante und was eine Variable ist. Die Innovation in der Wirtschaft und im Leben wird dadurch möglich, dass man weise genug ist, das in Frage zu stellen, was die meisten Menschen als Konstante hinnehmen, obwohl es in Wahrheit eine Variable ist. Ich sage dieses Gebet jeden Morgen auf, und in schwierigen Zeiten wiederhole ich es mehrmals am Tag.

Gehen Sie Ihrer Erfahrung auf den Grund.
Das englische Wort für Erfahrung ist *experience*. Dieser Begriff hat denselben Wortstamm wie »experimentieren«, also »erfahren«. Das ist kein Zufall. Die klügsten Menschen, die ich kenne, sind imstande, ihr Leben wie unter einem Mikroskop zu untersuchen, und anhand der Experimente im Lauf ihres Lebens haben sie Weisheit erworben. Nehmen Sie ein Blatt Papier und machen Sie sich eine Liste der zehn bedeutsamsten Erfahrungen oder Experimente in Ihrem Leben. Welche Lehren zogen Sie aus diesen Erfahrungen? Inwiefern wurden Sie dadurch weiser, und wie können Sie diese Weisheit heute nutzen? Ich persönlich weiß – instinktiv –, dass ich während des historischen Abschwungs der Wirtschaft in der San Francisco Bay Area nach dem Zusammenbruch der New Economy ein ungemein engagierter Unternehmensleiter war. Mein Engagement spornte die Menschen in meiner Umgebung derart an, dass *Joie de Vivre* in dieser Zeit fast auf die dreifache Größe wuchs. Diese Erfahrung machte mir einige Jahre später bewusst, dass ich nicht mehr die Begeisterung besaß, um ein solches Kunststück ein zweites Mal zu vollbringen, und dass ich JdV in große Gefahr bringen würde, wenn ich das Unternehmen nicht auf eine neue Grundlage stellte.

Korrigieren Sie Situationen, nicht Menschen.
Die Quadratwurzel der Erfahrung ermöglicht es uns normalerweise, über die Personen hinauszublicken. Als Unternehmensleiter wurde ich oft mit problematischen Situationen konfrontiert, für die eine einzelne Person oder die Interak-

tion einer kleinen Gruppe von Personen verantwortlich gemacht wurde. Allzu oft suchen wir die Schuld für Probleme bei den Menschen, weil wir nicht weise genug sind, einen Schritt zurückzutreten und die unhaltbare Situation zu sehen, die das Problem hervorbringt. Die meisten Schwierigkeiten haben ihren Ursprung nicht im Handeln einzelner Personen, sondern in der Situation. Die Umstände haben großen Einfluss auf das Verhalten: Die Aufgaben und Zuständigkeiten müssen geklärt sein, es muss Einigkeit über die kurzfristigen Ziele bestehen, die Mitarbeiter müssen geeignete Werkzeuge haben, um ihre Aufgaben erfüllen zu können, die Kultur und die betrieblichen Abläufe müssen richtig definiert sein, damit alle Beteiligten verstehen, wovon Effektivität und Erfolg des Unternehmens abhängen. Schaffen Sie eine geeignete Umgebung, und Sie werden feststellen, dass sich die geeigneten Personen einstellen. In der Kirche kommt niemand auf die Idee zu rauchen.

Machen Sie sich klar, welche Aktivitäten am ehesten zu Erkenntnissen führen.

Die Erfahrung speist die Weisheit, und die Erkenntnis führt zu weisen Entscheidungen, die – gelegentlich – einen Quantensprung möglich machen. Denken Sie darüber nach, wann Ihnen in den letzten Jahren eine Erkenntnis durch den Kopf schoss oder wann Sie es »im Gefühl« hatten, dass Sie etwas Bedeutsames erkannt hatten. Was taten Sie in diesem Augenblick? Vermutlich waren Sie in vielen Fällen gerade nicht im »Labor«, weshalb ihr Unterbewusstsein Zeit und Raum (und möglicherweise einen ungehinderten Blick) hatte, um eine Erkenntnis wie einen guten Wein im Eichenholzfass reifen zu lassen. An anderer Stelle in diesem Kapitel habe ich einige Umgebungen beschrieben, die die Erkenntnis begünstigen. Haben Sie einmal Ihr ideales Habitat identifiziert (und ist dies ein Ort, den Sie problemlos erreichen können), so müssen Sie diesen Ort für die Zeiten reservieren, in denen Sie ihn wirklich brauchen. In meiner Hütte im Garten, in der ich mich dem Schreiben widme, tue ich mein Bestes, um mich auf kreative Aktivitäten zu konzentrieren. Footballspiele schaue ich mir dort selten an.

Die »eleganteste« Formel habe ich für den Schluss aufbewahrt. In einer Welt, in der sich alles um rasche Lösungen, den geringsten gemeinsamen Nenner und das Streben nach Effizienz, wenn nicht sogar nach Glück dreht, ist die Weisheit ein Refugium der Vernunft. Die Weisheit versetzt uns in die Lage, unser Leben zu gestalten. Sie erkennt den Weizen und siebt die Spreu aus. Besonders wichtig ist das im höheren Alter, wenn mehr Gehirnzellen sterben, das Gedächtnis schwächer wird, die Müdigkeit schneller eintritt und der Verstand ein wenig langsamer arbeitet. Doch im Kampf gegen diesen traurigen Niedergang kommt uns zugute, dass wir im Lauf der Zeit weiser werden. Brillante Erkenntnisse sind auch noch jenseits des 80. Lebensjahrs möglich. Der Zauber des Lebens liegt nicht darin, mehr zu ersinnen, sondern darin, mit weniger mehr Sinn zu erzeugen.

TEIL VI

Ihre eigenen Formeln

Kapitel 20

Bauen Sie Ihre eigenen emotionalen Formeln zusammen

Der Dichter Rainer Maria Rilke schrieb: »Kein Gefühl ist endgültig.« Inmitten innerer Stürme gelang es mir dank der emotionalen Formeln, das Wetter besser vorauszusagen und das Zusammenwirken all der Einflüsse zu verstehen, die Gefühle wie Enttäuschung, Freude, Angst und Glaube hervorriefen. Unsere Emotionen sind Rätsel. Ein Rätsel kann als Aussage oder Frage definiert werden, die eine doppelte oder verhüllte Bedeutung hat, die wir entschlüsseln müssen. Ein Rätsel hat oft die Form einer Metapher und kann nur mit Einfallsreichtum und sorgfältiger Überlegung gelöst werden. Wenn ich mich in einer schwierigen emotionalen Situation befinde, stelle ich oft fest, dass mir eine symbolische Deutung – als wäre das Problem ein Rätsel, das gelöst werden muss – ein gewisses Maß an Objektivität gibt. Wie bei jedem Rätsel können die versteckten Hinweise eine Form haben, mit der ich nicht vertraut bin.

Eine meiner bevorzugten metaphorischen Geschichten über Emotionen und das Ich ist sehr alt. Es geht darin um ein menschliches Wesen, das aus vier Teilen zusammengesetzt ist. Dies sind eine Kutsche, Pferde, ein Kutscher und dessen Herr in der Kutsche. Die Kutsche steht für den Körper, der uns durchs Leben trägt. Die Pferde stellen unsere Emotionen und Leidenschaften dar – sie ziehen uns kraftvoll in verschiedene Richtungen, wenn sie nicht gezäumt werden. Der Kutscher ist das Ich, und während der Herr schläft, entscheidet der Kutscher, in welche Richtung gefahren werden soll. Der

Herr stellt das wahre, das höhere Selbst dar und kann nur Einfluss auf die Reise durch das Leben nehmen, wenn er geweckt wird. Ist er einmal erwacht, so übernimmt der Herr das Kommando und sagt dem Kutscher, wohin er das Gefährt lenken und worauf er achten soll.

In Bezug auf unsere emotionalen Formeln müssen Sie sich folgende grundlegende Frage stellen: »Wer zähmt und lenkt die leidenschaftlichen und emotionalen Pferde, die mich durch das Leben ziehen?« Ist es der niemals schlafende Kutscher draußen auf dem Kutschbock (das Ich)? Oder ist es der Herr, jener höhere oder göttlich inspirierte Bestandteil Ihres Wesens, der allzu oft in der Kutsche schlummert?

Das Ich ist nicht unbedingt schlecht, und dieser Kutscher versteht sich oft sehr gut darauf, unsere Leidenschaften und unseren Körper so zu steuern, dass wir kurzfristig den richtigen Weg einschlagen. Aber dass der Kutscher die Zügel in der Hand hat, erkenne ich daran, dass meine Emotionen ungestüm pulsieren – gleich, ob es positive oder negative Gefühle sind. Das Ich reagiert. Die Seele antwortet.

Philip Yancey, der sich mit der Natur des Glaubens beschäftigt, erklärt, dass die Stärke unserer emotionalen Reaktion in einer Krise einen deutlichen Hinweis darauf gibt, welche Kontrolle die Welt über uns ausübt: »Eine Krise hilft uns, das Fundament auszugraben, auf dem wir unser Leben aufgebaut haben.«

Halten Sie sich vor Augen, dass Sie, wenn Ihr Ich an der Formulierung Ihrer emotionalen Formeln beteiligt ist, normalerweise dem Willen der Welt ausgeliefert sind – so als wären Sie ein Wetterhahn, dessen Ausrichtung davon abhängt, aus welcher Richtung der Wind weht. Marc Aurel schrieb: »Versuche zu erkennen, bevor es zu spät ist, dass in dir etwas ist, das höher und Gott ähnlicher ist als die bloßen Instinkte, die deine Emotionen auslösen und dich bewegen wie eine Puppe.« Behalten Sie das im Hinterkopf, wenn Sie darüber nachdenken, wie Sie eine sinnvolle emotionale Formel entwickeln können, an der Sie sich in guten und schlechten Zeiten orientieren können.

Finden Sie Ihre Formel in einem reinen Geist

Wenn Sie Formeln entwickeln, die Ihnen in Ihrem Leben helfen werden, sollten Sie sich nicht den Kopf darüber zerbrechen, ob der Kutscher oder der Herr Ihre Kutsche lenkt, obwohl es nützlich ist, diese Metapher im Hinterkopf zu behalten. Sie sollten jedoch wissen, dass die Formeln, die Ihnen am meisten und auf Dauer nutzen, jene sein werden, die einem reinen Geist entspringen – dem Wunsch nach einer authentischen Selbsterkenntnis und dem Bemühen, die eigenen Begabungen in der Welt zu entfalten. Das ist der Grund dafür, dass ich es als erhebend empfand, als es mir gelang, Viktor Frankls tief schürfendes Buch *Der Mensch auf der Suche nach Sinn* auf die Formel *Verzweiflung = Leiden – Sinn* zu bringen. Die besten Formeln scheinen einfache, von der Zeit geadelte Wahrheiten zu sein.

Sie können gern Formeln entwickeln, um mehr Geld zu verdienen, Ihre körperliche Attraktivität zu erhöhen oder berühmt zu werden. Nur sollten Sie wissen, dass die Formel vermutlich größeren Einfluss auf Ihr Leben haben wird, wenn sie weniger das betrifft, was Sie *haben* wollen, sondern eher das, was Sie *sein* wollen. Wenn Sie sich schon die Mühe machen, eigene Formeln zu entwickeln, sollten Sie über solche nachdenken, die Ihnen viele Jahre lang dienen können.

Ein Wort der Warnung: Verwenden Sie Ihre emotionalen Formeln nicht, um den Strom Ihrer Emotionen trockenzulegen. Sie sind nicht Mr. Spock. Manchmal kann es durchaus lohnend sein, in den eigenen Emotionen zu schmoren. Denken Sie an die Metamorphose der Raupe, die zum Schmetterling wird. Auf halbem Weg in dieser Verwandlung ist das Leben nicht mehr als eine glibberige Masse. Lassen Sie sich von den emotionalen Turbulenzen, die Sie durchleben, nicht abschrecken. Denn diese Turbulenzen helfen Ihnen dabei, sich selbst besser kennen zu lernen.

Wenn Sie eigene emotionale Formeln aufstellen wollen, müssen Sie sich als erstes zwei Fragen stellen. Ziehen Sie sich an einen Ort zurück, an dem es keine Ablenkungen gibt, schließen Sie für eine Minute die Augen und konzentrieren Sie sich vollkommen auf Ihren Atem. Entspannen Sie sich, nehmen Sie die Position des Beobachters ein und betrachten Sie Ihre Kutsche, Ihre Pferde, den Kutscher und den Herrn.

1. Führen Sie einen mentalen Scan Ihres Körpers durch: Wie fühlen Sie sich im Großen und Ganzen? Gibt es Zonen, die sich besonders gut oder schlecht anfühlen? Denken Sie darüber nach, was Ihnen in jüngster Zeit Schwierigkeiten gemacht hat und wo sich diese Probleme in Ihrem Körper festgesetzt haben. Ich selbst stelle fest, dass meine Stimmbänder gereizt werden und meine Stimme kratzt, wenn ich unter Stress gerate oder erschöpft bin. Es ist, als wäre meine Kehle der Schiedsrichter in der Auseinandersetzung zwischen meinem Verstand und meinem Herz. An diesem Zustand kann ich normalerweise erkennen, dass ich zwischen Vernunft und Gefühl hin und her gerissen bin. Wie ist es bei Ihnen? Fühlen Sie sich körperlich ausgelaugt, mangelt es Ihnen an Energie? Welche Emotion verbirgt sich hinter dieser Lethargie? Ist es Traurigkeit? Vielleicht verhärtet sich auch Ihre Schultermuskulatur. Liegt es daran, dass Angst oder Beklemmung Ihre Schultern niederdrücken? Ihre körperlichen Empfindungen weisen auf Ihre Emotionen hin. Schreiben Sie einige körperliche Empfindungen auf und versuchen Sie die Emotionen zu identifizieren, die

sich dahinter verstecken. Wenn Sie mehr über den Zusammenhang zwischen Körper, Emotionen und Krankheiten wissen möchten, empfehle ich Ihnen das Buch *Heal Your Body (Heile deinen Körper)* von Louise Hay.

2. Was spielt sich in diesem Augenblick emotional in Ihrem Inneren ab? Können Sie einem der aufgelisteten Gefühle eine Emotion zuordnen? Können Sie Ihrer Emotion auf den Grund gehen, anstatt sich mit dem zufrieden zu geben, was Sie an der Oberfläche sehen? Nennen Sie zwischen drei und fünf Emotionen, die Sie in den vergangenen zwei oder drei Tagen immer wieder empfunden haben. Halten Sie diese Emotionen sowie die Umstände, unter denen sie auftauchten, schriftlich fest. Markieren Sie anschließend die dominierende Emotion. Dabei kann es sich um eine Emotion handeln, der Sie sich entledigen möchten oder die Sie verstärken möchten.

Hoffentlich haben Sie nun eine Emotion ausgesondert, mit der wir uns eingehender beschäftigen können. Sehen wir uns drei verschiedene Emotionen an, um festzustellen, wie Sie eine hilfreiche Emotion erzeugen können, die zu einem Mantra in Ihrem Leben werden kann. (In den folgenden drei Fallstudien werden fiktive Namen verwendet. Die Fallstudien beruhen auf den Berichten verschiedener Personen, die eigene emotionale Formeln entwickelt haben.)

Fallstudie 1: Widerstand

Die 45-jährige Joan ist seit 20 Jahren verheiratet und hat drei Kinder. Sie hat den Großteil ihres Lebens damit verbracht, für ihre Familie zu sorgen, und in den vergangenen zehn Jahren ist sie zusätzlich einer Erwerbsbeschäftigung nachgegangen. Gegenwärtig bestreitet sie das Familieneinkommen allein. Seit ihrem Studium hat Joan jedes Jahr etwa zwei Pfund Gewicht zugenommen, weshalb sie mittlerweile ein Übergewicht von 50 Pfund hat. Sie versucht immer wieder vergeblich, sich das Rauchen abzugewöhnen, was ihr Gewicht weiter in die Höhe treibt. Angesichts der Schwierigkeiten und Belastungen ihres Alltagslebens hat sich Joan mit dem Status quo abgefunden. Als ihr Mann und ihre Kinder versuchen, sie zur Aufgabe ihrer ungesunden Gewohnheiten zu bewegen, leistet sie energischen Widerstand und nimmt die Opferrolle an, denn schließlich muss sie die Familie allein erhalten.

Als sich Joan die beiden Fragenkomplexe ansieht, die wir oben behandelt haben, stellt sie fest, dass sie keine Beziehung zu ihrem Körper hat. Sie hat keine körperlichen Empfindungen, was sie ein wenig erschreckt. Doch als Sie sich in die Übung vertieft, steigt in ihr das Gefühl auf, dass sie der Felsen von Gibraltar ist: massiv, unbeweglich und verlässlich. Gleichzeitig fühlt sie sich emotional ein wenig abgestumpft und ist enttäuscht darüber, dass sie in dem Bemühen, ihre ungesunden Gewohnheiten zu ändern, keine Fortschritte macht. Die Emotion, die sie am deutlichsten erkennt, ist der »Widerstand«. Sie hat Glück, das zu entdecken, denn bei vielen Leuten ist der Widerstand eine fast unbewusste Reaktion. Wie soll Joan nun mit ihrem Widerstand umgehen?

Wenn wir annehmen, dass sie den Widerstand verringern oder überwinden will, kann Joan zunächst einmal nach einem Antonym von Widerstand suchen. Hier bieten sich »Aufgabe« oder »Akzeptanz« an. Joan sieht sich diese Worte an und reagiert zurückhaltend: »Ich möchte meinen Widerstand verringern, aber ich bin nicht sicher, dass ich kapitulieren will, denn ich muss stark sein.« Wenn man seine Sicherheitszone verlässt, besteht die natürliche Reaktion darin, sich die Veränderung als traumatisch und zerstörerisch vorzustellen. Wie können wir aus der Veränderung etwas Positives machen, das für Joan erstrebenswert sein wird?

Anstatt sich auf etwas so Kategorisches wie eine Kapitulation zu konzentrieren, entschließt sich Joan, das Wort »Akzeptanz« oder »Veränderung« in ihre emotionale Formel aufzunehmen. Sie kann sich vorstellen, wie ihr Leben aussehen wird, wenn sie ihre Ernährung umstellt, ein wenig abnimmt und das Rauchen aufgibt. Sie stellt sich vor, wie es ihr in einem Jahr gehen wird, sofern sie diese Veränderungen akzeptiert, anstatt Widerstand dagegen zu leisten. Sie schreibt die Worte »gesundes Wachstum« auf – dieses Resultat erwartet sie, wenn sie ihre Gewohnheiten ändert, denn sie hat das Gefühl, dass sie ihren körperlichen, geistigen und emotionalen Zustand verbessern wird. Nun haben wir drei mögliche Zutaten für unsere Gleichung: *Widerstand, Veränderung* und *gesundes Wachstum*. Wie passen diese Elemente zusammen? (Sollte es nötig sein, kehren Sie zu Kapitel 2 zurück, um sich die mathematischen Grundlagen der Addition, Multiplikation, Subtraktion und Division noch einmal anzusehen.)

Joan studiert die drei Variablen und ordnet sie in zwei Spalten ein: eindeutig gesunde und eindeutig ungesunde Emotionen. Joan stuft *Veränderung* und *Wachstum* als gesund und *Widerstand* als ungesund ein. *Veränderung* und *Wachstum* scheinen Synonyme zu sein, aber der Widerstand passt irgendwie nicht dazu. Es sieht so aus, als böte sich hier eine Subtraktion an. Wie wäre es mit *Wachstum* = *Veränderung* – *Widerstand*? Joan könnte dies folgendermaßen übersetzen: Sie weiß, dass sie sich eine gesunde Entwicklung wünscht, und um das zu bewerkstelligen, muss sie bereit sein, ihre Gewohnheiten zu ändern und ihren Widerstand zu verringern. Diese emotionale Formel kann sie sich nun jedes Mal in Erinnerung rufen, wenn sie merkt, dass sie sich gegen eine ihrer gesunden neuen Gewohnheiten sträubt.

Und wie könnten Sie diese Formel in Ihrem Leben nutzen?

Diese grundlegende Gleichung ist auch für Unternehmen relevant. Wie viele Unternehmen sind in eine Sackgasse geraten, weil sie eher den Widerstand als die Veränderung akzeptierten?

Fallstudie 2: Demütigung

Der 60-jährige Russell ist Vice President in einer Bank. Er ist seit zwei Jahrzehnten bei dieser Bank beschäftigt, aber die letzten Jahre sind sehr schwierig gewesen, da der Finanzsektor unter der Rezession leidet. Russell befürchtet, entlassen zu werden, denn er hat gesehen, dass viele andere langjährige Mitarbeiter ihren Arbeitsplatz verloren haben. Russell zieht es vor, seine Meinung nicht zu sagen, weil er fürchtet, auf die Straße gesetzt zu werden, wenn er den Mund aufmacht. Auf einer grundlegenden Ebene betrachtet er seinen »sicheren« Job in der Bank als Garantie für die finanzielle Sicherheit seiner Familie, obwohl diese Arbeit nie seine Leidenschaft gewesen ist. Nun sieht er seine Sicherheit bedroht.

Da das Unternehmen umstrukturiert worden ist, untersteht Russell seit kurzem Justin, der ebenfalls den Titel eines Vice President hat. Justin ist ein Informatikgenie und 20 Jahre jünger als Russell. Nun beschließt der neue Vorgesetzte, das Wissen seiner acht direkten Untergebenen über die EDV-Systeme der Bank zu überprüfen, um herauszufinden, für welche Aufgaben sie sich am besten eignen. Anstatt die Testergebnisse unter vier Augen mit seinen Managern zu besprechen, entschließt sich Justin, die Untergebenen in einer Gruppensitzung über ihre Resultate zu informieren. Russell ist peinlich berührt, da er das schlechteste Ergebnis der acht Manager erzielt hat, aber es gelingt ihm, diesen Misserfolg mit der Tatsache zu begründen, dass er zehn Jahre älter als die meisten seiner Kollegen ist und daher weniger von der Informationstechnologie versteht.

Doch nur einen Monat nach dem Test wird aus der Beschämung eine Demütigung, als Russell seinen Titel als Vice President verliert und zum Senior Director herabgestuft wird. Sein Gehalt bleibt unverändert, aber er darf nicht mehr an den wöchentlichen Sitzungen der direkten Untergebenen des neuen Chefs teilnehmen und hat das Gefühl, »in die Wüste geschickt« worden zu sein. Und vor allem fühlt er sich verloren in der neuen Welt, in der Justin das Sagen hat.

Anstatt im Gefühl der Demütigung zu schwelgen, entschließt sich Russell, eine emotionale Formel aufzustellen, um seine Situation zu klären und einen Weg zu finden, wie er den Sturz in einen Abgrund vermeiden kann. Bei einer Bestandsaufnahme seiner körperlichen Empfindungen und Emotionen stellt Russell fest, dass er sich mittlerweile weniger als Mann fühlt als früher. Man hat ihm seinen Stolz genommen, und auf einer tieferen Ebene ist er wütend, weil er sich ungerecht behandelt und zugleich machtlos fühlt. Doch das Wort, das ihm am meisten sagt, ist »Demütigung«.

Seine Frau schlägt ihm vor, er soll dieses Wort auf www.visualthesaurus.com nachschlagen. Dort findet er die Worte »Scham«, »Schmach« und »Verdruss«. Die beiden letzten Worte sagen ihm wenig, aber das erste – der dumpfe Stich der Scham – tut ihm beinahe körperlich weh. Auf einer grundlegenden Ebene schämt sich Russell für seine Lage und dafür, dass seine Kollegen Zeugen seiner Herabstufung geworden sind und seine Familie seine Schwäche sieht. Seine Frau, die sich im Internet auskennt, schlägt vor, nachzuschlagen, was Wikipedia über die Scham zu sagen hat, und er stellt fest, dass diese Emotion über das Gefühl der Schuld hinausgeht (Schuld empfindet man, wenn man einen *Fehler gemacht* hat). Da er sich wie ein alter Mann in einer Branche fühlt, die nun den Jungen gehört, hat er das Gefühl, dass sein Problem sein Wesen betrifft (Scham empfindet man, wenn man sicher ist, dass man *fehlerhaft ist*). Gleichzeitig empfindet er große Wut, und diese Gefühle spürt er in der Magengrube.

Russell versucht, eine emotionale Formel aufzustellen, die ihm helfen kann, und stellt fest, dass seine stärksten Emotionen Scham und Wut sind, weshalb sie als Zutaten in seinen Demütigungseintopf gehören. Aber er hat nicht den Eindruck, damit schon das gesamte Rezept zusammen zu haben. Da er das Kapitel 7 über die Angst gelesen hat, weiß er, dass auch Machtlosigkeit im Spiel ist. Also geht Russell wie bei einem Puzzle vor und setzt in dem Wissen, das Scham und Wut eine explosive Mischung bilden, eine Gleichung zusammen. Eigenartig ist, dass diese energiereiche Multiplikation durch die Machtlosigkeit vollkommen zunichte gemacht wird: *Demütigung = (Scham × Wut) – Macht.*

Als er diese Formel in Ruhe betrachtet und die Wahrheit Schwarz auf Weiß sieht, erkennt Russell, dass er sehr wohl Einfluss auf sein Schicksal nehmen kann. Aber es ist noch ein weiter Weg zur Überwindung der erniedrigenden Emotion der Demütigung. Zunächst muss Russell die Frage beantworten, wie er die Scham zähmen kann. Er lässt seine durchaus erfolgreiche 20-jährige Karriere in der Bank Revue passieren und erstellt eine Liste seiner Leistungen. Das Wissen, dass er möglicherweise bald einen Lebenslauf schreiben muss, gibt ihm das Gefühl, dass er ein wenig Macht über sein Schicksal hat, und zeigt ihm, wo er in der Vergangenheit am meisten zum Erfolg seines Unternehmens beigetragen hat.

Er beginnt, Belege dafür zu sammeln, dass er durchaus stolz auf seine Arbeit sein kann und in der Bank Einfluss verdient. Er erkennt, dass er wütend auf Justin ist, weil dieser die Resultate des Informatiktests nicht vertraulich behandelt und ihn auf respektlose Art in der Hierarchie herabgestuft hat. Aber anstatt seine Wut zu hegen, entschließt sich Russell, sich mit Justin zu einem klärenden Gespräch zusammenzusetzen und seinem neuen Vorgesetzten zu erklären, wo seine Stärken liegen. Er will feststellen, ob es für ihn unter diesem Vorgesetzten eine Zukunft gibt oder ob es einen anderen Platz in der Bank gibt, an dem er seine Fähigkeiten besser einsetzen kann. Diese aktive Zugangsweise gibt Russell das Gefühl, den Gang der Dinge selbst beeinflussen zu können. Indem er sich die Gründe für das Gefühl der Demütigung anhand einer Formel verständlich gemacht hat, ist es ihm gelungen, die Bestandteile seiner Situation zu verstehen und einen strategischen Plan zu entwickeln, mit dem er diese lähmende Emotion in ein Sprungbrett zu einem besseren Leben verwandeln kann.

Fallstudie 3: Empathie

Die 30-jährige Alexis ist die längste Zeit vor ihren Gefühlen davongelaufen. Sie wuchs in einer dysfunktionalen Familie auf – der Vater war Alkoholiker und misshandelte die Mutter – und musste früh die Verantwortung für sich und ihren jüngeren Bruder übernehmen. Alexis wuchs angesichts der chaotischen Verhältnisse und der Gewalt in der Familie zu einer Überlebenskünstlerin heran. Vielleicht kennen Sie jemanden, der in jungen Jahren ebenfalls mit extrem widrigen Umständen konfrontiert war und sich daran gewöhnte, Konflikte zu vermeiden, indem er in den meisten Situationen und Beziehungen überkompensierte. In Alexis' Leben hat diese Reaktion zur Folge, dass sie stets übermäßig wachsam gegenüber ihrer Umgebung und den Gefühlen und/oder Bedürfnissen anderer Menschen ist. Ihre Fürsorglichkeit und ihr ausgeprägtes Gespür dafür, was andere brauchen, haben sie zu einer extrem empathischen Person gemacht.

In einem gesunden Umfeld kann eine Person mit großem Einfühlungsvermögen tiefe Gefühle entwickeln und richtig damit umgehen. Aber Alexis lernte die meisten Lektionen im

Überlebensmodus und verließ ihr Elternhaus im Alter von 16 Jahren. Wie viele Mitglieder ihrer Familie suchte sie Trost im Alkohol, und die Betäubung ihrer Gefühle erfüllte in ihrem dritten Lebensjahrzehnt tatsächlich einen Zweck: Sie konnte es vermeiden, sich ihrer eigenen Identität und ihrem Leben zu stellen. Alexis war wirklich empathisch, aber zumeist übertrieb sie die Selbstlosigkeit und war so unerschütterlich loyal und entschlossen, die Menschen zu retten, die ihr am Herzen lagen, dass ihre Absichten in der Intensität ihres Einsatzes untergingen und von ihrer Umgebung oft als eigennütziges Kontrollstreben gedeutet wurden. Sie hatte die Gewohnheit, wohlmeinende Ratschläge zu geben, aber sie riss auch jedes Gespräch an sich, was bei anderen Menschen oft den Eindruck weckte, dass sich Alexis in Wahrheit überhaupt nicht für sie interessierte. Und Alexis neigte dazu, über das Verhalten, die Meinungen und die Schwächen anderer zu urteilen. Am strengsten urteilte sie jedoch über sich selbst: Sie fühlte sich wertlos und nicht liebenswert.

Im Alter von 26 Jahren erreicht Alexis den emotionalen und physischen Tiefpunkt. Der Alkohol und die rastlose Aktivität haben sie in eine Sackgasse geführt. Endlich gelingt es ihr, ihre Situation richtig einzuschätzen und sich ihren Emotionen erstmals ohne das Elixier zu stellen, das sie bisher vor Gefühlen »geschützt« hat. Unter ihren Emotionen sind zwei, die auch schon in den vorangegangenen Fallstudien aufgetaucht sind: Scham und Kapitulation. Als sich Alexis mit unseren zwei Fragen beschäftigt, lernt sie, wie wichtig es ist, sich auf die eigene Atmung zu konzentrieren und sich der körperlichen Empfindungen bewusst zu werden. So gelingt es ihr, die Scham und ihre Neigung zu identifizieren, sich zur Richterin über andere aufzuschwingen.

Eine mit Alexis befreundete Psychotherapeutin hat einige Erfahrung mit dem Einfluss der Emotionen Empathie und Mitleid auf das Leben ihrer Patienten. Eines Tages, als Alexis wieder einmal das Gespräch dominiert, stellt ihre Freundin sie zur Rede und sagt ihr, dass ihr die Beziehung trotz der guten Absichten von Alexis unausgewogen erscheint und sich ändern muss. Dieses hohe Maß an Aufrichtigkeit (und Liebe) weckt bei Alexis Furcht und Scham. Aber ihrer Freundin gelingt es, ihr zu zeigen, dass ihr natürliches Einfühlungsvermögen – sofern es gelingt, es zu »justieren« – Alexis vor den selbstsüchtigen Beweggründen bewahren kann, die ihr bisheriges Handeln beherrscht haben, weil sie sich immerzu in einer Verteidigungshaltung befindet. Ihre Freundin beweist viel Mitgefühl mit Alexis, eine Emotion, die oft mit der Empathie verwechselt wird. Aber das Mitgefühl ist leidenschaftlicher, da es oft im Handeln zum Ausdruck kommt, wenn wir etwas *für* jemanden fühlen (wir versuchen zu helfen), während Empathie bedeutet, dass man sich *in* einen anderen Menschen einfühlen kann, was kein Handeln erfordert.

Damit Alexis ihre Empathie nutzen kann, muss sie das Mitgefühl ihrer Freundin spüren und anschließend lernen, Mitgefühl mit sich selbst zu haben. Als ihr das gelingt, lernt sie ihre eigenen Gefühle und die anderer Menschen besser zu verstehen, ohne Urteile zu fällen. Indem sie sich in die Haut anderer versetzt (das ist die übliche Definition für Empathie), kann sie einfach zuhören, sich *in* andere Menschen einfühlen und sich die Gefühle bewusst machen, die in ihr aufsteigen. So kann sie abwarten, um festzustellen, ob es erforderlich ist, aus Mitgefühl zu handeln, oder ob es genügt, eine empathische Haltung einzunehmen, die an sich wert- und sinnvoll ist.

So hat Alexis sowohl Widerstand als auch Demütigung kennen gelernt. Aber ihre Gleichung *Empathie = Mitgefühl* (mit sich selbst) + *Anteilnahme* (gegenüber anderen) ermöglicht es ihr, ihre Neigung zur Fürsorge auszuleben, ohne andere Menschen kontrollieren, beurteilen oder korrigieren zu müssen. Das erlaubt es ihr, einen ganz neuen Zugang zu ihren Beziehungen zu wählen, und es befreit sie von der Verantwortung, sich sämtlicher Probleme der Welt anzunehmen. So kann sie die Integrität des wichtigsten – und liebenswertesten – Teils ihres Wesens wahren.

Machen Sie aus etwas Bedenklichem etwas Wertvolles

Es heißt, Widrigkeiten brächten die Größe zum Vorschein, während sie vom Wohlergehen lediglich verdeckt werde. Das ist leicht gesagt, wenn man auf dem Gipfel steht. Hingegen ist es eine schmerzhafte Erkenntnis, wenn man durch ein dunkles Tal irrt. Aber eine schwierige Lebensphase ist keine Haftstrafe. Die Autorin Gabrielle Roth erklärt: »Es gibt keine wahre Freude und kein Mitgefühl ohne schwierige Emotionen – alles, was wir ohne Furcht, Wut und Traurigkeit erlangen, sind nur billige Imitationen von Freude und Mitgefühl, nämlich Annehmlichkeit und Sentimentalität.«

Unsere Emotionen lassen uns spüren, dass wir lebendig sind und dass es Dinge gibt, die uns am Herzen liegen. Aber das moderne Leben kann sich in eine Form von »Trizophenie« verwandeln, wenn wir das eine denken, das andere fühlen und ein drittes in die Tat umsetzen. Je klarer uns die Bestandteile unserer Emotionen bewusst werden, desto leichter wird es, die komplexeren und intensiven emotionalen Erfahrungen in etwas zu verwandeln, das wir besser beherrschen können. Angst und Bedauern entstehen nicht aus dem Nichts wie ein Wirbelsturm. Sie setzen sich aus bestimmten Bausteinen zusammen, die wir analysieren können, um besser zu verstehen, warum diese vorherrschende Emotion die Sonne verdeckt. Das Entscheidende ist, dass die Emotionen stets die Oberhand behalten – insbesondere, wenn wir uns bemühen, sie zu verdrängen. Unser emotionaler Körper wird uns eine Rechnung samt Verzugszinsen vorlegen, wenn wir ihm nicht sofort die gebührende Aufmerksamkeit schenken. Sie sollten also wissen, dass Sie sogar finanziell verantwortungsbewusst handeln, wenn Sie emotionale Formeln aufstellen.

Ich hoffe, dieses Buch hat Ihnen geholfen, ein emotionaler Alchemist zu werden und bedenkliche Gefühle und Reaktionen in wertvolle und nützliche Formeln zu verwandeln. Es gibt keine einfache numerische Formel, anhand deren man die schwierigsten Fragen des Lebens beantworten könnte. Und meine Formel für Eifersucht und Freude sieht möglicherweise anders aus als Ihre. (Auf www.emotionalequations.com können Sie Ihre eigenen Formeln mit anderen teilen). Unser Leben hängt von vielschichtigen und schwer greifbaren Variablen ab, die nur mit einiger Mühe in mathematische Formeln eingepasst werden können. Aber wie wir in Kapitel 2 gesehen haben, geht es in der Mathematik um Beziehungen, und das gilt auch für unsere Emotionen. Manche Beziehungen saugen unsere Energie auf, andere stärken uns und machen uns widerstandsfähiger. In diesen Zeiten sind wir alle gefordert, aktiv zu werden und die Kontrolle über unsere Emotionen zu übernehmen. Das in diesem Buch beschriebene Werkzeug wird Ihnen helfen, Ihr emotionales Potenzial besser zu nutzen und die Herausforderungen zu bewältigen.

Während ich an diesem Buch arbeitete, schickte mir Parasto Niakian, der in meinem Unternehmen für die Personalentwicklung verantwortlich ist, per E-Mail ein Foto, das er in Prag aufgenommen hatte. Es zeigte ein Graffiti in der Nähe der John-Lennon-Mauer. Dort stand: »Vollkommenes Glück = Begeisterung – Erwartungen.« Emotionale Formeln sind nicht nur eine Möglichkeit, unserem Leben einen Sinn abzugewinnen. Sie sind auch Teil einer umfassenden Bemühung, uns unserer psychischen Scheuklappen zu entledigen und uns selbst zu erkennen. Ich wünsche Ihnen viel Erfolg bei Ihren Versuchen, ein klareres Bild von sich selbst und der Welt zu gewinnen. Hoffentlich helfen Ihnen die logischen und poetischen emotionalen Formeln dabei.